BIBLIOTEQUE

AF592363

LES

AVANTURES

DE

TELEMAQUE,

FILS D'ULYSSE.

TOME SECOND.

Philocles desarme ses assassins.

LES AVANTURES DE TELEMAQUE, FILS D'ULYSSE.

LIVRE TREIZIEME.

SOMMAIRE.

IDOMENEE raconte à Mentor sa confiance en Protesilas, & les artifices de ce Favori, qui étoit de concert avec Timocrate pour faire périr Philocles, & pour le trahir lui-même : il lui avouë que prévenu par ces deux hommes contre Philocles, il avoit chargé Timocrate de l'aller tuer dans une expedition où il commandoit sa flote ; que celui-ci ayant manqué son coup, Philocles l'avoit épargné, & s'étoit retiré en l'Ile de Samos, après avoir remis le commandement de la flote à Polymene, que lui Idomenée avoit nommé dans son ordre par écrit ; que malgré la trahison de Protesilas, il n'avoit pû se résoudre à se défaire de lui.

EJA la réputation du gouvernement doux & moderé d'Idomenée attire en foule de tous côtez des peuples, qui viennent s'incorporer au sien, & chercher leur bonheur sous une si aimable domination.

DEJA ces campagnes, qui avoient été si longtems couvertes de ronces & d'épeines, promettent de riches moissons & des fruits jusqu'alors inconnus. La terre ouvre son sein au tranchant de la charuë, & prépare ses richesses pour récompenser le Laboureur : l'esperance reluit de tous côtez. On voit dans les valons & sur les collines les troupeaux de moutons, qui bondissent sur l'herbe, & les grands troupeaux de bœufs & de genisses, qui font retentir les hautes montagnes de leurs mugissemens : ces troupeaux servent à engraisser les campagnes. C'est Mentor, qui a trouvé le moyen d'avoir ces troupeaux. Mentor conseille à Idomenée de faire avec les Peucetes, (*a*) peuples voisins, un échange de toutes les choses superflues, qu'on ne vouloit plus souffrir dans Salente, avec ces troupeaux, qui manquoient aux Salentins.

En même tems la Ville & les Villages d'alentour étoient pleins d'une belle jeunesse, qui avoit langui long tems dans la misere, & qui n'avoit osé se marier de peur d'augmenter leurs maux. Quand ils virent qu'Idomenée prenoit des sentimens d'humanité, & qu'il vouloit être leur Pere, ils ne craignirent plus le faim & les autres fleaux, par lesquels le Ciel afflige la terre. On n'entendoit plus que des cris de joie, que les chansons des Bergers & des Laboureurs, qui celebroient leurs Hymenées. On auroit crû voir le Dieu

(*a*) *Les Peucetes étoient des peuples voisins des Dauniens, qui habitoient cette partie de l'Italie appellée aujourd'hui la Terre de Bari, dans le Royaume de Naples.*

Pan

Pan (b) avec une foule de Satyres & de Faunes mêlez parmi les Nymphes, & dansant au son de la flûte a l'ombre des Bois. Tout étoit tranquile & riant ; mais la joie étoit moderée, & ces plaisirs ne servoient qu'à délasser des longs travaux : ils en étoient plus vifs & plus purs.

Les Vieillards, étonnez de voir ce qu'ils n'auroient osé esperer dans la suite d'un si long âge, pleuroient par un excès de joie mêlée de tendresse : ils levoient leurs mains tremblantes vers le Ciel. Benissez, disoient-ils, ô grand Jupiter, le Roi, qui vous ressemble, & qui est le plus grand don que vous nous ayez fait. Il est né pour le bien des hommes ; rendez-lui tout le bien que nous recevons de lui. Nos arriere-neveux, venus de ces mariages qu'il favorise, lui devront tout jusqu'à leur naissance, & il sera veritablement le Pere de tous ses Sujets. Les jeunes hommes & les jeunes filles, qui s'épousoient, ne faisoient éclater leur joie qu'en chantant les loüanges de celui, de qui cette joie si douce leur étoit venuë. Les bouches & encore plus les cœurs étoient sans cesse remplis de son nom. On se croyoit heureux de le voir ; on craignoit de le perdre : sa perte eut été la désolation de chaque famille.

Alors Idomenée avoua à Mentor, qu'il n'avoit jamais senti de plaisir aussi touchant que celui d'être aimé, & de rendre tant de gens heureux. Je ne l'aurois jamais crû, disoit-il : il me sembloit que toute la grandeur des Princes ne consistoit qu'à se faire craindre ; que le reste des hommes étoit fait pour eux ; & tout ce que j'avois oüi dire des Rois, qui avoient été l'amour & les délices de leurs peuples, me paroissoit une pure fable : j'en reconnois maintenant la verité. Mais il faut que je vous raconte comment on avoit empoisonné mon cœur dès

(b) *Pan étoit le Dieu de la Nature adoré particulierement par les Bergers & par les Pasteurs. Il devint amoureux de la Nimphe Sirinx, & l'aiant changée en roseau, il en fit sa flûte.*

ma plus tendre enfance ſur l'autorité des Rois. C'eſt ce qui a cauſé tous les malheurs de ma vie. Alors Idomenée commença cette narration :

(1) PROTESILAS, qui eſt un peu plus âgé que moi, fut celui de tous les jeunes gens que j'aimois le plus ; ſon naturel vif & hardi étoit ſelon mon goût : il entra dans mes plaiſirs ; il flatta mes paſſions : il me rendit ſuſpect un autre jeune homme que j'aimois auſſi, & qui ſe nommoit Philocles. (2) Celui-ci avoit la crainte des Dieux, & l'ame grande, mais moderée ; il mettoit la grandeur, non à s'élever, mais à ſe vaincre, & à ne faire rien de bas. Il me parloit librement ſur mes défauts ; & lors même qu'il n'oſoit me parler, ſon ſilence & la triſteſſe de ſon viſage me faiſoient aſſez entendre ce qu'il vouloit me reprocher.

DANS les commencemens cette ſincerité me plaiſoit ; & je lui proteſtois ſouvent que je l'écouterois avec confiance toute ma vie pour me préſerver des flateurs. Il me diſoit tout ce que je devois faire pour marcher ſur les traces de Minos, & pour rendre mon Royaume heureux. Il n'avoit pas une auſſi profonde ſageſſe que vous, ô Mentor ! mais ſes maximes étoient bonnes : je le reconnois maintenant. Peu à peu les artifices de Proteſilas, qui étoit jaloux & plein d'ambition, me dégoûtérent de Philocles. Celui-ci étoit ſans empreſſement, & laiſſoit l'autre prévaloir ; il ſe contenta de me dire toûjours la verité, lorſque je voulois l'entendre. C'étoit mon bien, & non ſa fortune, qu'il cherchoit.

(1) Proteſilas eſt le Marquis de Louvois, que le Roi admit dans ſa familiarité, qui entra dans ſes plaiſirs, & qui flata toutes ſes paſſions ; mais il lui rendit bientôt ſuſpect le Vicomte de Turenne, deſigné ci-après par Philocles.

(2) *Celui-ci avoit la crainte des Dieux, & l'ame grande, mais moderée.* Toute la vie de Mr. de Turenne fut une ſuite d'actions grandes, nobles, & genereuſes. Le Roi prenoit un ſingulier plaiſir dans ſa converſation, il l'écoutoit avec confiance, & recevoit de lui d'excellentes leçons ſur la guerre. Ce fut cette confiance, qui excita la jalouſie de Louvois.

Protesilas me persuada insensiblement que c'étoit un esprit chagrin & superbe, qui critiquoit toutes mes actions, qui ne me demandoit rien, parce qu'il avoit la fierté de ne vouloir rien tenir de moi, & d'aspirer à la réputation d'un homme qui est (3) au-dessus de tous les honneurs : il ajoûta que ce jeune homme, qui me parloit si librement sur mes défauts, en parloit aux autres avec la même liberté ; qu'il faisoit assez entendre qu'il ne m'estimoit guéres ; & qu'en rabaissant ainsi ma réputation, il vouloit par l'éclat d'une vertu austere s'ouvrir un chemin à la Royauté.

D'abord je ne pûs croire qne Philocles voulut me détrôner. Il y a dans la veritable vertu une candeur & une ingenuité que rien ne peut contrefaire, & à laquelle on ne se méprend point, pourvû qu'on y soit attentif. Mais la fermeté de Philocles contre mes foiblesses commençoit à me lasser. Les complaisances de Protesilas & son industrie inépuisable pour m'inventer de nouveaux plaisirs, me faisoit sentir encore plus impatiemment l'austerité de l'autre.

Cependant Protesilas ne pouvant souffrir que je ne crusse pas tout ce qu'il me disoit contre son ennemi, prit le parti de ne m'en plus parler, & de me persuader par quelque chose de plus fort que toutes les paroles. Voici comment il acheva de me tromper : il me conseilla d'envoyer Philocles commander les Vaisseaux, qui devoient attaquer ceux de Carpathie (c) ; & pour m'y déterminer, il me dit : Vous savez que je ne suis pas suspect dans les loüanges que je lui donne : (4) j'avouë qu'il a du courage

(3) *Au-dessus de tous les honneurs.* Mr. de Turenne préfera toûjours son titre de Vicomte, à celui de Maréchal de France, & crut ne pouvoir porter le dernier sans s'abaisser.

(c) *Carpathie, aujourd'hui Scarpanto, est une Ile de la mer Mediterranée, à l'entrée de l'Archipel, entre Candie & Rhodes.*

(4) *J'avouë qu'il a du courage & du génie pour la guerre.* Le Marquis de Louvois ne pouvoit refuser cette justice au mérite du Vicomte de Turenne ; mais il se servit de ce prétexte pour éloigner d'auprès du Roi ce concurrent, qu'il n'y voyoit qu'avec envie.

& du génie pour la guerre: il vous ſervira mieux qu'un autre ; & je préfere l'interêt de vôtre ſervice à tous mes reſſentimens contre lui.

Je fus ravi de trouver cette droiture & cette équité dans le cœur de Proteſilas, à qui l'avois confié l'administration de mes plus grandes affaires. Je l'embraſſai dans un tranſport de joie, & je me crûs trop heureux d'avoir donné toute ma confiance à un homme, qui me paroiſſoit ainſi au-deſſus de toute paſſion & de tout interêt. Mais, helas ! que les Princes ſont dignes de compaſſion ! Cet homme me connoiſſoit mieux que je ne me connoiſſois moi-même : il ſavoit que les Rois ſont d'ordinaire défians & inappliquez ; défians, par l'experience continuelle qu'ils ont de l'artifice des hommes corrompus, dont ils ſont environnez ; inappliquez, parce que les plaiſirs les entraînent, & qu'ils ſont accoûtumez à avoir des gens chargez de penſer poûr eux, ſans qu'ils en prennent eux-mêmes la peine. Il comprit donc qu'il ne lui ſeroit pas difficile de me mettre en défiance & en jalouſie contre un homme, qui ne manqueroit pas de faire de grandes actions ; ſur tout, l'abſence lui donnant une entiere facilité de lui tendre des pieges.

Philocles en partant prévit ce qui lui pouvoit arriver. Souvenez-vous, me dit-il, que je ne pourrai plus me défendre ; que vous n'écouterez que mon ennemi ; & qu'en vous ſervant au péril de ma vie, je courrai riſque de n'avoir d'autre récompenſe que vôtre indignation. Vous vous trompez, lui dis-je ; Proteſilas ne parle point de vous, comme vous parlez de lui : il vous loüë, il vous eſtime, il vous croit digne des plus importans emplois ; s'il commençoit à me parler contre vous, il perdroit ma confiance : ne craignez rien, allez, & ne ſongez qu'à me bien ſervir. Il partit, & me laiſſa dans une étrange ſituation.

Il faut l'avouër, Mentor, je voyois clairement combien il m'étoit néceſſaire d'avoir pluſieurs hommes que je conſultaſſe, & que rien n'étoit plus mauvais, ni pour ma

réputation,

réputation, ni pour le ſuccès des affaires, que de me livrer à un ſeul. J'avois éprouvé que les ſages conſeils de Philocles m'avoient garanti de pluſieurs fautes dangereuſes, où la hauteur de Proteſilas m'auroit fait tomber. Je ſentois bien qu'il y avoit dans Philocles un fond de probité & de maximes équitables, qui ne ſe faiſoit point ſentir de même dans Proteſilas: mais j'avois laiſſé prendre à Proteſilas un ton déciſif, auquel je ne pouvois preſque plus réſiſter. J'étois fatigué de me trouver toûjours entre deux hommes, que je ne pouvois accorder; & dans cette laſſitude j'aimois mieux, par foibleſſe, hazarder quelque choſe aux dépens des affaires, & reſpirer en liberté. Je n'euſſe oſé me dire à moi-même une ſi honteuſe raiſon du parti, que je venois de prendre: mais cette honteuſe raiſon, que je n'oſois déveloper, ne laiſſoit pas d'agir ſecretement au fond de mon cœur, & d'être le vrai motif de tout ce que je faiſois.

(5) PHILOCLES ſurprit les ennemis, remporta une pleine victoire, & ſe hâta de revenir, pour prévenir les mauvais offices qu'il avoit à craindre: mais Proteſilas, qui n'avoit pas encore eu le tems de me tromper, lui écrivit que je deſirois qu'il fit une deſcente dans l'Ile de Carpathie, pour profiter de la victoire. En effet, il m'avoit perſuadé que je pourrois facilement faire la conquête de cette Ile: mais *(6)* il fit en ſorte que pluſieurs choſes néceſſaires manquérent à Philocles dans cette entrepriſe,

(5) *Philocles ſurprit les ennemis, &c.* Ceci regarde la Campagne de 1675, en Allemagne, où le Vicomte de Turenne battit Montecuculi, & ſe hâtoit de revenir parce qu'il commençoit à manquer de vivres; mais Louvois y fit marcher le Maréchal de Créqui avec un détachement des troupes de Flandre pour l'y retenir. Le Vicomte ayant reçu ce renfort, ſe diſpoſoit à donner combat aux Imperiaux, lorſqu'il fut tué d'un coup de Canon à la journée d'Altenheim.

(6) *Il fit en ſorte que pluſieurs choſes néceſſaires manquérent, &c.* C'eſt ainſi que Louvois en uſa envers les Generaux, qui lui portoient ombrage: ils les laiſſa manquer de tout, & les rendit reſponſables des mauvais ſuccès, dont il étoit lui-même la cauſ

&c.

& il l'assujettit à certains ordres, qui causérent divers contretems dans l'execution.

CEPENDANT il se servit d'un Domestique très-corrompu, que j'avois auprès de moi, & qui observoit jusques aux moindres choses pour lui en rendre compte; quoi qu'ils parussent ne se voir gueres, & n'être jamais d'accord en rien.

CE Domestique, nommé Timocrate, me vint dire un jour en grand secret, qu'il avoit découvert une affaire très-dangereuse. Philocles, me dit-il, veut se servir de vôtre armée navale pour se faire Roi de l'Ile de Carpathie. Les Chefs des Troupes sont attachez à lui, tous les Soldats sont gagnez par ses largesses, & plus encore par la licence pernicieuse où il les laisse vivre; il est enflé de sa victoire. Voilà une Lettre, qu'il a écrite à un de ses amis sur son projet de se faire Roi: on n'en peut plus douter après une preuve si évidente.

(7) JE lûs cette Lettre, & elle me parut de la main de Philocles. On avoit parfaitement imité son écriture, & c'étoit Protesilas qui l'avoit faite avec Timocrate. Cette Lettre me jetta dans une étrange surprise: je la relisois sans cesse, & ne pouvois me persuader qu'elle fût de Philocles; repassant dans mon esprit troublé toutes les marques touchantes qu'il m'avoit données de son desinteressement & de sa bonne foi. Cependant que pouvois-je faire? Quel moyen de résister à une Lettre, où je croyois être sûr de reconnoître l'écriture de Philocles.

QUAND Timocrate vit que je ne pouvois plus résister à son artifice, il le poussa plus loin. Oserai-je, me

(7) *Je lûs cette Lettre, & elle me parut de la main de Philocles.* Ceci regarde la disgrace du Duc de Navailles, dont on a déja parlé. On lui attribua la Lettre que le Marquis de Vardes & le Comte de Guiche firent tomber entre les mains de la Reine, à qui ils découvrirent l'intrigue du Roi avec la Valiere. On a déja averti que Mr. de Cambrai mêle souvent ses caracteres pour donner le change aux yeux de la Cour. C'est par cette raison qu'il ne faut pas prétendre y trouver beaucoup de suite.

dit-il en hesitant, vous faire remarquer un mot, qui est dans cette Lettre? Philocles dit à son ami, qu'il peut parler en confiance à Protesilas sur une chose, qu'il ne désigne que par un chiffre (8) : assurément Protesilas est entré dans le dessein de Philocles, & ils se sont accommodez à vos dépens. Vous savez que c'est Protesilas, qui vous a pressé d'envoyer Philocles contre les Carpathiens. Depuis un certain tems il a cessé de vous parler contre lui, comme il le faisoit souvent autrefois. Au contraire, il le louë, il l'excuse en toute occasion: ils se voyent depuis quelque tems avec assez d'honnêteté. Sans doute Protesilas a pris avec Philocles des mesures pour partager avec lui la conquête de Carpathie. Vous voyez même qu'il a voulu qu'on fît cette entreprise contre toutes les regles, & qu'il s'expose à faire périr vôtre armée navale, pour contenter son ambition. Croyez-vous qu'il voulût ainsi servir à celle de Philocles, s'ils étoient encore mal ensemble? Non, non, on ne peut plus douter que ces deux hommes ne soient réünis pour s'élever ensemble à une grande autorité, & peut-être pour renverser le Trône où vous regnez. En vous parlant ainsi, je sçai que je m'expose à leur ressentiment, si malgré mes avis sinceres vous leur laissez encore vôtre autorité dans les mains. Mais qu'importe, pourvû que je dise la verité.

CES dernieres paroles de Timocrate firent une grande impression sur moi : je ne doutai plus de la trahison de

(8) *Sur une chose qu'il ne designe que par un Chifre.* On peut encore entendre par cette Lettre le Projet trouvé dans les papiers de Mr. Fouquet, de fortifier Belle-Ile & de s'y cantonner en cas d'oppression. Alors Timocrate sera l'Abbé Fouquet, qui trahit son frere en le découvrant au Cardinal Mazarin. Auquel de ces deux exemples qu'on aplique cet endroit, il sufit pour faire voir jusqu'où alla la credulité du Roi, qui condamna legerement ces deux hommes, dont l'un n'étoit point coupable, & l'autre l'étoit beaucoup moins qu'on ne se l'imaginoit.

Philocles,

Philocles, & je me défiai de Protefilas comme de fon ami. Cependant Timocrate me difoit fans ceffe : Si vous attendez que Philocles ait conquis l'Ile de Carpathie, il ne fera plus tems d'arrêter fes deffeins; hâtez-vous de vous en affurer pendant que vous le pouvez. J'avois horreur de la profonde diffimulation des hommes, je ne favois plus à qui me fier. Après avoir découvert la trahifon de Philocles, je ne voyois plus d'homme fur la terre dont la vertu me pût raffurer. J'étois réfolu de faire périr au plûtôt ce perfide ; mais je craignois Protefilas, & je ne favois comment faire à fon égard. Je craignois de le trouver coupable, & je craignois auffi de me fier à lui.

Enfin dans mon trouble je ne pûs m'empêcher de lui dire que Philocles m'étoit devenu fufpect. Il en parut furpris ; il me repréfenta fa conduite droite & moderée; il m'éxagera fes fervices ; en un mot il fit tout ce qu'il faloit pour me perfuader, qu'il étoit trop bien avec lui. D'un autre côté Timocrate ne perdit pas un moment pour me faire remarquer cette intelligence, & pour m'obliger à perdre Philocles, pendant que je pouvois encore m'affurer de lui. Voyez, mon cher Mentor, combien les Rois font malheureux, & expofez à être le jouët des autres hommes, lors même que les autres hommes paroiffent tremblans à leurs pieds.

Je crûs faire un coup d'une profonde politique, & déconcerter Protefilas, en envoyant fecretement à l'armée navale Timocrate pour faire mourir Philocles. Protefilas pouffa jufqu'au bout fa diffimulation, & me trompa d'autant mieux, qu'il parut plus naturellement comme un homme qui fe laiffoit tromper. Timocrate partit donc, & trouva Philocles affez embarraffé dans fa defcente : il manquoit de tout; car Protefilas ne fachant fi la Lettre fuppofée pourroit faire périr fon ennemi, vouloit avoir en même tems une autre reffource prête, par le mauvais fuccès d'une entreprife, dont il m'avoit fait tant efperer, & qui ne manqueroit pas de m'irriter

contre

contre Philocles. (9) Celui-ci soûtenoit cette guerre si difficile, par son courage, par son génie, & par l'amour que les Troupes avoient pour lui. Quoique tout le monde reconnut dans l'armée que cette descente étoit temeraire & funeste pour les Crétois, chacun travailloit à la faire réüssir, comme s'il eût eu sa vie & son bonheur attachez au succès. Chacun étoit content de hazarder sa vie à toute heure sous un Chef si sage & si appliqué à se faire aimer.

TIMOCRATE avoit tout à craindre, en voulant faire périr ce Chef au milieu d'une armée, qui l'aimoit avec tant de passion. Mais l'ambition furieuse est aveugle. Timocrate ne trouvoit rien de difficile pour contenter Protesilas, avec lequel il s'imaginoit gouverner absolument après la mort de Philocles. Protesilas ne pouvoit souffrir un homme de bien, dont la seule vûë étoit un reproche secret de ses crimes, & qui pouvoit en m'ouvrant les yeux renverser ses projets.

TIMOCRATE s'assura de deux Capitaines, qui étoient sans cesse auprés de Philocles; il leur promit de ma part de grandes recompenses, & ensuite il dit à Philocles, qu'il étoit venu pour lui dire par mon ordre des choses secretes, qu'il ne devoit lui confier qu'en presence de ces deux Capitaines. Philocles se renferma avec eux & avec Timocrate. Alors Timocrate donna un coup de poignard à Philocles: le coup glissa, & n'enfonça guére avant. Philocles, sans s'étonner, lui arracha le poignard, & s'en servit contre lui & contre les deux autres. En même tems il cria, on accourut, on enfonça la porte, on dégagea Philocles des mains de ces trois hommes, qui étant troublez l'avoient attaqué foi-

(9) *Celui-ci soûtenoit, &c.* Mr. de Turenne soûtint ainsi plusieurs fois la guerre en Allemagne, où il manquoit souvent de tout, plûtôt par son courage, par son genie, & par l'amour que la Troupes avoient pour lui, que par aucun autre secours.

blement

blement : ils furent pris, & on les auroit d'abord déchirez, tant l'indignation de l'armée étoit grande, si Philocles n'eut arrêté la multitude. Ensuite il prit Timocrate en particulier, & lui demanda avec douceur, qui l'avoit obligé à commettre une action si noire. Timocrate, qui craignoit qu'on ne le fît mourir, se hâta de montrer l'ordre que je lui avois donné par écrit de tuer Philocles ; & comme les traîtres sont toûjours lâches, il ne songea qu'à sauver sa vie, en découvrant à Philocles toute la trahison de Protesilas.

PHILOCLES effrayé de voir tant de malice dans les hommes, prit un parti plein de moderation : il déclara à toute l'armée que Timocrate étoit innocent, il le mit en sûreté, & le renvoya en Créte ; il ceda le commandement de l'armée à Polymene, que j'avois nommé dans mon ordre, écrit de ma main, pour commander, quand on auroit tué Philocles. Enfin il exhorta les Troupes à la fidelité qu'ils me devoient, & passa pendant la nuit dans une legere barque, qui le conduisit dans l'Ile de Samos, où il vit tranquilement dans la pauvreté & dans la solitude, travaillant à faire des Statues pour gagner sa vie, ne voulant plus entendre parler des hommes trompeurs & injustes, mais sur tout des Rois, qu'il croit les plus malheureux & les plus aveugles de tous les hommes.

EN cet endroit Mentor arrêta Idomenée : Hé bien ! dit-il, fûtes-vous longtems à découvrir la verité ? Non, répondit Idomenée ; je compris peu à peu les artifices de Protesilas & de Timocrate ; ils se brouillérent même ; car les méchans ont bien de la peine à demeurer unis. Leur division acheva de me montrer le fond de l'abîme où ils m'avoient jetté. Hé bien ! reprit Mentor, ne prîtes-vous point le parti de vous défaire de l'un & de l'autre ? Helas ! répondit Idomenée, est-ce que vous ignorez la foiblesse & l'embarras des Princes ? Quand ils sont une fois livrez à des hommes qui ont l'art de se

rendre

rendre néceſſaires, ils ne peuvent plus eſperer aucune liberté. Ceux qu'ils mépriſent le plus, ſont ceux qu'ils traitent le mieux, & qu'ils comblent de bienfaits; (10) j'avois horreur de Proteſilas, & je lui laiſſois toute l'autorité. Etrange illuſion! Je me ſavois bon gré de le connoître, & je n'avois pas la force de reprendre l'autorité que je lui avois abandonnée. D'ailleurs je le trouvois commode, complaiſant, induſtrieux pour flater mes paſſions, ardent pour mes interêts. Enfin j'avois une raiſon pour m'excuſer en moi-même de ma foibleſſe, c'eſt que je ne connoiſſois pas de veritable vertu, faute d'avoir ſçu choiſir des gens de bien, qui conduiſiſſent mes affaires: je croiois qu'il n'y en avoit pas ſur la terre, & que la probité étoit un beau fantôme. Qu'importe, diſois-je, de faire un grand éclat, pour ſortir des mains d'un homme corrompu, & pour tomber dans celles de quelqu'autre, qui ne ſera ni plus deſintereſſé, ni plus ſincere que lui? Cependant l'armée Navale commandée par Polymene revint. Je ne ſongeai plus à le conquête de l'Ile de Carpathie; & Proteſilas ne put diſſimuler ſi profondément que je ne découvriſſe combien il étoit affligé de ſavoir que Philocles étoit en ſûreté à Samos.

MENTOR interrompit encore Idomenée pour lui demander, s'il avoit continué, après une ſi noire trahiſon, à confier toutes ſes affaires à Proteſilas. (11) J'étois, lui répondit Idomenée, trop ennemi des affaires & trop inappliqué, pour pouvoir me tirer de ſes mains; il auroit falu renverſer l'ordre que j'avois établi pour ma com-

(10) *J'avois horreur de Proteſilas, & je lui laiſſois toute l'autorité, &c.* Le Roi étoit ſur la fin fort dégouté de Mr. de Louvois, & cependant il n'avoit pas la force de s'en défaire, parce qu'il s'étoit livré à lui, & qu'il en étoit gouverné.

(11) *J'étois trop ennemi des affaires & trop inapliqué, &c.* Voilà préciſément la raiſon pour laquelle le Roi ne put ſe réſoudre à éloigner un Miniſtre, qui lui étoit devenu néceſſaire. Il trouvoit de la commodité à employer un homme, qui le ſervoit bien, quoiqu'il lui vendît bien cher ſes ſervices.

modité,

modité, & instruire un nouvel homme: c'est ce que je n'eus jamais la force d'entreprendre. J'aimai mieux fermer les yeux pour ne pas voir les artifices de Protesilas. Je me consolois seulement en faisant entendre à certaines personnes de confiance, que je n'ignorois pas sa mauvaise foi. Ainsi je m'imaginois n'être trompé qu'à demi, puisque je savois que j'etois trompé. Je faisois même de tems en tems sentir à Protesilas que je suportois son joug avec impatience. Je prenois souvent plaisir à le contredire, à blâmer publiquement quelque chose qu'il avoit fait, & à décider contre son sentiment; mais comme il connoissoit ma lenteur & ma paresse, il ne s'embarrassoit point de tous mes chagrins. Il revenoit opiniatrément à la charge, il usoit tantôt de manieres pressantes, tantôt de souplesse & d'insinuation; sur tout quand il s'apercevoit que j'étois piqué contre lui, il redoubloit ses soins pour me fournir de nouveaux amusemens propres m'amollir, ou pour m'embarquer en quelque affaire, où il eût occasion de se rendre nécessaire, & de faire valoir son zele pour ma réputation.

Quoique je fusse en garde contre lui, cette maniere de flater mes passions m'entraînoit toûjours; il savoit mes secrets; il me soulageoit dans mes embarras; (12) il faisoit trembler tout le monde par mon autorité. Enfin je ne pûs me résoudre à le perdre: mais en le maintenant dans sa place, je mis tous les gens de bien hors d'état de me representer mes veritables interêts. Depuis ce moment on n'entendit plus dans mes conseils aucune parole libre. La Verité s'éloigna de moi: l'Erreur, qui prépare la chûte des Rois,

(12) *Il faisoit trembler tout le monde par mon autorité.* Tout ce qui precede, & tout ce qui suit, contient le portrait au naturel de Mr. de Louvois. Il s'étoit rendu si nécessaire au Roi & si redoutable à tout le Royaume, que le Monarque ne voyoit que par ses yeux, & que personne n'osoit l'aborder.

me

me punit d'avoir ſacrifié Philocles à la cruelle ambition de Proteſilas. Ceux mêmes, qui avoient le plus de zele pour l'Etat & pour ma perſonne, ſe crûrent diſpenſez de me détromper, après un ſi terrible exemple. Moi-même, mon cher Mentor, je craignois que la verité ne perçat le nuage, & qu'elle ne parvînt juſqu'à moi malgré les flateurs; car n'ayant plus la force de la ſuivre, ſa lumiere m'étoit importune. Je ſentois en moi-même, qu'elle m'eût cauſé de cruels remords, ſans pouvoir me tirer d'un ſi funeſte engagement. Ma moleſſe, & l'aſcendant que Proteſilas avoit pris inſenſiblement ſur moi, me jettoient dans une eſpece de deſeſpoir de rentrer jamais en liberté. Je ne voulois ni voir un ſi honteux état, ni le laiſſer voir aux autres. Vous ſavez, cher Mentor, la vaine hauteur & la fauſſe gloire, dans laquelle on éleve les Rois : ils ne veulent jamais avoir tort. Pour couvrir une faute, il en faut faire cent. Plûtôt que d'avouër qu'on s'eſt trompé, & que ſe donner la peine de revenir de ſon erreur, il faut ſe laiſſer tromper toute ſa vie. (13) Voilà l'état des Princes foibles & inappliquez; c'étoit préciſément le mien, lorſqu'il falut que je partiſſe pour le ſiege de Troye.

En partant je laiſſai Proteſilas maître des affaires : il les conduiſoit en mon abſence avec hauteur & inhumanité. Tout le Royaume de Créte gemiſſoit ſous ſa tyrannie: mais perſonne n'oſoit me mander l'oppreſſion des peuples. On ſavoit que je craignois de voir la verité; & que j'abandonnois à la cruauté de Proteſilas tous ceux, qui entreprenoient de parler contre lui: mais moins on oſoit éclater, plus le mal étoit violent. Dans la ſuite il me contraignit de chaſſer le vaillant Merion,

(13) *Voilà l'état des Princes foibles & inappliquez, &c.* Tel fut préciſément l'état de Louïs XIV, pendant tout ſon régne : il fut trompé toute ſa vie, parce que la fauſſe gloire, d'un côté, l'empêcha toûjours de reconnoître ſes erreurs, & que, de l'autre, perſonne n'oſa entreprendre de lui découvrir la vérité.

qui

qui m'avoit ſuivi avec tant de gloire au ſiege de Troye. Il en étoit devenu jaloux, comme de tous ceux que j'aimois, & qui montroient quelque vertu.

Il faut que vous ſachiez, mon cher Mentor, que tous mes malheurs ſont venus de là. Ce n'eſt pas tant la mort de mon fils, qui cauſa la révolte des Crétois, que la vengeance des Dieux irritez contre mes foibleſſes, & la haine des peuples, que Proteſilas m'avoit attirée. Quand je répandis le ſang de mon fils, les Crétois, laſſez d'un gouvernement rigoureux, avoient épuiſé toute leur patience ; & l'horreur de cette derniere action ne fit que montrer au-dehors ce qui étoit depuis long tems dans le fond des cœurs.

Timocrate me ſuivit au ſiege de Troye, & rendoit compte ſecretement par ſes lettres à Proteſilas de tout ce qu'il pouvoit découvrir. Je ſentois bien que j'étois en captivité ; mais je tâchois de n'y pas penſer, deſeſperant d'y remedier. Quand les Crétois à mon arrivée ſe révoltérent, Proteſilas & Timocrate furent les premiers à s'enfuir. Ils m'auroient ſans doute abandonné, ſi je n'euſſe été contraint de m'enfuir preſque auſſitôt qu'eux. Comptez, mon cher Mentor, que les hommes inſolens pendant la proſperité ſont toûjours foibles & tremblans dans la diſgrace. (14) La tête leur tourne auſſitôt que l'autorité abſoluë leur échape. On les voit auſſi rampans, qu'ils ont été hautains ; & c'eſt en un moment qu'ils paſſent d'une extremité à l'autre.

Mentor dit à Idomenée : Mais d'où vient que connoiſſant à fond ces deux méchans hommes, vous les gardez encore auprès de vous, comme je le vois ? Je ne ſuis pas ſurpris qu'ils vous ayent ſuivi, n'ayant rien de

(14) *La tête leur tourne.... on les voit auſſi rampans, &c.* Tel étoit encore le Marquis de Louvois. Dès que le Roi lui témoignoit quelque froideur, il étoit au deſeſpoir, il faiſoit mille baſſeſſes ; & il eut beſoin plus d'une fois du credit de Madame de Maintenon, pour ſe rétablir.

meilleur

meilleur à faire pour leurs interêts. Je comprens même que vous aviez fait une action généreuse de leur donner un azile dans vôtre nouvel établissement: mais pourquoi vous livrer encore à eux, après tant de cruelles experiences?

Vous ne savez pas, répondit Idomenée, combien toutes les experiences sont inutiles aux Princes amolis & inapliquez, qui vivent sans reflexion. Ils sont mécontens de tout, & ils n'ont pas le courage de rien redresser. Tant d'années d'habitude étoient des chaînes de fer, qui me lioient à ces deux hommes; & ils m'obsedoient à toute heure. Depuis que je suis ici, ils m'ont jetté dans toutes les dépenses excessives, que vous avez vuës. Ils ont épuisé cet Etat naissant; ils m'ont attiré cette guerre, qui m'alloit accabler sans vous. J'aurois bientôt éprouvé à Salente les mêmes malheurs, que j'ai sentis en Créte: mais vous m'avez enfin ouvert les yeux, & vous m'avez inspiré le courage, qui me manquoit, pour me mettre hors de servitude. Je ne sçai ce que vous avez fait en moi; mais depuis que vous êtes ici, je me sens un autre homme.

Mentor demanda ensuite à Idomenée, quelle étoit la conduite de Protesilas dans ce changement des affaires. (15) Rien n'est plus artificieux, répondit Idomenée, que ce qu'il a fait depuis vôtre arrivée. D'abord il n'oublia rien pour jetter indirectement quelque défiance dans mon esprit. Il ne disoit rien contre vous; mais je voyois diverses gens, qui venoient m'avertir que ces deux Etrangers étoient fort à craindre. L'un, disoient-ils, est le fils du trompeur Ulysse; l'autre un homme caché & d'un esprit profond: ils sont accoûtumez à errer de Royaume en Royaume; qui sçait s'ils n'ont point formé

(15) *Rien n'est plus artificieux, &c.* Louvois étoit très artificieux & très adroit à jeter des soupçons dans l'esprit du Roi contre tous les personnes, qui l'approchoient. Il parvint enfin à en écarter tout le monde, & l'on ne pouvoit aborder au Trône que par son moyen.

quelque

quelque dessein sur celui-ci? Ces Avanturiers racontent eux-mêmes qu'ils ont causé de grands troubles dans tous les païs, où ils ont passé. Voici un Etat naissant & mal affermi, les moindres mouvemens pourroient le renverser.

PROTESILAS ne disoit rien; mais il tâchoit de me faire entrevoir le danger & l'excès de toutes ces reformes, que vous me faisiez entreprendre. Il me prenoit par mon propre interêt. Si vous mettez, disoit-il, les peuples dans l'abondance ils ne travailleront plus, ils deviendront fiers, indociles, & seront toûjours prêts à se révolter : (16) il n'y a que la foiblesse & la misere, qui les rendre souples, & qui les empêche de résister à l'autorité. Souvent il tâchoit de reprendre son ancienne autorité pour m'entraîner, & il la couvroit d'un prétexte de zele pour mon service. En voulant soulager les peuples, me disoit-il, vous rabaissez la puissance Royale, & par là vous faites au peuple même un tort irreparable; car il a besoin qu'on le tienne bas pour son propre repos.

A tout cela je répondois que je sçaurois bien tenir les peuples dans leur devoir en me faisant aimer d'eux, en ne relâchant rien de mon autorité, quoique je les soulageasse; en punissant avec fermeté tous les coupables; enfin en donnant aux enfans une bonne éducation, & à tout le peuple une exacte discipline, pour le tenir dans une vie simple, sobre & laborieuse. Eh, quoi! disois je, ne peut-on pas soûmettre un peuple sans le faire mourir de faim? quelle inhumanité! quelle Politique brutale! Combien voyons-nous de peuples traitez doucement, & très-fideles à leurs Princes? Ce qui cause les révoltes, c'est l'ambition & l'inquiétude des Grands d'un Etat, quand on leur a donné trop de licence, & qu'on

(16) *Il n'y a que la foiblesse & la misere qui les rende souples, &c.* C'a toûjours été là la maxime des Ministres de France depuis Richelieu, de charger le peuple François, pour l'empêcher de se révolter. Louis XIV s'est cru d'autant plus puissant, que ses sujets étoient plus foibles & plus miserables.

a laissé leurs passions s'étendre sans bornes. C'est la multitude des Grands & des Petits, qui vivent dans la molesse, dans le luxe, & dans l'oisiveté; c'est la trop grande abondance d'hommes adonnez à la guerre, qui ont négligé toutes les occupations utiles dans le tems de Paix. Enfin c'est le desespoir des peuples maltraitez; c'est la dureté, la hauteur des Rois, & leur molesse, qui les rend incapables de veiller sur tous les Membres de l'Etat pour prévenir les troubles. (17) Voilà ce qui cause les révoltes, & non pas le pain qu'on laisse manger en paix au Laboureur, après qu'il l'a gagné à la sueur de son visage.

QUAND Protesilas a vû que j'étois inébranlable dans ces maximes, il a pris un parti tout opposé à sa conduite passée; il a commencé à suivre ces maximes, qu'il n'avoit pû détruire: il a fait semblant de les goûter, d'en être convaincu, de m'avoir obligation de l'avoir éclaire là-dessus. Il va au-devant de tout ce que je pourrois souhaiter pour soulager les pauvres: il est le premier à me representer leurs besoins, & à crier contre les dépenses excessives. Vous sçavez même qu'il vous louë, qu'il vous témoigne de la confiance, & qu'il n'oublie rien pour vous plaire. Pour Timocrate, il commence à n'être plus si bien avec Protesilas; il a songé à se rendre indépendant. Protesilas en est jaloux, & c'est en partie par leurs differends que j'ai découvert leur perfidie.

MENTOR soûriant répondit ainsi à Idomenée: Quoi donc! vous avez été foible, jusqu'à vous laisser tyranniser pendant tant d'années par deux traîtres, dont vous connoissiez la trahison! Ah! vous ne savez pas, répondit

(17) *Voilà ce qui cause les révoltes.* Il n'y a jamais eu en éfet que le desespoir des peuples maltraités par la dureté des Ministres, qui ait porté les François à secouër un joug devenu trop pesant. Tant qu'il est supportable, ils le soufrent par l'affection naturelle qu'ils ont pour leurs Princes, qui les ont de bonne heure accoûtumés à un joug moderé.

Idomenée, ce que peuvent les hommes artificieux ſur un Roi foible & inappliqué, qui s'eſt livré à eux pour toutes ſes affaires. D'ailleurs je vous ai déja dit que Proteſilas entre maintenant dans toutes vos vûës pour le bien public.

MENTOR reprit ainſi le diſcours d'un air grave: Je ne vois que trop, combien les méchans prévalent ſur les bons auprès des Rois : vous en êtes un terrible exemple. Mais vous dites que je vous ai ouvert les yeux ſur Proteſilas ; & ils ſont encore fermez pour laiſſer le gouvernement de vos affaires à cet homme indigne de vivre. Sçachez que les méchans ne ſont point des hommes incapables de faire le bien : ils le font indifferemment, de même que le mal, quand il peut ſervir à leur ambition. Le mal ne leur coute rien à faire, parce qu'aucun ſentiment de bonté, ni aucun principe de vertu ne les retient ; mais auſſi ils font le bien ſans peine, parce que leur corruption les porte à le faire, pour paroître bons, & pour tromper le reſte des hommes. A proprement parler, ils ne ſont pas capables de la vertu, quoiqu'il paroiſſent la pratiquer; mais ils ſont capables d'ajouter à tous leurs autres vices, le plus horrible des vices, qui eſt l'Hypocriſie. Tant que vous voudrez abſolument faire le bien, Proteſilas ſera prêt à le faire avec vous, pour conſerver l'autorité. Mais ſi peu qu'il ſente en vous de facilité à vous relâcher, il n'oubliera rien pour vous faire retomber dans l'égarement, & pour reprendre en liberté ſon naturel trompeur & feroce. Pouvez-vous vivre avec honneur & en repos, pendant qu'un tel homme vous obſede à toute heure, & que vous ſçavez le ſage & le fidele Philocles pauvre & deshonoré dans l'Ile de Samos?

VOUS reconnoiſſez bien, ô Idomenée! que les hommes trompeurs & hardis qui ſont preſens, entraînent les Princes foibles. Mais vous deviez ajouter que les Princes ont encore un autre malheur, qui n'eſt pas moindre; c'eſt celui d'oublier facilement la vertu & les ſervices d'un homme éloigné. La multitude des hommes qui environnent les Princes, eſt cauſe qu'il n'y en a

aucun

aucun qui fasse une impression profonde sur eux : ils ne sont frappez que de ce qui est present, & qui les flate ; tout le reste s'efface bientôt. Sur tout la vertu les touche peu, parce que la vertu, loin de les flaters, les contredit & les condamne dans leurs foiblesses. Faut-il s'étonner s'ils ne sont point aimez, (18) puisqu'ils n'aiment rien que leur grandeur & leurs plaisirs ?

(18) Louïs XIV ne fut point aimé, parce qu'il raporta tout à lui-même, & qu'il crut que tous les autres hommes n'étoient nés que pour contribuer à sa grandeur & à ses plaisirs.

Fin du treiziéme Livre.

LES AVANTURES DE TELEMAQUE, FILS D'ULYSSE.

LIVRE QUATORZIEME.

SOMMAIRE.

MENTOR oblige Idomenée à faire conduire Protesilas & Timocrate en l'Ile de Samos, & à rappeller Philocles pour le remettre en honneur auprès de lui. Hegesippe, qui est chargé de cet ordre, l'execute avec joie : il arrive avec ces deux hommes à Samos, où il revoit son ami Philocles content d'y mener une vie pauvre & solitaire. Celui-ci ne consent qu'avec beaucoup de peine à retourner parmi les siens : mais après avoir reconnu que les Dieux le veulent, il s'embarque avec Hegesippe, & arrive à Salente, où Idomenée, qui n'est plus le même homme, le reçoit avec amitié.

APRES

Philocle rappellé par Idomenée.

PRES avoir dit ces paroles, Mentor persuada à Idomenée qu'il faloit au-plûtôt chasser Protesilas & Timocrate, pour rappeller Philocles. L'unique difficulté qui arrêtoit le Roi, c'est qu'il craignoit la severité de Philocles. J'avouë, disoit-il, que je ne puis m'empêcher de craindre un peu son retour, quoique je l'aime & que je l'estime. Je suis depuis ma tendre jeunesse accoûtumé à des loüanges, à des empressemens, à des complaisances, que je ne saurois esperer de trouver dans cet homme. Dès que je faisois quelque chose qu'il n'approuvoit pas, son air triste me marquoit assez qu'il me condamnoit. Quand il étoit en particulier avec moi, ses manieres étoient respectueuses & moderées, mais séches.

Ne voyez-vous pas, lui répondit Mentor, que les Princes gâtez par la flaterie trouvent sec & austere tout ce qui est libre & ingénu. Ils vont même jusqu'à s'imaginer qu'on n'est pas zelé pour leur service, & qu'on n'aime pas leur autorité, dès qu'on n'a point l'ame servile, & qu'on n'est pas prêt à les flater dans l'usage le plus injuste de leur puissance. Toute parole libre & généreuse leur paroît hautaine, critique & séditieuse. Ils deviennent si délicats, que tout ce qui n'est point flaterie, les blesse & les irrite: mais allons plus loin. Je suppose que Philocles est effectivement sec & austere; son austerité ne vaut-elle pas mieux que la flaterie pernicieuse de vos Conseillers? Où trouverez-vous un homme sans défauts? Et le défaut de vous dire trop hardiment la verité, n'est-il pas celui que vous devez le moins craindre? Que dis-je? N'est-ce pas un défaut nécessaire pour corriger les vôtres, & pour vaincre le dégout de la verité, où la flaterie vous a fait tomber? Il vous faut un homme, qui n'aime que la verité, & qui vous aime mieux que vous ne sçavez vous aimer vous-même; qui vous dise la verité malgré vous; qui force tous vos retranchemens; & cet homme nécessaire c'est Philocles.

Souvenez-vous qu'un Prince eſt trop heureux, quand il naît un ſeul homme ſous ſon regne avec cette générosité, qui eſt le plus précieux treſor de l'Etat; & que la plus grande punition qu'il doit craindre des Dieux, eſt de perdre un tel homme, s'il s'en rend indigne, faute de ſavoir s'en ſervir. Pour les défauts des gens de bien, il faut les ſavoir connoître, & ne laiſſer pas de ſe ſervir d'eux. Redreſſez-les; ne vous livrez jamais aveuglément à leur zele indiſcret: mais écoutez-les favorablement, honorez leur vertu, montrez au public que vous ſavez la diſtinguer, & ſur tout gardez vous bien d'être plus long tems comme vous avez été juſqu'ici. Les Princes gâtez, comme vous l'étiez, ſe contentant de mépriſer les hommes corrompus, ne laiſſent pas de les employer avec confiance, & de les combler de bienfaits. D'un autre côté, ils ſe picquent de connoître auſſi les hommes vertueux; mais ils ne leur donnent que de vains éloges, n'oſant ni leur confier les emplois, ni les admettre dans leur commerce familier, ni répandre des bienfaits ſur eux.

Alors Idomenée dit qu'il étoit honteux d'avoir tant tardé à délivrer l'innocence opprimée, & à punir ceux qui l'avoient trompé. Mentor n'eut même aucune peine à déterminer le Roi à perdre ſon Favori; car auſſitôt qu'on eſt parvenu à rendre les Favoris ſuſpects & importuns à leurs Maîtres, les Princes laſſez & embarraſſez ne cherchent plus qu'à s'en défaire; leur amitié s'évanouït; les ſervices ſont oubliez: la chûte des Favoris ne leur coûte rien, pourvû qu'ils ne les voyent plus. Auſſitôt le Roi ordonna en ſecret à Hegeſippe, qui étoit un des principaux Officiers de ſa Maiſon, de prendre Proteſilas & Timocrate, & de les conduire en ſûreté dans l'Ile de Samos, *(d)* de les y laiſſer, & de ramener Philocles de ce lieu d'exil. Hegeſippe ſurpris de cet ordre, ne pût s'empêcher de pleurer de joie. C'eſt maintenant, dit-il

(d) Samos eſt une Ile de l'Archipel, près de la côte de la Natolie, environ à deux lieuës d'Epheſe; l'invention de la poterie de terre eſt duë à cette Ile.

au

au Roi, que vous allez charmer vos Sujets. Ces deux hommes ont causé tous vos malheurs, & tous ceux de vos peuples. Il y a vingt ans qu'ils font gémir tous les gens de bien, & qu'à peine ose-t-on même gémir, tant leur tyrannie est cruelle. Ils accablent tous ceux qui entreprennent d'aller à vous par un autre canal que le leur.

Ensuite Hegesippe découvrit au Roi un grand nombre de perfidies & d'inhumanitez commises par ces deux hommes, dont le Roi n'avoit jamais entendu parler, parce que personne n'osoit les accuser. Il lui raconta même ce qu'il avoit découvert d'une conjuration secrete pour faire périr Mentor. Le Roi eut horreur de tout ce qu'il entendoit.

Hegesippe se hâta d'aller prendre Protesilas dans sa maison. Elle étoit moins grande, mais plus commode & plus riante que celle du Roi. L'Architecture étoit de meilleur goût. Protesilas l'avoit ornée avec une dépense tirée du sang des miserables : il étoit alors dans un Salon de marbre auprès de ses bains, couché negligemment sur un lit de pourpre avec une broderie d'or ; il paroissoit las & épuisé de ses travaux ; ses yeux & ses sourcils montroient je ne sçai quoi d'agité, de sombre & de farouche. Les plus grands de l'Etat étoient autour de lui rangez sur des tapis, composant leurs visages sur celui de Protesilas, dont ils observoient jusqu'au moindre clin d'œil. A peine ouvroit-il la bouche, que tout le monde se récrioit pour admirer ce qu'il alloit dire. Un des principaux de la troupe lui racontoit avec des exagerations ridicules ce que Protesilas lui-même avoit fait pour le Roi. Un autre lui assuroit que Jupiter ayant trompé sa mere lui avoit donné la vie, & qu'il étoit fils du Pere des Dieux. Un Poëte venoit lui chanter des vers, où il disoit que Protesilas instruit par les Muses avoit égalé Apollon pour tous les ouvrages d'esprit. Un autre Poëte encore plus lâche & plus impudent l'appelloit dans ses vers l'inventeur des beaux arts & le pere des peuples qu'il rendoit heureux. Il le dépeignoit tenant en main la corne d'abondance.

(1) PROTESILAS écoutoit toutes ces loüanges d'un air ſec, diſtrait & dédaigneux, comme un homme qui ſçait bien qu'il en merite encore de plus grandes, & qui fait trop de grace de ſe laiſſer louër. Il y avoit un flateur qui prit la liberté de lui parler à l'oreille, pour lui dire quelque choſe de plaiſant contre la police que Mentor tâchoit d'établir. Proteſilas ſoûrit: toute l'aſſemblée ſe mit à rire, quoique la plûpart ne puſſent point encore ſavoir ce qu'on avoit dit: mais Proteſilas reprenant bientôt ſon air ſevere & hautain, chacun rentra dans la crainte & dans le ſilence. Pluſieurs Nobles cherchoient le moment où Proteſilas pourroit ſe retourner vers eux & les écouter; ils paroiſſoient émûs & embarraſſez. C'eſt qu'ils avoient à lui demander des graces; leurs poſtures ſuppliantes parloient pour eux: ils paroiſſoient auſſi ſoûmis qu'une mere aux pieds des Autels, lorſqu'elle demande aux Dieux la guériſon de ſon fils unique. Tous paroiſſoient contens, attendris, pleins d'admiration pour Proteſilas, quoi que tous euſſent contre lui dans le cœur une rage implacable.

DANS ce moment Hegeſippe entre, ſaiſit l'épée de Proteſilas, & lui déclare de la part du Roi qu'il va l'emmener dans l'Ile de Samos. A ces paroles, toute l'arrogance de ce Favori tomba comme un rocher, qui ſe détache du ſommet d'une montagne eſcarpée. Le voilà, qui ſe jette tremblant aux pieds d'Hegeſippe; il pleure, il heſite, il begaye, il tremble, il embraſſe les genoux de cet homme, qu'il ne daignoit pas une heure auparavant honorer d'un de ſes regards. Tous ceux qui l'encenſoient, le voyant perdu ſans reſſource, changérent leurs flateries en des inſultes ſans pitié.

(1) *Proteſilas écoutoit, &c.* Tout ce qui ſuit, eſt une peinture naturelle du Marquis de Louvois, de ſa conduite envers les Grands, & de la ſoupleſſe des Courtiſans, qu'il faiſoit trembler par ſes manieres hautaines & bizarres.

HEGESIPPE

HEGESIPPE ne voulut lui laiſſer le tems, (2) ni de faire ſes derniers adieux à ſa famille, ni de prendre certains écrits ſecrets. Tout fut ſaiſi & porté au Roi. Timocrate fut arrêté dans le même tems, & ſa ſurpriſe fut extrême; car il croyoit qu'étant brouillé avec Proteſilas, il ne pouvoit être envelopé dans ſa ruine. Ils partent dans un Vaiſſeau qu'on avoit préparé; on arrive à Samos. Hegeſippe y laiſſe ces deux malheureux; & pour mettre le comble à leur malheur, il les laiſſé enſemble. Là ils ſe reprochent avec fureur l'un à l'autre les crimes qu'ils ont faits, & qui ſont cauſe de leur chûte: ils ſe trouvent ſans eſperance de revoir Salente, condamnez à vivre loin de leurs femmes & de leurs enfans; je ne dis pas, loin de leurs amis, car ils n'en avoient point. On les menoit dans une terre inconnuë, où ils ne devoient plus avoir d'autre reſſource pour vivre que leur travail; eux qui avoient paſſé tant d'années dans les délices, & dans le faſte. Semblables à deux bêtes farouches, ils étoient toûjours prêts à ſe déchirer l'un l'autre.

CEPENDANT Hegeſippe demanda, en quel lieu de l'Ile demeuroit Philocles. On lui dit, qu'il demeuroit aſſez loin de la Ville ſur une montagne, où une grote lui ſervoit de maiſon. Tout le monde lui parla avec admiration de cet Etranger. Depuis qu'il eſt dans cette Ile, lui diſoit-on, il n'a offenſé perſonne. Chacun eſt touché

(2) *Ni de faire ſes derniers adieux à ſa famille, ni de prendre certains écrits ſecrets.* Après avoir peint, dans tout ce qui precede, le veritable caractere du Marquis de Louvois, on applique ceci à la détention de Mr. Fouquet, arrêté en 1661, pour s'être rendu ſuſpect dans l'adminiſtration des finances. Sa magnificence & ſon luxe en furent la cauſe; la Deſcription qui eſt ci-devant, pag. 265. de la Maiſon de Proteſilas, convient parfaitement à celle de Vaux le-Vicomte, où Mr. Fouquet fut arrêté. Il y avoit fait des dépenſes immenſes, qui acheverent de confirmer le Roi dans ſes ſoupçons. On ſe ſaiſit de lui dans le tems qu'il y penſoit le moins, & il ne put emporter ſes papiers, dans leſquels on trouva un projet, qui fut une des principales cauſes de ſa perte.

de ſa patience, de ſon travail, & de ſa tranquilité; n'ayant rien, il paroît toûjours content. Quoiqu'il ſoit ici loin des affaires, ſans bien & ſans autorité, il ne laiſſe pas d'obliger ceux,qui le meritent; & il a mille induſtries pour faire plaiſir à tous ſes voiſins.

HEGESIPPE s'avance vers cette grote. Il la trouve vuide & ouverte; car la pauvreté & la ſimplicité des mœurs de Philocles faiſoit, qu'il n'avoit en ſortant aucun beſoin de fermer ſa porte; une natte de jonc groſſiere lui ſervoit de lit. Rarement il allumoit du feu, parce qu'il ne mangeoit rien de cuit. Il ſe nourriſſoit pendant l'Eté de fruits nouvellement cueillis; & en Hyver de dattes & de figues ſéches. Une claire fontaine, qui faiſoit une nappe d'eau en tombant d'un rocher, le déſalteroit; il n'avoit dans ſa grote que les inſtrumens néceſſaires à la Sculpture, & quelques Livres, qu'il liſoit à certaines heures, non pour orner ſon eſprit, ni pour contenter ſa curioſité, mais pour s'inſtruire en ſe délaſſant de ſes travaux, & pour apprendre à être bon. Pour la Sculpture, il ne s'y appliquoit que pour exercer ſon corps, fuir l'oiſiveté, & gagner ſa vie ſans avoir beſoin de perſonne.

HEGESIPPE en entrant dans la grote admira les ouvrages, qui étoient commencez. Il remarqua un Jupiter, dont le viſage ſerain étoit ſi plein de majeſté, qu'on le reconnoiſſoit aiſément pour le Pere des Dieux & des hommes. D'un autre côté paroiſſoit Mars avec une fierté rude & menaçante: mais ce qui étoit de plus touchant étoit une Minerve, qui animoit ces Arts; ſon viſage étoit noble & doux, ſa taille grande & libre: elle étoit dans une action ſi vive, qu'on auroit pû croire qu'elle alloit marcher. Hegeſippe ayant pris plaiſir à voir les Statues, ſortit de la grote, & vit de loin ſous un grand arbre Philocles, qui liſoit ſur le gazon; il va vers lui; & Philocles, qui l'apperçoit, ne ſçait que croire. N'eſt-ce point là, dit-il en lui-même, Hegeſippe, avec qui j'ai ſi longtems vécu en Créte? Mais quelle eſpérance qu'il vienne

dans

dans une Ile si éloignée? Ne seroit-ce point son Ombre, qui viendroit après sa mort des rives du Styx?

PENDANT qu'il étoit dans ce doute, Hegesippe arriva si proche de lui, qu'il ne pût s'empêcher de le reconnoître & de l'embrasser. Est-ce donc vous, dit-il, mon cher & ancien ami? Quel hazard, quelle tempête vous a jetté sur ce rivage? Pourquoi avez-vous abandonné l'Ile de Créte? Est-ce une disgrace semblable à la mienne, qui vous arrache à nôtre patrie?

HEGESIPPE lui répondit: Ce n'est point une disgrace; au contraire, c'est la faveur des Dieux, qui m'amene ici. Aussitôt il lui raconta la longue tyrannie de Protesilas, ses intrigues avec Timocrate, les malheurs où ils avoient précipité Idomenée, la chûte de ce Prince, sa fuite sur les côtes de l'Hesperie, la fondation de Salente, l'arrivée de Mentor & de Telemaque, les sages maximes dont Mentor avoit rempli l'esprit du Roi, & la disgrace des deux traîtres: il ajoûta qu'il les avoit menez à Samos pour y souffrir l'exil, qu'ils avoient fait souffrir à Philocles; & il finit en lui disant qu'il avoit ordre de le conduire à Salente, où le Roi, qui connoissoit son innocence, vouloit lui confier ses affaires, & le combler de biens.

VOYEZ-vous, lui répondit Philocles, cette grote plus propre à cacher des bêtes sauvages qu'à être habitée par des hommes? J'y ai goûté depuis tant d'années plus de douceur & de repos, que dans les Palais dorez de l'Ile de Crete. Les hommes ne me trompent plus; car je ne vois plus les hommes, & je n'entens plus leurs discours flateurs & empoisonnez. Je n'ai plus besoin d'eux; mes mains endurcies au travail me donnent facilement la nourriture simple, qui m'est nécessaire: il ne me faut, comme vous voyez, qu'une legere étoffe pour me couvrir, n'ayant plus de besoin, jouïssant d'un calme profond & d'une douce liberté, dont la sagesse de mes Livres m'apprend à faire un bon usage. Qu'irai-je encore chercher parmi les hommes jaloux, trompeurs & inconstans? Non, non, mon cher Hegesippe, ne m'enviez point mon bonheur. Protesilas s'est trahi lui-même, voulant trahir le Roi, & me perdre; mais il ne m'a fait aucun mal. Au contraire il m'a fait le plus grand des biens; il m'a délivré du tumulte & de la servitude des affaires: je lui dois ma chere solitude, & tous les plaisirs innocens que j'y goûte. Retournez, ô Hegesippe! retournez vers le Roi; aidez-lui à supporter les miseres de sa grandeur, & faites auprès de lui ce que vous voudriez que je fisse. Puisque ses yeux si longtems fermez à la verité, ont été enfin ouverts par cet homme sage que vous nommez Mentor, qu'il le retienne auprès de lui. Pour moi, après mon naufrage il ne me convient pas de quitter le Port où la tempête m'a heureusement jetté, pour me remettre à la merci des vents. O que les Rois sont à plaindre! O que ceux qui les servent, sont dignes de compassion! S'ils sont méchans, combien font-ils souffrir les hommes, & quels tourmens leur sont préparez dans le noir Tartare! S'ils sont bons, quelles difficultez n'ont-ils pas à vaincre! quels pieges à éviter! que de maux à souffrir! Encore une fois, Hegesippe, laissez-moi dans mon heureuse pauvreté.

PENDANT que Philocles parloit ainsi avec beaucoup de vehemence, Hegesippe le regardoit avec étonnement: il l'avoit vû autrefois en Crete, pendant qu'il gouvernoit les plus grandes affaires, maigre, languissant, épuisé. C'est que son naturel ardent & austere le consumoit dans le travail; il ne pouvoit voir sans indignation le vice impuni: il vouloit dans les affaires une certaine exactitude qu'on n'y trouve jamais. Ainsi ces emplois détruisoient sa santé délicate; mais à Samos Hegesippe le voyoit gras & vigoureux. Malgré les ans, la jeunesse fleurie s'étoit renouvellée sur son visage. Une vie sobre, tranquile & laborieuse lui avoit fait comme un nouveau temperament.

VOUS êtes surpris de me voir si changé, dit alors Philocles en soûriant. C'est ma solitude, qui m'a donné cette fraîcheur & cette santé parfaite. Mes ennemis m'ont donné

donné ce que je n'aurois jamais pû trouver dans la plus grande fortune. Voulez-vous que je quitte les vrais biens pour courir après les faux, & pour me replonger dans mes anciennes miseres? Ne soyez pas plus cruel que Protesilas; du moins ne m'enviez pas le bonheur que je tiens de lui.

ALORS Hegesippe lui representa, mais inutilement, tout ce qu'il crut propre à le toucher. Etes-vous donc, lui disoit-il, insensible au plaisir de revoir vos proches & vos amis, qui soûpirent après vôtre retour, & que la seule esperance de vous embrasser comble de joie? Mais vous qui craignez les Dieux, & qui aimez vôtre devoir, comptez-vous pour rien de servir vôtre Roi, de l'aider dans tous les biens qu'il veut faire, & de rendre tant de peuples heureux? Est-il permis de s'abandonner à une Philosophie sauvage, de se préferer à tout le reste du genre humain, & d'aimer mieux son repos que le bonheur de ses Concitoyens? Au reste, on croira que c'est par ressentiment que vous ne voulez plus voir le Roi: s'il vous a voulu faire du mal, c'est qu'il ne vous a point connu. Ce n'est pas le veritable, le bon, le juste Philocles qu'il a voulu faire périr; c'étoit un homme bien different qu'il vouloit punir. Mais maintenant qu'il vous connoît, & qu'il ne vous prend plus pour un autre, il sent toute son ancienne amitié revivre dans son cœur. Il vous attend. Déja il vous tend les bras pour vous embrasser. Dans son impatience, il compte les jours & les heures. Aurez-vous le cœur assez dur pour être inexorable à votre Roi, & à tous vos plus tendres amis?

PHILOCLES, qui avoit d'abord été attendri en reconnoissant Hegesippe, reprit son air austere en écoutant ce discours. Semblable à un rocher, contre lequel les vents combattent en vain, & où toutes les vagues vont se briser en gémissant, il demeuroit immobile, & les prieres ni les raisons ne trouvoient aucune ouverture pour entrer dans son cœur. Mais au moment où Hegesippe commençoit à desesperer de le vaincre, Philocles ayant consulté

consulté les Dieux, il découvrit par le vol des oiseaux, par les entrailles des victimes, & par divers autres présages, qu'il devoit suivre Hegesippe.

ALORS il ne résista plus, il se prépara à partir; mais ce ne fut pas sans regretter le desert, où il avoit passé tant d'années. Helas! disoit-il, faut-il que je vous quitte, ô aimable grote, où le sommeil paisible venoit toutes les nuits me délasser des travaux du jour! Ici les Parques (e) me filoient, au milieu de ma pauvreté, des jours d'or & de soye. Il se prosterna en pleurant pour adorer la Nayade, qui l'avoit si longtems desalteré par son onde claire, & les Nymphes, qui habitoient dans toutes les montagnes voisines. Echo entendit ses regrets, & d'une triste voix les repeta à toutes les Divinitez champêtres.

ENSUITE Philocles vint à la Ville avec Hegesippe pour s'embarquer: il crut que le malheureux Protesilas, plein de honte & de ressentiment, ne voudroit point le voir; mais il se trompoit. Car les hommes corrompus n'ont aucune pudeur, & ils sont toûjours prêts à toute sorte de bassesse. Philocles se cachoit modestement de peur d'être vû par ce miserable: il craignoit d'augmenter sa misere en lui montrant la prosperité d'un ennemi, qu'on alloit élever sur ses ruines. Mais Protesilas cherchoit avec empressement Philocles; il vouloit lui faire pitié, & l'engager à demander au Roi qu'il pût retourner à Salente. Philocles étoit trop sincere pour lui prometre de travailler à le faire rappeller; car il savoit mieux que personne, combien son retour eut été pernicieux. Mais il lui parla fort doucement, lui témoigna de la compassion, tâcha de le consoler, l'exhorta à appaiser les Dieux par des mœurs pures, & par une grande patience

(e) Les Poëtes feignent qu'il y a trois Parques, Clotho, Lachesis, & Atropos, filles d'Erebus & de la Nuit, qui président au destin & à la mort. Clotho garnit la quenouille, Lachesis file, & Atropos coupe les fil: c'est à dire que la premiere préside à la naissance, la seconde au cours de la vie, & la troisième à la mort.

dans

dans ſes maux. Comme il avoit appris que le Roi avoit ôté à Proteſilas tous ſes biens injuſtement acquis, il lui promit deux choſes, qu'il executa fidelement dans la ſuite. L'une fut de prendre ſoin de ſa femme & de ſes enfans, qui étoient demeurez à Salente dans une affreuſe pauvreté, expoſez à l'indignation publique : l'autre étoit d'envoyer à Proteſilas dans cette Ile éloignée quelque ſecours d'argent pour adoucir ſa miſere.

Cependant les voiles s'enflent d'un vent favorable. Hegeſippe impatient ſe hâte de faire partir Philocles. Proteſilas les voit embarquer, ſes yeux demeurent attachez & immobiles ſur le rivage ; ils ſuivent le vaiſſeau, qui fend les ondes, & que le vent éloigne toûjours. Lors même qu'il ne peut plus le voir, il en repeint encore l'image dans ſon eſprit. Enfin troublé, furieux, livré à ſon deſeſpoir, il s'arrache les cheveux, ſe roule ſur le ſable, reproche aux Dieux leur rigueur, appelle en vain à ſon ſecours la cruelle mort, qui ſourde à ſes prieres ne daigne le délivrer de tant de maux, & qu'il n'a pas le courage de ſe donner lui-même.

Cependant le Vaiſſeau favoriſé de Neptune & des vents arriva bientôt à Salente. On vint dire au Roi qu'il entroit déja dans le Port. Auſſitôt il courut au-devant de Philocles avec Mentor ; il l'embraſſa tendrement, lui témoigna un ſenſible regret de l'avoir perſecuté avec tant d'injuſtice. Cet aveu, bien loin de paroître une foibleſſe dans un Roi, fut regardé par tous les Salentins comme l'effort d'une grande ame, qui s'éleve au deſſus de ſes propres fautes, en les avoüant avec courage pour les réparer. Tout le monde pleuroit de joye de revoir l'homme de bien, qui avoit aimé le peuple, & d'entendre le Roi parler avec tant de ſageſſe & de bonté.

Philocles avec un air reſpectueux & modeſte recevoit les careſſes du Roi, & avoit impatience de ſe dérober aux acclamations du peuple ; il ſuivit le Roi au Palais. Bientôt Mentor & lui furent dans la même confiance que s'ils avoient paſſé leur vie enſemble, quoiqu'ils ne ſe fuſſent jamais vûs ; c'eſt que les Dieux, qui ont refusé aux méchans des yeux pour connoître les bons, ont donné aux bons dequoi se connoître les uns les autres. Ceux, qui ont le goût de la vertu, ne peuvent être ensemble, sans être unis par la vertu qu'ils aiment. Bientôt Philocles demanda au Roi à se retirer auprès de Salente dans une solitude, où il continua à vivre pauvrement, comme il avoit vêcu à Samos. Le Roi alloit avec Mentor le voir presque tous les jours dans son desert. C'est-là qu'on examinoit les moyens d'affermir les loix, & de donner une forme solide au gouvernement pour le bonheur public.

Les deux principales choses qu'on examina, fut l'éducation des enfans, & la maniere de vivre pendant la paix. Pour les enfans, Mentor disoit qu'ils appartiennent moins à leurs parens qu'à la Republique; ils sont les enfans du peuple, ils en sont l'esperance & la force; il n'est pas tems de les corriger, quand ils se sont corrompus. C'est peu que de les exclure des emplois, lorsqu'on voit qu'ils s'en sont rendus indignes: il vaut bien mieux prévenir le mal que d'être réduit à le punir. Le Roi, ajoûtoit-il, qui est le pere de tout son peuple, est encore plus particulierement le pere de toute la jeunesse, qui est la fleur de toute la Nation. C'est dans la fleur, qu'il faut préparer les fruits. Que le Roi ne dédaigne donc pas de veiller, & de faire veiller sur l'éducation qu'on donne aux enfans. Qu'il tienne ferme pour faire observer les Loix de Minos, qui ordonnent qu'on éleve les enfans dans le mépris de la douleur & de la mort; qu'on mette l'honneur à fuir les délices & les richesses; que l'injustice, le mensonge, l'ingratitude, & la mollesse passent pour des vices infames; qu'on leur apprenne dès leur plus tendre enfance à chanter les loüanges des Heros, qui ont été aimez des Dieux, qui ont fait des actions généreuses pour leur patrie, & qui ont fait éclater leur courage dans les combats; que le charme de la Musique saisisse leurs ames pour rendre leurs mœurs douces & pures; qu'ils apprennent à être tendres pour leurs amis, fideles à leurs alliez,

équitables

équitables pour tous les hommes, même pour leurs plus cruels ennemis; qu'ils craignent moins la mort & les tourmens, que le moindre reproche de leurs consciences. Si de bonne heure on remplit les enfans de ces grandes maximes, & qu'on les fasse entrer dans leur cœur par la douceur du chant, il y en aura peu, qui ne s'enflâment de l'amour de la gloire & de la vertu.

MENTOR ajoûtoit, qu'il étoit capital d'établir des Ecoles publiques pour accoûtumer la jeunesse aux plus rudes exercices du corps, & pour éviter la molesse & l'oisiveté, qui corrompent les plus beaux naturels; il vouloit une grande varieté de jeux & de spectacles, qui animassent tout le peuple, mais sur tout qui exerçassent les corps pour les rendre adroits, souples & vigoureux. Il ajoûtoit des prix pour exciter une noble émulation. Mais ce qu'il souhaitoit le plus pour les bonnes mœurs, c'est que les jeunes gens se mariassent de bonne heure, & que leurs parens, sans aucune vûë d'interêt, leur laissassent choisir des femmes agréables de corps & d'esprit, ausquelles ils pussent s'attacher.

MAIS pendant qu'on préparoit ainsi les moyens de conserver la jeunesse pure, innocente, laborieuse, docile & passionnée pour la gloire, Philocles, qui aimoit la guerre, disoit à Mentor : En vain vous occuperez les jeunes gens à tous ces exercices, si vous les laissez languir dans une paix continuelle, où ils n'auront aucune experience de la guerre, ni aucun besoin de s'éprouver sur la valeur. Par-là vous affoiblirez insensiblement la Nation; les courages s'amoliront; les délices corrompront les mœurs. D'autres peuples belliqueux n'auront aucune peine à les vaincre; & pour avoir voulu éviter les maux que la guerre entraîne après elle, ils tomberont dans une affreuse servitude.

MENTOR lui répondit : Les maux de la guerre sont encore plus horribles que vous ne pensez. (3) La guerre

(3) *La guerre épuise un Etat &c.* Tout ce qui suit, est un détail des maux que les guerres presque continuelles du Régne de Louïs XIV ont causés à la France, qui étoit déja réduite à l'état qu'on décrit ici, lorsque cet Ouvrage fut mis entre les mains du Duc de Bourgogne.

épuise

épuise un Etat, & le met toûjours en danger de périr, lors même qu'on remporte les plus grandes victoires. Avec quelques avantages qu'on la commence, on n'est jamais sûr de la finir sans être exposé aux plus tragiques renversemens de fortune. Avec quelque superiorité de forces qu'on s'engage dans un combat, le moindre mécompte, une terreur panique, un rien vous arrache la victoire, qui étoit déja dans vos mains, & la transporte chez vos ennemis. Quand même on tiendroit dans son camp la victoire comme enchaînée, on se détruiroit soi-même en détruisant ses ennemis. On dépeuple son païs; on laisse les terres presque incultes; on trouble le commerce; mais ce qui est bien pis, on affoiblit les meilleures loix, & on laisse corrompre les mœurs. La Jeunesse ne s'adonne plus aux Lettres. Le pressant besoin fait qu'on souffre une licence pernicieuse dans les troupes. La justice, la police, tout souffre de ce desordre. Un Roi qui verse le sang de tant d'hommes, & qui cause tant de malheurs pour acquerir un peu de gloire, ou pour étendre les bornes de son Royaume, est indigne de la gloire qu'il cherche, & merite de perdre ce qu'il possede, pour avoir voulu usurper ce qui ne lui appartenoit pas.

Mais voici le moyen d'exercer le courage d'une Nation en tems de paix. Vous avez déja vû les exercices du corps que nous établissons; les prix qui exciteront l'émulation; les maximes de gloire & de vertu, dont on remplira les ames des enfans, presque dès le berceau, par le chant des grandes actions des Heros: ajoûtez à ces secours celui d'une vie sobre & laborieuse. Mais ce n'est pas tout: aussitôt qu'un peuple allié de vôtre Nation aura une guerre, il faut y envoyer la fleur de vôtre Jeunesse, sur tout ceux en qui on remarquera la génie de la guerre, & qui seront les plus propres à profiter de l'experience. Par-là vous conserverez une haute réputation chez vos Alliez. Vôtre alliance sera recherchée, on craindra de la perdre: sans avoir la guerre chez vous & à vos dépens, vous aurez toujours une Jeunesse aguerrie & intrépide.

Quoique vous ayez la paix chez vous, vous ne laisserez pas de traiter avec de grands honneurs ceux, qui auront le talent de la guerre ; car le vrai moyen d'éloigner la guerre, & de conserver une longue paix, c'est de cultiver les armes, c'est d'honorer les hommes excellens dans cette profession, c'est d'en avoir toûjours qui s'y soient exercez dans les païs étrangers, qui connoissent les forces, la discipline & les manieres de faire la guerre des peuples voisins ; c'est d'être également incapable & de faire la guerre par ambition, & de la craindre par mollesse. Alors étant toûjours prêt à la faire pour la nécessité, on parvient à ne l'avoir presque jamais.

Pour les Alliez, quand ils sont prêts à se faire la guerre les uns aux autres, c'est à vous à vous rendre Médiateur. Par-là vous acquerez une gloire plus solide & plus sûre que celle des Conquerans ; vous gagnez l'amour & l'estime des étrangers : ils ont tous besoin de vous ; vous regnez sur eux par la confiance, comme vous regnez sur vos sujets par l'autorité. Vous demeurez le dépositaire des secrets, l'arbitre des traitez, le maître des cœurs. Vôtre réputation vole dans tous les païs les plus éloignez ; vôtre nom est comme un parfum délicieux, qui s'exhale de païs en païs chez les peuples les plus reculez. En cet état, qu'un peuple voisin vous attaque contre les regles de la justice, il vous trouve aguerri, préparé ; mais ce qui est bien plus fort, il vous trouve aimé & secouru ; tous vos voisins s'allarment pour vous, & sont persuadez que vôtre conservation fait la sûreté publique. Voilà un rempart bien plus assuré que toutes les murailles des villes, & que toutes les places les mieux fortifiées. Voilà la veritable gloire. Mais qu'il y a peu de Rois, qui sçachent la chercher, & qui ne s'en éloignent point ! Ils courent après une ombre trompeuse, & laissent derriere eux le vrai honneur, faute de le connoître.

Apres que Mentor eut parlé ainsi, Philocles étonné le regardoit ; puis il jettoit les yeux sur le Roi, & étoit charmé

charmé de voir avec quelle avidité Idomenée recueilloit au fond de son cœur toutes les paroles, qui sortoient, comme un fleuve du sagesse, de la bouche de cet Etranger.

MINERVE, sous la figure de Mentor, établissoit ainsi dans Salente toutes les meilleures loix & les plus utiles maximes du gouvernement, moins pour faire fleurir le Royaume d'Idomenée, que pour montrer a Telemaque, quand il reviendroit, un exemple sensible de ce qu'un sage governement peut faire pour rendre les peuples heureux, & pour donner à un bon Roi une gloire durable.

Fin du quatorziéme Livre.

LES

Telemaque gagne l'amitié de Philoctete.

LES AVANTURES DE TELEMAQUE, FILS D'ULYSSE.

LIVRE QUINZIEME.

SOMMAIRE.

TELEMAQUE au camp des alliez gagne l'inclination de Philoctete, d'abord indisposé contre lui à cause d'Ulysse son pere. Philoctete lui raconte ses avantures, où il fait entrer les particularitez de la mort d'Hercule, causée par la tunique empoisonnée, que le Centaure Nessus avoit donnée à Dejanire : il lui explique comment il obtint de ce Heros ses flêches fatales, sans lesquelles la ville de Troye ne pouvoit être prise ; comment il fut puni d'avoir trahi son secret par tous les maux, qu'il souffrit dans l'Ile de Lemnos ; & comment Ulysse se servit de Neoptoleme pour l'engager à aller au siege de Troye, où il fut guéri de ses blessures par les fils d'Esculape.

CEPEN-

EPENDANT Telemaque montroit ſon courage dans les périls de la guerre. En partant de Salente il s'appliqua à gagner l'affection des vieux Capitaines, dont la réputation & l'experience étoient au comble. Neſtor, qui l'avoit déja vû à Pylos, & qui avoit toûjours aimé Ulyſſe, le traitoit comme ſi ç'eut été ſon propre fils. Il lui donnoit des inſtructions qu'il appuyoit de divers exemples; il lui racontoit toutes les avantures de ſa jeuneſſe, & tout ce qu'il avoit vû faire de plus remarquable aux Heros de l'âge paſſé. La memoire de ce ſage Vieillard, qui avoit vêcu trois âges d'hommes, étoit comme une hiſtoire des anciens temps gravée ſur le marbre & ſur l'airain.

PHILOCTETE n'eut pas d'abord la même inclination pour Telemaque que Neſtor. La haine qu'il avoit nourrie ſi longtems dans ſon cœur contre Ulyſſe, l'éloignoit de ſon fils, & il ne pouvoit voir qu'avec peine tout ce qu'il ſembloit que les Dieux préparoient en faveur de ce jeune homme pour le rendre égal aux Heros, qui avoit renverſé la Ville de Troye. Mais enfin la moderation de Telemaque vainquit tous les reſſentimens de Philoctete; il ne put ſe défendre d'aimer cette vertu douce & modeſte. Il prenoit ſouvent Telemaque, & lui diſoit: Mon fils, (car je ne crains plus de vous nommer ainſi) vôtre Pere & moi, je l'avouë, nous avons été longtemps ennemis l'un de l'autre: j'avouë même qu'aprés que nous eûmes fait tomber la ſuperbe Ville de Troye, mon cœur n'étoit point encore appaiſé; & quand je vous ai vû, j'ai ſenti de la peine à aimer la vertu dans le fils d'Ulyſſe. Je me le ſuis ſouvent reproché. Mais enfin la vertu, quand elle eſt douce, ſimple, ingenuë & modeſte, ſurmonte tout. Enſuite Philoctete s'engagea inſenſiblement à lui raconter ce qui avoit allumé dans ſon cœur tant de haine contre Ulyſſe.

Il

Il faut, dit-il, reprendre mon histoire de plus haut. Je suivis par-tout le grand Hercule, qui a délivré la Terre de tant de monstres, & devant qui les autres Heros n'étoient que comme sont les foibles roseaux auprès d'un grand chêne, ou comme les moindres oiseaux en presence de l'aigle. Ses malheurs & les miens vinrent d'une passion, qui cause tous les desastres les plus affreux : c'est l'Amour. Hercule, qui avoit vaincu tant de monstres, ne pouvoit vaincre cette passion honteuse ; & le cruel enfant Cupidon se jouoit de lui. Il ne pouvoit se ressouvenir sans rougir de honte, qu'il avoit autrefois oublié sa gloire jusqu'à filer, (*f*) auprès d'Omphale Reine de Lydie, comme le plus lâche & le plus efféminé de tous les hommes ; tant il avoit été entraîné par un amour aveugle. Cent fois il m'a avoué que cet endroit de sa vie avoit terni sa vertu, & presque effacé la gloire de tous ses travaux. Cependant, ô Dieux ! telle est la foiblesse & l'inconstance des hommes ; ils se promettent tout d'eux-mêmes, & ne résistent à rien. Helas ! le grand Hercule retomba dans les pieges de l'amour qu'il avoit si souvent détestez : il aima (*g*) Dejanire. Trop heureux s'il eut été constant dans cette passion pour une femme, qui fut son épouse. Mais bientôt la jeunesse d'Iole, sur le visage de laquelle les Graces étoient peintes, ravit son cœur. Dejanire brûla de jalousie ; elle se ressouvint de cette fatale tunique que le Centaure Nessus lui avoit laissée en mourant, comme un moyen assuré de réveiller l'amour d'Hercule, toutes les fois qu'il paroîtroit la négliger pour en aimer quelque autre.

(f) *Auprès d'Omphale, Reine de Lydie. Hercule après tant d'exploits glorieux, fut si possedé des charmes d'Omphale, qu'il changea pour elle sa massuë en une quenouille, prit l'habit de fille, & mena la vie des filles de chambre de cette Princesse.*

(g) *Déjanire, fille d'Oenée Roi d'Etolie, pour laquelle Hercule tua le Centaure Nessus d'un coup de flêche trempée dans le sang de l'Hidre. Nessus se voïant prêt de mourir, donna sa robe ensanglantée à Déjanire ; & cette femme l'envoïa à Hercule, qui, l'aiant mise, devint furieux, & se brûla lui-même. Déjanire se tua ensuite d'un coup de la massuë d'Hercule son mari.*

tre. Cette tunique, pleine du ſang venimeux du Centaure, renfermoit le poiſon des fléches, dont ce Monſtre avoit été percé. Vous ſavez que les fléches d'Hercule, qui tua ce perfide Centaure, avoient été trempées dans le ſang de l'Hydre de Lerne, *(h)* & que ce ſang empoiſonnoit ces fléches, en ſorte que toutes les bleſſures qu'elles faiſoient, étoient incurables.

Hercule s'étant revêtu de cette tunique, ſentit bientôt le feu dévorant, qui ſe gliſſoit juſques dans la moëlle de ſes os: il pouſſoit des cris horribles, dont le Mont Oeta réſonnoit; & faiſoit retentir toutes les profondes vallées; la mer même en paroiſſoit émuë: les taureaux les plus furieux, qui auroient mugi dans leurs combats, n'auroient pas fait un bruit auſſi affreux. Le malheureux Lychas, qui lui avoit apporté de la part de Dejanire cette tunique, ayant oſé s'approcher de lui, Hercule dans le tranſport de ſa douleur le prit, & le fit pirouëtter, comme un Frondeur fait avec ſa fronde tourner la pierre, qu'il veut jetter loin de lui. Ainſi Lychas lancé du haut de la montagne par la puiſſante main d'Hercule, tomba dans les flots de la mer, ou il fut changé tout-à-coup en un rocher, qui garde encore la figure humaine, & qui étant toûjours battu par les vagues irritées, épouvante de loin les ſages Pilotes.

Aprés ce malheur de Lychas je crus que je ne pouvois plus me fier à Hercule; je ſongeois à me cacher dans les cavernes les plus profondes. Je le voyois déraciner ſans peine, d'une main, les hauts ſapins & les vieux chênes, qui depuis pluſieurs ſiecles avoient mépriſé les vents & les tempêtes: De l'autre main il tâchoit en vain d'arracher de deſſus ſon dos la fatale tunique; elle s'étoit collée ſur ſa peau, & comme incorporée à ſes membres. A meſure qu'il la déchiroit, il déchiroit auſſi ſa peau & ſa chair; ſon ſang ruiſſeloit, & trempoit la terre. Enfin ſa vertu ſurmontant ſa douleur, il s'écria: Tu vois, ô mon cher

(h) Lerne étoit un Marais dans le Territoire d'Argos, celebre par cette Hidre ou Serpent à cent têtes, qu'Hercule y défit.

Philoctete! les maux, que les Dieux me font souffrir : ils sont justes ; c'est moi, qui les ai offensez ; j'ai violé l'amour conjugal. Après avoir vaincu tant d'ennemis, je me suis lâchement laissé vaincre par l'amour d'une beauté étrangere : je péris, & je suis content de périr pour appaiser les Dieux. Mais, helas ! cher ami, où est-ce que tu fuis ? L'excès de la douleur m'a fait commettre, il est vrai, contre ce miserable Lychas une cruauté, que je me reproche ; il n'a pas sçu quel poison il me presentoit ; il n'a point merité ce que je lui ai fait souffrir : mais crois tu que je puisse oublier l'amitié que je te dois, & que je veuille t'arracher la vie ? Non, non, je ne cesserai point d'aimer Philoctete. Philoctete recevra dans son sein mon ame prête à s'envoler. C'est lui, qui recueillira mes cendres. Où es-tu donc, ô mon cher Philoctete, Philoctete la seule esperance qui me reste ici-bas ?

A ces mots, je me hâte de courir vers lui : il me tend les bas, & veut m'embrasser ; mais il se retient dans la crainte d'allumer dans mon sein le feu cruel, dont il est lui-même brûlé. Helas ! dit-il, cette consolation même ne m'est plus permise. En parlant ainsi, il assemble tous ces arbres, qu'il vient d'abattre ; il en fait un bucher sur le sommet de la montagne ; il monte tranquilement sur le bucher ; il étend la peau du Lion de Nemée, (*i*) qui avoit si longtems couvert ses épaules, lorsqu'il alloit d'un bout de la terre à l'autre, abattre les monstres, & délivrer les malheureux ; il s'appuye sur sa massuë, & il m'ordonne d'allumer le feu du bucher.

Mes mains tremblantes & saisies d'horreur ne purent lui refuser ce cruel office ; car la vie n'étoit plus pour lui un present des Dieux, tant elle lui étoit funeste. Je craignis même que l'excès de ses douleurs ne le transportât jusqu'à faire quelque chose d'indigne de cette vertu, qui avoit étonné l'Univers. Comme il vit que la flâme

(i) *Némée, forêt dans l'Achaye, où Hercule tua un Lion prodigieux, de la peau duquel il se couvrit ensuite.*

commençoit à prendre au bucher: C'est maintenant, s'ecria-t-il, mon cher Philoctete, que j'éprouve ta veritable amitié; car tu aimes mon honneur plus que ma vie: que les Dieux te le rendent; je te laisse ce que j'ai de plus précieux sur la terre, ces flêches trempées dans le sang de l'Hydre de Lerne. Tu sçais que les blessures qu'elles font, sont incurables; par elles tu seras invincible, comme je l'ai été, & aucun Mortel n'osera combattre contre toi. Souviens-toi que je meurs fidele à nôtre amitié, & n'oublie jamais combien tu m'as été cher. Mais s'il est vrai que tu sois touché de mes maux, tu peux me donner une derniere consolation: promets-moi de ne découvrir jamais à aucun Mortel ni ma mort, ni le lieu où tu auras caché mes cendres. Je le lui promis; helas! je le jurai même en arrosant son bucher de mes larmes: un rayon de joye parut dans ses yeux. Mais tout-à-coup un tourbillon de flâme, qui l'envelopa, étouffa sa voix, & le déroba presque à ma vuë. Je le voyois encore neanmoins, à travers les flâmes, avec un visage aussi serain, que s'il eût été couronné de fleurs & couvert de parfums, dans la joye d'un festin délicieux, au milieu de tous ses amis.

Le feu consuma bientôt tout ce qu'il y avoit de terrestre & de mortel en lui. Bientôt il ne lui resta rien de tout ce qu'il avoit reçu dans sa naissance de sa mere Alcmene: mais il conserva, par l'ordre de Jupiter, cette nature subtile & immortelle, cette flâme céleste qui est le vrai principe de vie, & qu'il avoit reçu du Pere des Dieux. Ainsi il alla avec eux, sous les voutes dorées du brillant Olympe, boire le Nectar, où les Dieux lui donnérent pour épouse l'aimable Hebé, (*k*) qui est la Déesse de la Jeunesse, & qui versoit le Nectar dans la coupe du grand Jupiter, avant que Ganimede eût reçu cet honneur.

(k) Hebé étoit fille de Junon sans pere; elle se laissa tomber en versant à boire à Jupiter, qui se fit dans la suite servir par Ganimede.

Pour moi, je trouvai une ſource inépuiſable de douleurs dans ces fléches qu'il m'avoit données pour m'élever au-deſſus des Heros. Bientôt les Rois liguez entreprirent de venger Menelas de l'infame Paris, qui avoit enlevé Helene, & de renverſer l'Empire de Priam. L'Oracle d'Apollon leur fit entendre qu'ils ne devoient point eſperer de finir heureuſement cette guerre, à moins qu'ils n'euſſent les fléches d'Hercule.

Ulysse vôtre pere, qui étoit toûjours le plus éclairé & le plus induſtrieux dans tous les conſeils, ſe chargea de me perſuader d'aller avec eux au ſiege de Troye, & d'y apporter les flêches qu'il croyoit que j'avois. Il y avoit déja longtems qu'Hercule ne paroiſſoit plus ſur la terre. On n'entendoit plus parler d'aucun nouvel exploit de ce Heros : les monſtres & les ſcelerats recommençoient à paroître impunément ; les Grecs ne ſçavoient que croïre de lui : les uns diſoient qu'il étoit mort ; d'autres ſoûtenoient qu'il étoit allé juſques ſous l'Ourſe glacée (*l*) dompter les Scythes : mais Ulyſſe ſoûtint qu'il étoit mort, & entreprit de me le faire avouër. Il me vint trouver dans un tems où je ne pouvois encore me conſoler d'avoir perdu le grand Alcide : il eut une peine extrême à m'aborder ; car je ne pouvois plus voir les hommes ; je ne pouvois ſouffrir qu'on m'arrachât de ces deſerts du Mont Oeta (*m*), où j'avois vû périr mon ami ; je ne ſongeois qu'à me repeindre l'image de ce Heros, & qu'à pleurer à la vûë de ces triſtes lieux : mais la douce & puiſſante perſuaſion étoit ſur les lévres de vôtre pere ; il parut preſque auſſi affligé que moi : il verſa des larmes ; il ſçut gagner inſenſiblement mon cœur & attirer ma confiance ; il m'attendrit pour les Rois Grecs, qui alloient combattre pour une juſte cauſe, & qui ne pouvoient réüſſir ſans moi ; il ne

(*l*) *L'Ourſe eſt une conſtellation proche du Pole Arctique ou Septentrion : elle eſt apellée glacée à cauſe de l'éloignement où elle eſt du Soleil.*

(*m*) *Le Mont Oeta eſt dans la Theſſalie entre le Parnaſſe & le Pinde, celebre par le Tombeau d'Hercule.*

put jamais neanmoins m'arracher le ſecret de la mort d'Hercule, que j'avois juré de ne dire jamais ; mais il ne doutoit plus qu'il ne fût mort, & il me preſſoit de lui découvrir le lieu où j'avois caché ſes cendres.

HELAS! j'eus horreur de faire un parjure, en lui diſant un ſecret que j'avois promis aux Dieux de ne dire jamais; j'eus la foibleſſe d'éluder mon ſerment, n'oſant le violer : les Dieux m'en ont puni : je frappai du pied la terre à l'endroit où j'avois mis les cendres d'Hercule; enſuite j'allai joindre les Rois liguez, qui me reçurent avec la même joye qu'ils auroient reçu Hercule même. Comme je paſſois dans l'Ile de Lemnos, je voulus montrer à tous les Grecs ce que mes flêches pouvoient faire; me préparant à percer un daim, qui ſe lançoit dans un Bois, je laiſſai tomber par mégarde la flêche de l'Arc ſur mon pied, & elle me fit une bleſſure que je reſſens encore. Auſſitôt j'éprouvai ces mêmes douleurs qu'Hercule avoit ſouffertes ; je rempliſſois nuit & jour l'Ile de mes cris; un ſang noir & corrompu coulant de ma playe, infectoit l'air, & répandoit dans le camp des Grecs une puanteur capable de ſuffoquer les hommes les plus vigoureux. Toute l'armée eut horreur de me voir dans cette extrémité ; chacun conclut que c'étoit un ſupplice, qui m'étoit envoyé par les juſtes Dieux.

ULYSSE, qui m'avoit engagé dans cette guerre, fut le premier à m'abandonner. J'ai reconnu depuis qu'il l'avoit fait, parce qu'il préferoit l'interêt commun de la Grece, & la victoire, à toutes les raiſons d'amitié ou de bienſéance particuliere. On ne pouvoit plus ſacrifier dans le camp, tant l'horreur de ma playe, ſon infection, & la violence de mes cris troubloient toute l'armée. Mais au moment que je me vis abandonné de tous les Grecs par les conſeils d'Ulyſſe, cette politique me parut pleine de la plus horrible inhumanité & de la plus noire trahiſon. Hélas! j'étois aveugle, & je ne voyois pas qu'il étoit juſte que les plus ſages hommes fuſſent contre moi, de même que les Dieux que j'avois irritez.

JE

Je demeurai presque pendant tout le siége de Troye seul, sans secours, sans espérance, sans soulagement, livré à d'horribles douleurs dans cette Ile deserte & sauvage, où je n'entendois que le bruit des vagues de la mer, qui se brisoient contre les rochers. Je trouvai au milieu de cette solitude une caverne vuide dans un rocher, qui élevoit vers le Ciel deux pointes, semblables à deux têtes. De ce rocher sortoit une fontaine claire. Cette caverne étoit la retraite des bêtes farouches, à la fureur desquelles j'étois exposé nuit & jour; j'amassai quelques feuilles pour me coucher; il ne me restoit pour tout bien qu'un pot de bois grossiérement travaillé, & quelques habits déchirez, dont j'enveloppois ma playe pour arrêter le sang, & dont je me servois aussi pour la nettoyer. Là abandonné des hommes, & livré à la colere des Dieux, je passois mon tems à percer de mes flêches les colombes & les autres oiseaux, qui voloient autour de ce rocher. Quand j'avois tué quelque oiseau pour ma nourriture, il faloit que je me traînasse contre terre avec douleur pour aller amasser ma proye: ainsi mes mains me préparoient dequoi me nourrir.

Il est vrai que les Grecs en partant me laisserent quelques provisions; mais elles durérent peu. J'allumois du feu avec des cailloux. Cette vie, toute affreuse qu'elle est, m'auroit paru douce, loin des hommes ingrats & trompeurs, si la douleur ne m'eût accablé, & si je n'eusse sans cesse repassé dans mon esprit ma triste avanture. Quoi! disois-je, tirer un homme de sa patrie, comme le seul homme qui puisse venger la Grece, & puis l'abandonner dans cette Ile deserte pendant son sommeil! Car ce fut pendant mon sommeil que les Grecs partirent. Jugez quelle fut ma surprise, & combien je versai de larmes à mon réveil, quand je vis les Vaisseaux fendre les ondes. Helas! cherchant de tous côtez dans cette Ile sauvage & horrible, je n'y trouvai que la douleur.

En effet il n'y a ni port, ni commerce, ni hospitalité, ni hommes qui y abordent volontairement. On n'y voit que les malheureux, que les tempêtes y ont jettez ; on n'y peut esperer de societé que par des naufrages ; encore même ceux qui venoient en ce lieu, n'osoient me prendre pour me ramener : ils craignoient la colere des Dieux & celle des Grecs. Depuis dix ans je souffrois la honte, la douleur, la faim ; je nourrissois une playe qui me devoroit ; l'espérance même étoit éteinte dans mon cœur.

Tout-à-coup revenant de chercher des plantes médecinales pour ma playe, j'apperçus dans mon antre un jeune homme beau & gracieux, mais fier & d'une taille de Heros. Il me sembla que je voyois Achille, tant il en avoit les traits, les regards & la démarche : son âge seul me fit comprendre que ce ne pouvoit être lui. Je remarquai sur son visage tout ensemble la compassion & l'embarras. Il fut touché de voir avec quelle peine & quelle lenteur je me traînois. Les cris perçans & douloureux, dont je faisois retentir les échos de tout le rivage, attendrirent son cœur.

(‡) O Etranger! lui disois-je d'assez loin, quel malheur t'a conduit dans cette Ile inhabitée? Je reconnois l'habit Grec, cet habit qui m'est encore si cher. O! qu'il me tarde d'entendre ta voix, & de trouver sur tes lévres cette langue que j'ai apprise dès l'enfance, & que je ne puis plus parler à personne depuis si longtems dans cette solitude. Ne sois point effrayé de voir un homme si malheureux ; tu dois en avoir pitié.

A peine Neoptoleme m'eut dit, Je suis Grec, que je m'écriai : O douce parole après tant d'années de silence & de douleur sans consolation ! O mon fils! quel malheur, quelle tempête, ou plûtôt quel vent favorable t'a

(‡) Ceci, & tout le reste, presque jusqu'à la fin du Livre, est tiré de Philoctete, une très belle Tragedie de Sophocle.

conduit

conduit ici pour finir mes maux ? Il me répondit : Je ſuis de l'Ile de Scyros (*n*), j'y retourne ; on dit que je ſuis fils d'Achille ; tu ſçais tout.

DES paroles ſi courtes ne contentoient pas ma curioſité. Je lui dis : O fils d'un pere que j'ai tant aimé ! cher nourriſſon de Lycomede (*o*), comment viens-tu donc ici ? d'où viens tu ? Il me répondit qu'il venoit du ſiege de Troye. Tu n'étois pas, lui dis-je, de la premiere expedition. Et toi, me dit-il, en étois-tu ? Alors je lui répondis : Tu ne connois, je le vois bien, ni le nom de Philoctete ni ſes malheurs. Helas ! infortuné que je ſuis, mes perſecuteurs m'inſultent dans ma miſere ! la Grece ignore que je ſouffre ; ma douleur augmente ; les Atrides (*p*) m'ont mis en cet état ; que les Dieux le leur rendent.

ENSUITE je lui racontai de quelle maniere les Grecs m'avoient abandonné. Auſſitôt qu'il eut écouté mes plaintes, il fit les ſiennes : Après la mort d'Achille, me dit-il .... (D'abord je l'interrompis, en lui diſant : Quoi ! Achille eſt mort ? Pardonne moi, mon fils, ſi je trouble ton recit par les larmes que je dois à ton pere.) Neoptoleme me répondit : Vous me conſolez en m'interrompant ; qu'il m'eſt doux de voir Philoctete pleurer mon pere !

NEOPTOLEME reprenant ſon diſcours, me dit : Après la mort d'Achille, Ulyſſe & Phenix me vinrent chercher, aſſurant qu'on ne pouvoit ſans moi renverſer la ville de Troye. Ils n'eurent aucune peine à m'emmener ; car la douleur de la mort d'Achille, & le deſir d'heriter de ſa gloire dans cette guerre, m'engageoient aſſez à

(*n*) *Scyros, aujourd'hui Sciro, eſt une des Iles de l'Archipel, à l'entrée du Golfe de Zeiton, à treize lieuës de Negrepont vers le Nord.*

(*o*) *La Mere d'Achille, pour l'empêcher d'aller au ſiége de Troie, le mit déguiſé en fille à la Cour du Roi Licomede, où il devint amoureux de Deidamie, de laquelle il eut Pirrhus ou Neoptoleme.*

(*p*) *Les Atrides ſont les fils d'Atrée, ſavoir Agamemnon & Menelaüs.*

les ſuivre. J'arrive à Sigée (q); l'armée s'aſſemble autour de moi; chacun jure qu'il revoit Achille: mais, helas! il n'étoit plus. Jeune & ſans experience, je croyois pouvoir tout eſperer de ceux, qui me donnoient tant de loüanges. D'abord je demande aux Atrides les armes de mon pere; ils me répondent cruellement: Tu auras le reſte de ce qui lui appartenoit; mais pour ſes armes, elles ſont deſtinées à Ulyſſe.

Aussitôt je me trouble, je pleure, je m'emporte: mais Ulyſſe, ſans s'émouvoir, me diſoit: Jeune homme, tu n'étois pas avec nous dans les périls de ce long ſiege; tu n'as pas merité de telles armes, & tu parles déja trop fierement; jamais tu ne les auras. Dépouillé injuſtement par Ulyſſe, je m'en retourne dans l'Ile de Scyros, moins indigné contre Ulyſſe que contre les Atrides. Que quiconque eſt leur ennemi, puiſſe être l'ami des Dieux! O Philoctete! j'ai tout dit.

Alors je demandai à Neoptoleme comment Ajax Telamonien n'avoit pas empêché cette injuſtice. Il eſt mort, me répondit-il. Il eſt mort, m'écriai-je! & Ulyſſe ne meurt pas; au contraire il fleurit dans l'armée. Enſuite je lui demandai des nouvelles d'Antiloque fils du ſage Neſtor, & de Patrocle ſi cheri par Achille; ils ſont morts auſſi, me dit-il. Auſſitôt je m'écriai encore: Quoi morts! Helas! que me dis-tu? Ainſi la cruelle guerre moiſſonne les bons, & épargne les méchans. Ulyſſe eſt donc en vie; (r) Terſite l'eſt auſſi ſans doute. Voilà ce que font les Dieux; & nous les louërions encore!

Pendant que j'étois dans cette fureur contre vôtre pere, Neoptoleme continuoit à me tromper. Il ajoûta

(q) Sigée, aujourd'hui Cap des Janiſſaires, eſt dans la Natolie à l'entrée du Golfe de Gallipoli, vis à vis la pointe de la Romanie. On y voit le village de Trojaki, qui veut dire petite Troïe.

(r) Terſite étoit un des plus mal faits & des plus lâches de l'armée des Grecs, & ſi porté à contredire les plus ſages & les plus habiles, qu'Achille indigné de ſes manieres le tua d'un coup de poing.

ces

ces triſtes paroles : Loin de l'armée Grecque, où le mal prévaut ſur le bien, je vais vivre content dans la ſauvage Ile de Scyros. Adieu, je parts ; que les Dieux vous guériſſent.

AUSSITÔT je lui dis : O mon fils ! je te conjure par les Manes de ton Pere, par ta Mere, par tout ce que tu as de plus cher ſur la terre, de ne me pas laiſſer ſeul dans les maux que tu vois. Je n'ignore pas combien je te ſerai à charge ; mais il y auroit de la honte à m'abandonner ; jette-moi à la prouë, à la poupe, dans la ſentine même, par tout où je t'incommoderai le moins. Il n'y a que les grands cœurs qui ſachent combien il y a de gloire à être bon : ne me laiſſe point en un deſert, où il n'y a aucun veſtige d'homme ; mene-moi dans ta patrie, ou dans l'Eubée (s), qui n'eſt pas loin du Mont Oeta, de Trachine, & des bords agréables du fleuve Sperchius : renvoye-moi à mon Pere. Helas ! que je crains qu'il ne ſoit mort ! je lui avois mandé de m'envoyer un Vaiſſeau : ou il eſt mort ; ou bien ceux qui m'avoient promis de lui dire ma miſere, ne l'ont pas fait. J'ai recours à toi, ô mon fils ! ſouviens-toi de la fragilité des choſes humaines. Celui qui eſt dans la proſperité, doit craindre d'en abuſer, & ſecourir les malheureux.

VOILA ce que l'excès de la douleur me faiſoit dire à Neoptoleme : il me promit de m'emmener. Alors je m'écriai encore : O heureux jour ! ô aimable Neoptoleme, digne de la gloire de ton Pere ! Chers Compagnons de ce voyage, ſouffrez que je diſe adieu à cette triſte demeure. Voyez où j'ai vécu ; comprenez ce que j'ai ſouffert ; nul autre n'eût pû le ſouffrir : mais la néceſſité m'avoit inſtruit, & elle apprend aux hommes ce qu'ils ne pourroient jamais ſavoir autrement. Ceux qui n'ont jamais ſouffert, ne ſavent rien ; ils ne connoiſſent ni les biens ni les maux ; ils ignorent les hommes ; ils s'ignorent eux-mêmes. Après avoir parlé ainſi, je pris mon arc & mes flêches.

(s) *Eubée, Ile de la mer Egée, aujourd'hui Negrepont.*

NEOPTOLEME me pria de souffrir qu'il baisât ces armes si célébres & consacrées par l'invincible Hercule. Je lui répondis : Tu peux tout ; c'est toi, mon fils, qui me rends aujourd'hui la lumiere, ma patrie, mon Pere accablé de vieillesse, mes amis, moi-même; tu peux toucher ces armes, & te vanter d'être le seul d'entre les Grecs qui ait merité de les toucher. Aussitôt Neoptoleme entre dans ma grote pour admirer mes armes.

CEPENDANT une douleur cruelle me saisit; elle me trouble ; je ne sçai plus ce que je fais ; je demande un glaive tranchant pour couper mon pied ; je m'écrie : O mort tant desirée ! que ne viens-tu ? ô jeune homme ! brûle-moi tout-à-l'heure, comme je brûlai le fils de Jupiter. O terre ! ô terre ! reçois un mourant, qui ne peut plus se relever ! De ce transport de douleur, je tombe soudainement, selon ma coûtume, dans un assoupissement profond ; une grande sueur commença à me soulager ; un sang noir & corrompu coula de ma playe. Pendant mon sommeil il eut été facile à Neoptoleme d'emporter mes armes & de partir ; mais il étoit fils d'Achille, & n'étoit pas né pour tromper.

EN m'éveillant je reconnus son embarras : il soûpiroit comme un homme qui ne sçait pas dissimuler, & qui agit contre son cœur. Me veux-tu donc surprendre, lui dis-je ? Qu'y a-t-il donc ? Il faut, me répondit-il, que vous me suiviez au siege de Troye. Je repris aussitôt : Ah ! qu'as-tu dis, mon fils ? Rends-moi cet arc ; je suis trahi, ne m'arrache pas la vie. Helas ! il ne répond rien ; il me regarde tranquilement ; rien ne le touche. O rivages ! ô promontoires de cette Ile ! ô bêtes farouches ! ô rochers escarpez ! c'est à vous que je me plains ; car je n'ai que vous à qui je puisse me plaindre : vous êtes accoûtumez à mes gémissemens. Faut-il que je sois trahi par le Fils d'Achille ? Il m'enleve l'arc sacré d'Hercule ; il veut me traîner dans le camp des Grecs pour triompher de moi : il ne voit pas que c'est triompher d'un mort, d'une ombre, d'une image vaine. O s'il m'eut attaqué dans ma force ! Mais

Mais encore à present ce n'eſt que par ſurpriſe! Que ferai-je? Rends, mon fils, rends. Sois ſemblable à ton Pere, ſemblable à toi-même. Que dis-tu? Tu ne dis rien! O rocher ſauvage, je reviens à toi, nud, miſerable, abandonné, ſans nourriture; je mourrai ſeul dans cet antre: n'ayant plus mon arc pour tuer les bêtes, les bêtes me dévoreront; n'importe. Mais, mon fils, tu ne parois pas méchant; quelque conſeil te pouſſe; rends-moi mes armes; va-t-en.

NEOPTOLEME, les larmes aux yeux, diſoit tout bas: Plût aux Dieux que je ne fuſſe jamais parti de Scyros! Cependant je m'écrie: Ah! que vois-je? N'eſt-ce pas Ulyſſe? Auſſitôt j'entends ſa voix, & il me répond: Oui, c'eſt moi. Si le ſombre Royaume de Pluton ſe fut entr'ouvert, & que j'euſſe vû le noir Tartare, que les Dieux mêmes craignent d'entrevoir, je n'aurois pas été ſaiſi, je l'avouë, d'une plus grande horreur. Je m'écriai encore: O terre de Lemnos, je te prens à témoin! O Soleil, tu le vois, & tu le ſouffres! Ulyſſe me répondit ſans s'émouvoir: Jupiter le veut, & je l'execute. Oſes-tu, lui diſois-je, nommer Jupiter? Vois-tu ce jeune homme, qui n'étoit point né pour la fraude, & qui ſouffre en executant ce que tu l'obliges de faire? Ce n'eſt pas pour vous tromper, me dit Ulyſſe, ni pour vous nuire que nous venons; c'eſt pour vous délivrer, vous guérir, vous donner la gloire de renverſer Troye, & vous ramener dans vôtre Patrie. C'eſt vous, & non pas Ulyſſe, qui êtes l'ennemi de Philoctete.

ALORS je dis à vôtre Pere tout ce que la fureur pouvoit m'inſpirer: Puiſque tu m'as abandonné ſur ce rivage, lui diſois-je, que ne m'y laiſſes-tu en paix? Va chercher la gloire des combats & tous les plaiſirs; jouï de ton bonheur avec les Atrides; laiſſe-moi ma miſere & ma douleur. Pourquoi m'enlever? Je ne ſuis plus rien; je ſuis déja mort. Pourquoi ne crois-tu pas encore aujourd'hui, comme tu le croyois autrefois, que je ne ſçaurois partir; que mes cris, & l'infection de ma playe troubleroient les ſacrifices? O Ulyſſe, auteur de mes maux, que les Dieux puiſſent te ..... Mais les Dieux ne m'écoutent point: au contraire ils excitent mon ennemi. O terre de ma patrie, que je ne reverrai jamais! O Dieux! s'il en reſte encore quelqu'un d'aſſez juſte pour avoir pitié de moi, puniſſez, puniſſez Ulyſſe: alors je me croirai gueri.

PENDANT que je parlois ainſi, vôtre Pere tranquile me regardoit avec un air de compaſſion, comme un homme qui loin d'être faché, ſupporte & excuſe le trouble d'un malheureux, que la fortune a aigri. Je le voyois ſemblable à un rocher, qui ſur le ſommet d'une montagne ſe jouë de la fureur des vents, & laiſſe épuiſer leur rage, pendant qu'il demeure immobile. Ainſi vôtre Pere, demeurant dans le ſilence, attendoit que ma colere fût épuiſée; car il ſavoit qu'il ne faut attaquer les paſſions des hommes pour les réduire à la raiſon, que quand elles commencent à s'affoiblir par une eſpece de laſſitude. Enſuite il me dit ces paroles: O Philoctete! qu'avez-vous fait de vôtre raiſon & de vôtre courage? Voici le moment de s'en ſervir. Si vous refuſez de nous ſuivre pour remplir les grands deſſeins de Jupiter ſur vous, adieu; vous êtes indigne d'être le liberateur de la Grece, & le deſtructeur de Troye. Demeurez à Lemnos: ces armes que j'emporte, me donneront une gloire, qui vous étoit deſtinée. Neoptoleme, partons: il eſt inutile de lui parler; la compaſſion pour un ſeul homme ne doit pas nous faire abandonner le ſalut de la Grece entiere.

ALORS je me ſentis comme une Lionne, à qui on vient d'arracher ſes petits: elle remplit les forêts de ſes rugiſſemens. O caverne! diſois-je, jamais je ne te quitterai, tu ſeras mon tombeau! O ſéjour de ma douleur! plus de nourriture, plus d'eſperance! Qui me donnera un glaive pour me percer? O ſi les oiſeaux de proye pouvoient m'enlever! Je ne les percerai plus de mes fleches. O Arc précieux! Arc conſacré par les mains du fils de Jupiter! O cher Hercule! s'il te reſte encore

quelque

quelque ſentiment, n'es-tu pas indigné? Cet Arc n'eſt plus dans les mains de ton fidele ami; il eſt dans les mains impures & trompeuſes d'Ulyſſe. Oiſeaux de proye! bêtes farouches! ne fuyez plus cette caverne: mes mains n'ont plus de flêches. Miſerable! je ne puis vous nuire; venez me dévorer; où plûtot que la foudre de l'impitoyable Jupiter m'écraſe!

VOTRE Pere ayant tenté tous les autres moyens pour me perſuader, jugea enfin que le meilleur étoit de me rendre mes armes; il fit ſigne à Neoptoleme, qui me les rendît auſſitôt. Alors je lui dis: Digne fils d'Achille, tu montres que tu l'es: mais laiſſe-moi percer mon ennemi. J'allois tirer une flêche contre vôtre Pere; mais Neoptoleme m'arrêta, en me diſant: La colere vous trouble, & vous empêche de voir l'indigne action que vous voulez faire.

POUR Ulyſſe, il paroiſſoit auſſi tranquile contre mes flêches que contre mes injures. Je me ſentis touché de cette intrepidité & de cette patience. J'eus honte d'avoir voulu dans ce premier tranſport me ſervir de mes armes pour tuer celui, qui me les avoit fait rendre: mais comme mon reſſentiment n'étoit pas encore appaiſé, j'étois inconſolable de devoir mes armes à un homme, que je haïſſois tant. Cependant Neoptoleme me diſoit: Sachez que le divin Helenus, fils de Priam, étant ſorti de la Ville de Troye par l'ordre & par l'inſpiration des Dieux, nous a dévoilé l'avenir. La malheureuſe Troye tombera, a-t-il dit; mais elle ne peut tomber qu'après qu'elle aura été attaquée par celui, qui tient les flêches d'Hercule. Cet homme ne peut guérir que quand il ſera devant les murailles de Troye: les enfans d'Eſculape (*t*) le guériront.

(*t*) *Eſculape, fils d'Apollon & de la Nymphe Coronis, étoit ſi ſavant en Médecine, que les Païens en firent un Dieu. On l'adoroit ſous la forme d'un ſerpent, particulierement en Epidaure & à Pergame.*

En ce moment je sentis mon cœur partagé; j'étois touché de la naïveté de Neoptoleme, & de la bonne foi avec laquelle il m'avoit rendu mon Arc: mais je ne pouvois me résoudre à voir encore le jour, s'il faloit ceder à Ulysse; & une mauvaise honte me tenoit en suspens. Me verra-t-on, disois-je en moi-même, avec Ulysse & avec les Atrides? Que croira-t-on de moi?

Pendant que j'étois dans cette incertitude, tout-à-coup j'entens une voix plus qu'humaine: je vois Hercule dans un nuage éclatant; il étoit environné de rayons de gloire. Je reconnus facilement ses traits un peu rudes, son corps robuste, & ses manieres simples; mais il avoit une hauteur & une majesté, qui n'avoient jamais paru si grandes en lui, quand il domptoit les monstres. Il me dit;

Tu entens, tu vois Hercule. J'ai quitté le haut Olympe pour t'annoncer les ordres de Jupiter. Tu sçais par quels travaux j'ai acquis l'immortalité. Il faut que tu ailles avec le fils d'Achille, pour marcher sur mes traces dans le chemin de la gloire. Tu guériras, tu perceras de mes flêches Paris, auteur de tant de maux. Après la prise de Troye, tu envoyeras de riches dépouilles à Pœan ton Pere sur le Mont Oeta: ces dépouilles seront mises sur mon tombeau comme un monument de la Victoire dûë à mes flêches. Et toi, ô fils d'Achille! je te déclare que tu ne peux vaincre sans Philoctete, ni Philoctete sans toi. Allez donc comme deux Lions, qui cherchent ensemble leur proye. J'envoyerai Esculape à Troye pour guérir Philoctete. Sur tout, ô Grecs! aimez & observez la Religion; le reste meurt; elle ne meurt jamais.

Après avoir entendu ces paroles, je m'écriai: O heureux jour! douce lumiere, tu te montres enfin après tant d'années. Je t'obéis; je parts après avoir salué ces lieux. Adieu, cher Antre. Adieu, Nymphe de ces prez humides; je n'entendrai plus le bruit sourd des vagues de cette mer. Adieu, Rivage, où tant de fois j'ai souffert les injures de l'air. Adieu, Promontoires, où

Echo

Echo répéta tant de fois mes gémiſſemens. Adieu, douces Fontaines, qui me fûtes ſi ameres. Adieu, ô terre de Lemnos! laiſſe-moi partir heureuſement, puiſque je vais où m'appelle la volonté des Dieux & de mes amis.

Ainsi nous partîmes; nous arrivâmes au ſiege de Troye. Machaon & Podalyre par la divine ſcience de leur pere Eſculape me guérirent, ou du moins me mirent dans l'état où vous me voyez. Je ne ſouffre plus; j'ai retrouvé toute ma vigueur: mais je ſuis un peu boiteux. Je fis tomber Paris, comme un timide faon de biche, qu'un chaſſeur perce de ſes traits. Bientôt Ilion fut réduit en cendre; vous ſavez le reſte. J'avois neanmoins encore je ne ſai quelle averſion pour le ſage Ulyſſe, par le ſouvenir de mes maux; & ſa vertu ne pouvoit appaiſer ce reſſentiment: mais la vûë d'un fils, qui lui reſſemble, & que je ne puis m'empêcher d'aimer, m'attendrit le cœur pour le pere même.

Fin du quinziéme Livre.

LES

LES AVANTURES DE TELEMAQUE, FILS D'ULYSSE.

LIVRE SEIZIEME.

SOMMAIRE.

TELEMAQUE entre en differend avec Phalante pour des prisonniers, qu'ils se disputent: il combat & vainc Hippias, qui méprisant sa jeunesse, prend de hauteur ces prisonniers pour son frere Phalante: mais étant peu content de sa victoire, il gémit en secret de sa témérite & de sa faute, qu'il voudroit réparer. Au même tems Adraste, Roi des Dauniens, étant informé que les Rois alliez ne songent qu'à pacifier le differend de Telemaque & d'Hippias, va les attaquer à l'improviste. Après avoir surpris cent de leurs Vaisseaux pour transporter ses troupes dans leur camp, il y met d'abord le feu, commence l'attaque

Telemaque surmonte Hippias.

taque par le quartier de Phalante, tuë son frere Hippias; & Phalante lui-même est tout percé de ses coups.

ENDANT que Philoctete avoit raconté ainsi ses Avantures, Telemaque étoit demeuré comme suspendu & immobile. Ses yeux étoient attachez sur ce grand homme qui parloit. Toutes les passions differentes, qui avoient agité Hercule, Philoctete, Ulysse, Neoptoleme, paroissoient tour à tour sur le visage naïf de Telemaque, à mesure qu'elles étoient representées. Dans la suite de cette narration, quelquefois il s'écrioit & interrompoit Philoctete, sans y penser: quelquefois il paroissoit rêveur, comme un homme qui pense profondément à la suite des affaires. Quand Philoctete dépeignoit l'embarras de Neoptoleme, qui ne savoit point dissimuler, Telemaque paroissoit dans le même embarras; & dans ce moment on l'auroit pris pour Neoptoleme.

L'ARMÉE des Alliez marchoit en bon ordre contre Adraste, Roi des Dauniens, qui méprisoit les Dieux, & qui ne cherchoit qu'à tromper les hommes. Telemaque trouva de grandes difficultez pour se ménager parmi tant de Rois jaloux les uns des autres. Il faloit ne se rendre suspect à aucun, & se faire aimer de tous. (4) Son naturel étoit bon & sincere, mais peu caressant; il ne s'avisoit guére de ce qui pouvoit faire plaisir aux autres; il n'étoit point attaché aux richesses, mais il ne savoit point donner. Ainsi avec un cœur noble & porté au bien, il ne paroissoit ni obligeant, ni sensible à l'amitié, ni liberal, ni reconnoissant des soins qu'on prenoit pour lui, ni attentif à distinguer le merite. Il suivoit son

(4) *Son naturel, &c.* Tout ceci est un tableau achevé du naturel du Roi dans sa jeunesse. Il n'y a pas un trait qui ne lui convienne parfaitement. Les troubles mêmes de sa Minorité ne purent rien rabatre de sa fierté & de sa hauteur.

goût

goût ſans reflexion ; ſa mere Penelope l'avoit nourri, malgré Mentor, dans une hauteur & dans une fierté, qui terniſſoient tout ce qu'il y avoit de plus aimable en lui. Il ſe regardoit comme étant d'une autre nature que le reſte des hommes ; les autres ne lui ſembloient mis ſur la terre par les Dieux que pour lui plaire, pour le ſervir, pour prévenir tous ſes deſirs, & pour rapporter tout à lui comme à une Divinité. Le bonheur de le ſervir étoit ſelon lui une aſſez haute récompenſe pour ceux qui le ſervoient. Il ne faloit jamais rien trouver d'impoſſible, quand il s'agiſſoit de le contenter ; & les moindres retardemens irritoient ſon naturel ardent.

Ceux qui l'auroient vû ainſi dans ſon naturel, auroient jugé qu'il étoit incapable d'aimer autre choſe que lui-même ; qu'il n'étoit ſenſible qu'à ſa gloire & à ſon plaiſir. Mais cette indifference pour les autres, & cette attention continuelle ſur lui-même, ne venoient que du tranſport continuel, où il étoit jetté par la violence de ſes paſſions. Il avoit été flaté par ſa mere dès le berceau, & il étoit un grand exemple du malheur de ceux, qui naiſſent dans l'élevation. Les rigueurs de la fortune, qu'il ſentit dès ſa premiere jeuneſſe, n'avoient pû moderer cette impetuoſité & cette hauteur. Dépourvû de tout, abandonné, expoſé à tant de maux, il n'avoit rien perdu de ſa fierté. Elle ſe relevoit toûjours, comme la palme ſouple ſe releve ſans ceſſe d'elle-même, quelque effort qu'on faſſe pour l'abaiſſer.

Pendant que Telemaque étoit avec Mentor, ces défauts ne paroiſſoient point, & ils ſe diminuoient tous les jours. Semblable à un courſier fougueux, qui bondit dans les vaſtes prairies, que ni les rochers eſcarpez, ni les précipices, ni les torrens n'arrêtent, qui ne connoît que la voix & la main d'un ſeul homme capable de le dompter, Telemaque, plein d'une noble ardeur, ne pouvoit être retenu que par le ſeul Mentor : mais auſſi un de ſes regards l'arrêtoit tout-à-coup dans ſa plus grande impetuoſité : il entendoit d'abord ce que ſignifioit ce regard. Il

rappelloit

rappelloit auſſitôt dans ſon cœur tous les ſentimens de vertu. Sa Sageſſe rendoit en un moment ſon viſage doux & ſerein. Neptune, quand il éleve ſon Trident, & qu'il menace les flots ſoûlevez, n'appaiſe point plus ſoudainement les noires tempêtes.

QUAND Telemaque ſe trouva ſeul, toutes ſes paſſions ſuſpenduës, comme un torrent arrêté par une forte digue, reprirent leur cours; il ne put ſouffrir l'arrogance des Lacedemoniens, & de Phalante, qui étoit à leur tête. Cette Colonie, qui étoit venuë fonder Tarente, étoit composée de jeunes hommes nez pendant le ſiege de Troye, qui n'avoient eu aucune éducation: leur naiſſance illegitime, le déreglement de leurs meres, la licence dans laquelle ils avoient été élevez, leur donnoient je ne ſçai quoi de farouche & de barbare. Ils reſſembloient plûtôt à une troupe de brigands, qu'à une Colonie Grecque.

PHALANTE en toute occaſion cherchoit à contredire Telemaque. Souvent il l'interrompoit dans les aſſemblées, mépriſant ſes conſeils comme ceux d'un jeune homme ſans experience. Il en faiſoit des railleries, le traitant de foible & d'effeminé; il faiſoit remarquer aux Chefs de l'armée ſes moindres fautes. Il tâchoit de ſemer par tout la jalouſie, & de rendre la fierté de Telemaque odieuſe à tous les Alliez.

UN jour Telemaque ayant fait ſur les Dauniens quelques priſonniers, Phalante prétendit que ces captifs lui appartenoient, parce que c'étoit lui, diſoit-il, qui à la tête de ſes Lacedemoniens avoit défait cette troupe d'ennemis, & que Telemaque trouvant les Dauniens déja vaincus & mis en fuite, n'avoit eu d'autre peine que celle de leur donner la vie, & de les mener dans le camp. Telemaque ſoutenoit au contraire, que c'étoit lui qui avoit empéché Phalante d'être vaincu, & qui avoit remporté la Victoire ſur les Dauniens. Ils allérent tous deux défendre leur cauſe dans l'aſſemblée des Rois alliez. Telemaque s'y emporta juſqu'à menacer Phalante: ils ſe fuſſent battus ſur le champ, ſi on ne les eût arrêtez.

PHA-

PHALANTE avoit un frere nommé Hippias, celebre dans toute l'armée par sa valeur, par sa force, & par son adresse. Pollux (*a*), disoient les Tarentins, ne combattoit pas mieux du Ceste; Castor n'eût pu le surpasser pour conduire un cheval: il avoit presque la taille & la force d'Hercule. Toute l'armée le craignoit; car il étoit encore plus querelleux & plus brutal, qu'il n'étoit fort & vaillant.

HIPPIAS ayant vu avec quelle hauteur Telemaque avoit menacé son frere, va à la hâte prendre les prisonniers pour les emmener à Tarente, sans attendre le jugement de l'assemblée. Telemaque, à qui on vint le dire en secret, sortit, en fremissant de rage: tel qu'un sanglier écumant, qui cherche le chasseur par lequel il a été blessé; on le voyoit errer dans le camp, cherchant des yeux son ennemi, & branlant le dard, dont il le vouloit percer. Enfin il le rencontre, & en le voyant, sa fureur se redouble.

CE n'étoit plus ce sage Telemaque, instruit par Minerve sous la figure de Mentor; c'étoit un phrenetique, ou un Lion furieux. Aussitôt il crie à Hippias: Arrête, ô le plus lâche de tous les hommes! Arrête, nous allons voir si tu pourras m'enlever les dépouilles de ceux que j'ai vaincus. Tu ne les conduiras point à Tarente; va, descends tout-à-l'heure dans les rives sombres du Styx. Il dit, & il lança son dard; mais il le lança avec tant de fureur, qu'il ne put mesurer son coup; le dard ne toucha point Hippias. Aussitôt Telemaque prend son épée, dont la garde étoit d'or, & que Laërte lui avoit donnée, quand il partit d'Ithaque, comme un gage de sa tendresse. Laërte s'en étoit servi avec beaucoup de gloire pendant qu'il étoit jeune; & elle avoit été teinte du sang de plusieurs fameux Capitaines des Epirotes, dans une guerre où Laërte fut victorieux. A peine Telemaque eut tiré cette épée, qu'Hippias, qui vouloit profiter de l'avantage

(*a*) *Pollux, fils de Jupiter & de Leda femme de Tindare; partagea l'immortalité avec Castor, étant alternativement une année dans la Ciel, & une année dans les Champs Elisiens.*

de

de sa force, se jetta pour l'arracher des mains du jeune fils d'Ulysse. L'épée se rompt dans leurs mains; ils se saisirent, & se serrérent l'un l'autre. Les voilà comme deux bêtes cruelles, qui cherchent à se déchirer; le feu brille dans leurs yeux; ils se racourcissent, ils s'alongent, ils se baissent, ils se relevent, ils s'élancent, ils sont alterez de sang. Les voilà aux prises, pieds contre pieds, mains contre mains: ces deux corps entrelassez paroissoient n'en faire qu'un. Mais Hippias, d'un âge plus avancé, sembloit devoir accabler Telemaque, dont la tendre jeunesse étoit moins nerveuse. Déja Telemaque hors d'haleine sentoit ses genoux chanceler. Hippias le voyant ébranlé redouble ses efforts. C'étoit fait du fils d'Ulysse, il alloit porter la peine de sa témérité & de son emportement, si Minerve, qui veilloit de loin sur lui, & qui ne le laissoit dans cette extremité de péril que pour l'instruire, n'eût déterminé la Victoire en sa faveur.

ELLE ne quitta point le Palais de Salente, mais elle envoya Iris (b) la prompte Messagere des Dieux. Celle-ci, volant d'une aîle legere, fendoit les espaces immenses des airs, laissant après elle une longue trace de lumiere, qui peignoit un nuage de mille diverses couleurs; elle ne se reposa que sur les rivages de la mer, où étoit campée l'armée innombrable des Alliez: elle voit de loin la querelle, l'ardeur, & les efforts des deux combattans; elle fremit à la vûë du danger, où étoit le jeune Telemaque; elle s'approche, envelopée d'un nuage clair qu'elle avoit formé de vapeurs subtiles, dans le moment où Hippias, sentant toute sa force, se crut victorieux; elle couvrit le jeune nourrisson de Minerve de l'Egide, que la sage Déesse lui avoit confié. Aussitôt Telemaque, dont les forces étoient epuisées, commence à se ranimer. A mesure qu'il se ranime, Hippias se trouble; il sent je ne sçai quoi de divin, qui l'étonne & qui l'accable. Telemaque le

(b) *Iris étoit fille de Thaumas & d'Electra, & Messagere de Junon, qui étoit Déesse de la pluie.*

presse & l'attaque, tantôt dans une situation, tantôt dans une autre; il l'ébranle, il ne lui laisse aucun moment pour se rassurer; enfin il le jette par terre & tombe sur lui. Un grand chêne du Mont Ida, que la hache a coupé par mille coups, dont toute la forêt a retenti, ne fait pas un plus horrible bruit en tombant; la terre en gémit; tout ce qui l'environne en est ébranlé.

Cependant la sagesse étoit revenuë avec la force au-dedans de Telemaque. A peine Hippias fut-il tombé sous lui, que le fils d'Ulysse comprit la faute qu'il avoit faite, d'attaquer ainsi le frere d'un des Rois alliez qu'il étoit venu secourir: il rappella lui-même avec confusion les sages conseils de Mentor. Il eut honte de sa victoire, & vit bien qu'il avoit merité d'être vaincu. Cependant Phalante, transporté de fureur, accouroit au secours de son frere; il eût percé Telemaque d'un dard qu'il portoit, s'il n'eût craint de percer aussi Hippias, que Telemaque tenoit sous lui dans la poussiere. Le fils d'Ulysse eût pu sans peine ôter la vie à son ennemi; mais sa colere étoit appaisée, & il ne songeoit plus qu'à réparer sa faute, en montrant de la moderation. Il se leve, en disant: O Hippias! il me suffit de vous avoir appris à ne mépriser jamais ma jeunesse. Vivez, j'admire vôtre force & vôtre courage. Les Dieux m'ont protegé, cedez à leur puissance, ne songeons plus qu'à combattre ensemble contre les Dauniens. Pendant que Telemaqne parloit ainsi, Hippias se relevoit couvert de poussiere & de sang, plein de honte & de rage. Phalante n'osoit ôter la vie à celui, qui venoit de la donner si généreusement à son frere; il étoit en suspens, & hors de lui-même. Tous les Rois alliez accoururent; ils menérent d'un côté Telemaque, & de l'autre Phalante & Hippias, qui ayant perdu sa fierté n'osoit lever ses yeux. Toute l'armée ne pouvoit assez s'étonner que Telemaque, dans un âge si tendre où les hommes n'ont point encore toute leur force, eût pu renverser Hippias semblable en force & en

grandeur

grandeur à ces Geans, enfans de la terre, qui tentérent autrefois de chaſſer de l'Olympe les Immortels.

Mais le fils d'Ulyſſe étoit bien éloigné de joüir du plaiſir de cette victoire. Pendant qu'on ne pouvoit ſe laſſer de l'admirer, il ſe retira dans ſa tente, honteux de ſa faute ; & ne pouvant plus ſe ſupporter lui-même, il gémiſſoit de ſa promptitude. Il reconnoiſſoit combien il étoit injuſte & déraiſonnable dans ſes emportemens : il trouvoit je ne ſçai quoi de vain, de foible, & de bas dans cette hauteur démeſurée. Il reconnoiſſoit que la veritable grandeur n'eſt que dans la moderation, la juſtice, la modeſtie & l'humanité : il le voyoit, mais il n'oſoit eſperer de ſe corriger après tant de rechûtes ; il étoit aux priſes avec lui-même, & on l'entendoit rugir comme un Lion furieux.

Il demeura deux jours renfermé ſeul dans ſa tente, ne pouvant ſe réſoudre à ſe rendre dans aucune ſocieté, & ſe puniſſant ſoi-même. Helas ! diſoit-il, oſerai-je revoir Mentor ? Suis-je le fils d'Ulyſſe, le plus ſage & le plus patient des hommes ? Suis-je venu porter la diviſion & le deſordre dans l'armée des Alliez ? Eſt-ce leur ſang ou celui des Dauniens leurs ennemis, que je dois repandre ? J'ai été temeraire ; je n'ai pas même ſçu lancer mon dard ; je me ſuis expoſé avec Hippias à forces inégales ; je n'en devois attendre que la mort avec la honte d'être vaincu. Mais qu'importe ? je ne ſerois plus : non, je ne ſerois plus, ce temeraire Telemaque, ce jeune inſenſé, qui ne profite d'aucun conſeil ; ma honte finiroit avec ma vie. Helas ! ſi je pouvois au moins eſperer de ne plus faire ce que je ſuis déſolé d'avoir fait ! trop heureux ! trop heureux ! Mais peut-être qu'avant la fin du jour je ferai, & voudrai faire encore les mêmes fautes, dont j'ai maintenant tant de honte & d'horreur. O funeſte victoire ! ô loüanges que je ne puis ſouffrir, & qui ſont de cruels reproches de ma folie !

Pendant qu'il étoit ſeul & inconſolable, Neſtor & Philoctete le vinrent trouver. Neſtor voulut lui remon-

trer

trer le tort qu'il avoit : mais ce ſage vieillard reconnoiſſant bientôt la déſolation du jeune homme, changea ſes graves remontrances en des paroles de tendreſſe pour adoucir ſon deſeſpoir.

Les Princes alliez étoient arrêtez par cette querelle, & ils ne pouvoient marcher vers les ennemis, qu'après avoir reconcilié Telemaque avec Phalante & Hippias. On craignoit à toute heure que les troupes des Tarentins n'attaquaſſent les cent jeunes Crétois, qui avoient ſuivi Telemaque dans cette guerre : tout étoit dans le trouble par la faute du ſeul Telemaque ; & Telemaque, qui voyoit tant de maux preſens & de périls pour l'avenir, dont il étoit l'auteur, s'abandonnoit à une douleur amere. Tous les Princes étoient dans un extrême embarras. Ils n'oſoient faire marcher l'armée, de peur que dans la marche les Crétois de Telemaque, & les Tarentins de Phalante ne combatiſſent les uns contre les autres. On avoit bien de la peine à les retenir au-dedans du camp, où ils étoient gardez de près. Neſtor & Philoctete alloient & revenoient ſans ceſſe de la tente de Telemaque à celle de l'implacable Phalante, qui ne reſpiroit que la vengeance. La douce éloquence de Neſtor, & l'autorité du grand Philoctete, ne pouvoient modérer ce cœur farouche, qui étoit encore ſans ceſſe irrité par les diſcours pleins de rage de ſon frere Hippias. Telemaque étoit bien plus doux : mais il étoit abatu par une douleur, que rien ne pouvoit conſoler.

Pendant que les Princes étoient dans cette agitation, toutes les troupes étoient conſternées : tout le camp paroiſſoit comme une maiſon déſolée, qui vient de perdre un pere de famille, l'appui de tous ſes proches, & la douce eſpérance de ſes petits enfans.

Dans ce deſordre & cette conſternation de l'armée, on entend tout-à-coup un bruit effroyable de chariots, d'armes, de henniſſemens de chevaux, de cris d'hommes, les uns vainqueurs & animez au carnage, les autres ou fuyans, ou mourans, ou bleſſez. Un tourbillon de pouſſiere

poussiere forme un épais nuage, qui couvre le Ciel, & qui enveloppe tout le camp. Bientôt à la poussiere se joint une fumée épaisse, qui troubloit l'air, & qui ôtoit la respiration. On entendoit un bruit sourd, semblable à celui des tourbillons de flâme que le Mont Etna vomit du fond de ses entrailles embrasées, lorsque Vulcain avec ses Cyclopes y forge des foudres pour le Pere des Dieux. L'épouvante saisit les cœurs.

ADRASTE vigilant & infatigable avoit surpris les Alliez ; il leur avoit caché sa marche, & il étoit instruit de la leur. Il avoit fait une incroyable diligence pour faire le tour d'une montagne presque inaccessible, dont les Alliez avoient saisi presque tous les passages : tenans ces défilez ils se croyoient en pleine sûreté, & prétendoient même pouvoir par ces passages qu'ils occupoient, tomber sur l'ennemi derriere la montagne, quand quelques troupes qu'ils attendoient, leur seroient venuës. Adraste, qui répandoit l'argent à pleines mains pour savoir le secret de ses ennemis, avoit appris leur résolution ; car Nestor & Philoctete, ces deux Capitaines d'ailleurs si sages & si experimentez, n'étoient pas assez secrets dans leurs entreprises. Nestor, dans ce declin de l'âge, se plaisoit trop à raconter ce qui pouvoit lui attirer quelque loüange. Philoctete naturellement parloit moins ; mais il étoit prompt : & si peu qu'on excitât sa vivacité, on lui faisoit dire ce qu'il avoit résolu de taire. Les gens artificieux avoient trouvé la clef de son cœur pour en tirer les plus importans secrets. On n'avoit qu'à l'irriter : alors fougueux & hors de lui-même il éclatoit par des menaces ; il se vantoit d'avoir des moyens sûrs de parvenir à ce qu'il vouloit. Si peu qu'on parût douter de ses moyens, il se hâtoit de les expliquer inconsiderément, & le secret le plus intime échapoit du fond de son cœur. Semblable à un vase précieux, mais fêlé, d'où s'écoulent toutes les liqueurs les plus délicieuses, le cœur de ce grand Capitaine ne pouvoit rien garder.

LES

Les traîtres corrompus par l'argent d'Adrafte ne manquoient pas de fe jouër de la foibleffe de ces deux Rois. Ils flatoient fans ceffe Neftor par de vaines loüanges; ils lui rappelloient fes victoires paffées, admiroient fa prévoyance, ne fe laffoient jamais de l'applaudir. D'un autre côté ils tendoient des pieges continuels à l'humeur impatiente de Philoctete; ils ne lui parloient que de difficultez, de contre-tems, de dangers, d'inconveniens, de fautes irremediables. Auffitôt que ce naturel prompt étoit enflamé, fa fageffe l'abandonnoit, & il n'étoit plus le même homme.

Telemaque, malgré les défauts que nous avons vûs, étoit bien plus prudent pour garder un fecret. Il y étoit accoûtumé par fes malheurs, & par la néceffité où il avoit été dès fon enfance de fe cacher aux Amans de Penelope. Il favoit taire un fecret fans dire aucun menfonge. Il n'avoit point même un certain air refervé & myfterieux, qu'ont d'ordinaire les gens fecrets. Il ne paroiffoit point chargé du fecret, qu'il devoit garder: on le trouvoit toûjours libre, naturel, ouvert, comme un homme qui a fon cœur fur les lévres. Mais en difant tout ce que l'on pouvoit dire fans confequence, il favoit s'arrêter précifement & fans affectation aux chofes qui pouvoient donner quelque foupçon & entamer fon fecret. Par-là fon cœur étoit impénétrable & inacceffible; fes meilleurs amis même ne favoient que ce qu'il croyoit utile de leur découvrir pour en tirer de fages confeils, & il n'y avoit que le feul Mentor, pour lequel il n'avoit aucune réferve. Il fe confioit à d'autres amis, mais à divers degrez, & à proportion de ce qu'il avoit éprouvé leur amitié & leur fageffe.

Telemaque avoit fouvent remarqué que les réfolutions du confeil fe répandoient un peu trop dans le camp. Il en avoit averti Neftor & Philoctete; mais ces deux hommes fi experimentez ne firent pas affez d'attention à un avis fi falutaire. La vieilleffe n'a plus rien de fouple; la longue habitude la tient comme enchaînée; elle n'a plus de reffource contre fes défauts. Semblables aux arbres, dont le tronc rude & nouëux s'eſt durci par le nombre des années, & ne peut plus ſe redreſſer, les hommes à un certain âge ne peuvent preſque plus ſe plier eux-mêmes contre certaines habitudes, qui ont vieilli avec eux, & qui ſont entrées juſques dans la moëlle de leurs os. Souvent ils les connoiſſent, mais trop tard : ils gémiſſent en vain ; & la tendre jeuneſſe eſt le ſeul âge où l'homme peut encore tout ſur lui-même pour ſe corriger.

Il y avoit dans l'armée un Dolope (c) nommé Eurymaque, flateur inſinuant, ſachant s'accommoder à tous les goûts, & à toutes les inclinations des Princes ; inventif & induſtrieux pour trouver de nouveaux moyens de leur plaire. A l'entendre, rien n'étoit jamais difficile. Lui demandoit-on ſon avis ? il devinoit celui, qui ſeroit le plus agréable. Il étoit plaiſant, railleur contre les foibles, complaiſant pour ceux qu'il craignoit, habile pour aſſaiſonner une louänge délicate, qui fût bien reçûë des hommes les plus modeſtes. Il étoit grave avec les graves, enjoué avec ceux qui étoient d'une humeur enjouée. Il ne lui coûtoit rien de prendre toutes ſortes de formes. Les hommes ſinceres & vertueux, qui ſont toûjours les mêmes, & qui s'aſſujettiſſent aux regles de la vertu, ne ſauroient jamais être auſſi agréables aux Princes, que ceux qui flatent leurs paſſions dominantes. Eurymaque ſavoit la guerre ; il étoit capable d'affaires ; c'étoit un Avanturier, qui s'étoit donné à Neſtor, & qui avoit gagné ſa confiance. Il tiroit du fond de ſon cœur un peu vain & ſenſible aux louänges, tout ce qu'il en vouloit ſavoir.

Quoique Philoctete ne ſe confiât point à lui, la colere & l'impatience faiſoient en lui ce que la confiance faiſoit dans Neſtor. Eurymaque n'avoit qu'à le contre-

(c) *Les Dolopes étoient des Peuples de Theſſalie, que Pelée, leur Roi, envoya au ſiége de Troie ſous la conduite de Phenix.*

dire, en l'irritant il découvroit tout. (5) Cet homme avoit reçu de grandes ſommes d'Adraſte pour lui mander tous les deſſeins des Alliez. Ce Roi des Dauniens avoit dans l'armée un certain nombre de Transfuges, qui devoient l'un après l'autre s'échaper du camp des Alliez, & retourner au ſien. A meſure qu'il y avoit quelque affaire importante à faire ſavoir à Adraſte, Eurymaque faiſoit partir un de ces Transfuges. La tromperie ne pouvoit pas être facilement découverte, parce que ces Transfuges ne portoient point de lettres. Si on les ſurprenoit, on ne trouvoit rien qui pût rendre Eurymaque ſuſpect.

CEPENDANT Adraſte prévenoit toutes les entrepriſes des Alliez. A peine une réſolution étoit-elle priſe dans le Conſeil, que les Dauniens faiſoient préciſément ce qui étoit neceſſaire pour en empêcher le ſuccès. Telemaque ne ſe laſſoit point d'en chercher la cauſe, & d'exciter la défiance de Neſtor & de Philoctete; mais ſon ſoin étoit inutile. Ils étoient aveuglez.

ON avoit réſolu dans le Conſeil d'attendre les troupes nombreuſes qui devoient arriver, & on avoit fait avancer ſecretement pendant la nuit cent Vaiſſeaux pour conduire plus promptement ces troupes depuis une côte de la mer très-rude, où elles devoient arriver, juſqu'au lieu où l'armée campoit. Cependant on ſe croyoit en ſûreté, parce qu'on tenoit avec des troupes les détroits de la montagne voiſine, qui eſt une côte preſque inacceſſible de l'Apennin. L'armée étoit campée ſur les bords du fleuve Galeſe (*d*), aſſez près de la mer. Cette campagne

(5) *Cet homme avoit reçu de grandes ſommes &c.* Louïs XIV faiſoit de même beaucoup de dépenſe en eſpions, dont il étoit très bien ſervi. Il en avoit dans toutes les Cours & dans toutes les armées, & ſavoit par ce moyen tous les deſſeins des Allies.

(*d*) *Galeſe eſt une riviere du Royaume de Naples, qui a ſa ſource près d'Oria en la Terre d'Otrante, & qui, après avoir coulé vers le couchant, entre dans le Golfe de Tarente.*

déli-

délicieuse est abondante en pâturages, & en tous les fruits qui peuvent nourrir une armée. Adraste étoit derriere la montagne, & on comptoit qu'il ne pouvoit passer: mais comme il sçut que les Alliez étoient encore foibles; qu'il leur venoit un grand secours; que les vaisseaux attendoient des troupes qui devoient arriver, & que l'armée étoit divisée par la querelle de Telemaque avec Phalante, il se hâta de faire un grand tour. Il vint en diligence jour & nuit sur le bord de la mer, & passa par des chemins qu'on avoit toûjours cru absolument impraticables. Ainsi la hardiesse & le travail surmontent les plus grands obstacles; ainsi il n'y a presque rien d'impossible à ceux qui savent oser & souffrir; ainsi ceux qui s'endorment, comptans que les choses difficiles sont impossibles, méritent d'être surpris & accablez. Adraste surprit au point du jour les cent vaisseaux, qui appartenoient aux Alliez. Comme ces vaisseaux étoient mal gardez, & qu'on ne se défioit de rien, il s'en saisit sans résistance, & s'en servit pour transporter ses troupes avec une incroyable diligence à l'embouchûre du Galese; puis il remonta très-promptement sur les bords du fleuve. Ceux qui étoient dans les postes avancez autour du camp vers la riviere, crurent que ces vaisseaux leur amenoient les troupes qu'on attendoit; on poussa d'abord de grands cris de joie. Adraste & ses soldats descendirent, avant qu'on pût les reconnoître. Ils tombent sur les Alliez, qui ne se défient de rien; il les trouve dans un camp tout ouvert, sans ordre, sans chef, sans armes.

Le côté du camp qu'il attaqua d'abord, fut celui des Tarentins, où commandoit Phalante. Les Dauniens y entrérent avec tant de vigueur, que cette jeunesse Lacedemonienne étant surprise ne pût résister. Pendant qu'ils cherchent leurs armes, & qu'ils s'embarrassent les uns les autres dans cette confusion, Adraste fait mettre le feu au camp. Aussitôt la flame s'éleve des pavillons, & monte jusqu'aux nuës: le bruit du feu est semblable à celui d'un torrent qui inonde toute une campagne, &

qui entraîne par sa rapidité les grands chênes avec leurs profondes racines, les moissons, les granges, les étables, & les troupeaux. Le vent pousse impetueusement la flame de pavillon en pavillon; & bientôt tout le camp est comme une vieille forêt, qu'une étincelle de feu a embrasée.

PHALANTE, qui voit le péril de plus près qu'un autre, ne peut y remedier. Il comprend que toutes ses troupes vont périr dans cet incendie, si on ne se hâte d'abandonner le camp: mais il comprend aussi combien le desordre de cette retraite est à craindre devant un ennemi victorieux; il commence à faire sortir sa jeunesse Lacedemonienne encore à demi desarmée: mais Adraste ne les laisse point respirer. D'un côté, une troupe d'Archers adroits perce de flêches innombrables les soldats de Phalante; de l'autre, des Frondeurs jettent une grêle de grosses pierres. Adraste lui-même, l'épée à la main, marchant à la tête d'une troupe choisie des plus intrépides Dauniens, poursuit à la lueur du feu les troupes qui s'enfuyent. Il moissonne par le fer tranchant tout ce qui a échapé au feu; il nage dans le sang; il ne peut s'assouvir de carnage: les Lions & les Tygres n'égalent point sa furie, quand ils égorgent les Bergers avec leurs troupeaux. Les troupes de Phalante succombent, & le courage les abandonne. La pâle Mort conduite par une Furie infernale, dont la tête est herissée de serpens, glace le sang de leurs veines; leurs membres engourdis se roidissent, & leurs genoux chancelans leur ôtent même l'esperance de la fuite. Phalante, à qui la honte & le desespoir donnent encore un reste de force & de vigueur, éleve les mains & les yeux vers le Ciel; il voit tomber à ses pieds son frere Hippias sous les coups de la main foudroyante d'Adraste. Hippias étendu par terre se roule dans la poussiere; un sang noir & bouillonnant sort comme un ruisseau de la profonde blessure qui lui traverse le côté; ses yeux se ferment à la lumiere; son ame furieuse s'enfuit avec tout son sang.

Phalante

Phalante lui-même, tout couvert du ſang de ſon frere, & ne pouvant le ſecourir, ſe voit envelopé par une foule d'ennemis, qui s'efforcent de le renverſer; ſon bouclier eſt percé de mille traits. Il eſt bleſſé en pluſieurs endroits de ſon corps; il ne peut plus rallier ſes troupes fugitives. Les Dieux le voyent, & ils n'en ont aucune pitié.

Fin du ſeizième Livre.

LES AVANTURES DE TELEMAQUE, FILS D'ULYSSE.

LIVRE DIX-SEPTIEME.

SOMMAIRE.

TELEMAQUE s'étant revêtu de ses armes divines court au secours de Phalante, renverse d'abord Iphicles fils d'Adraste, repousse l'ennemi victorieux, & remporteroit sur lui une victoire complette, si une tempête survenant ne faisoit finir le combat. Ensuite Telemaque fait emporter les blessez, prend soin d'eux, & principalement de Phalante. Il fait l'honneur des obseques de son frere Hippias, dont il lui va presenter les cendres, qu'il a recueillies dans une urne d'or.

JUPITER

Telemaque prend soin de Phalante blessé

UPITER au milieu de toutes les Divinitez celestes regardoit du haut de l'Olympe ce carnage des Alliez. En même tems il consultoit les immuables destinées, & voyoit tous les Chefs, dont la trame devoit ce jour-là être tranchée par le cizeau de la Parque. Chacun des Dieux étoit attentif pour découvrir sur le visage de Jupiter, quelle seroit sa volonté. Mais le Pere des Dieux & des hommes leur dit d'une voix douce & majestueuse : Vous voyez en quelle extrémité son réduits les Alliez ; vous voyez Adraste, qui renverse tous ses ennemis : mais ce spectacle est bien trompeur ; la gloire & la prosperité des méchans est courte : Adraste impie & odieux par sa mauvaise foi ne remportera point une entiere victoire. Ce malheur n'arrive aux Alliez que pour leur apprendre à se corriger, & à mieux garder le secret de leurs entreprises. Ici la sage Minerve prépare une nouvelle gloire à son jeune Telemaque, dont elle fait ses délices. Alors Jupiter cessa de parler. Tous les Dieux en silence continuoient à regarder le combat.

CEPENDANT Nestor & Philoctete furent avertis qu'une partie du camp étoit déja brûlée ; que la flame poussée par les vents s'avançoit toûjours ; que leurs troupes étoient en desordre, & que Phalante ne pouvoit plus soutenir les efforts des ennemis. A peine ces funestes paroles frappent leurs oreilles, qu'ils courent aux armes, assemblent les Capitaines, & ordonnent qu'on se hâte de sortir du camp pour éviter cet incendie.

TELEMAQUE, qui étoit abatu & inconsolable, oublie sa douleur. Il prend ses armes, don précieux de la sage Minerve, qui paroissant sous la figure de Mentor fit semblant de les avoir reçuës d'un excellent ouvrier de Salente, mais qui les avoit fait faire à Vulcain dans les cavernes fumantes du Mont Etna.

Ces armes étoient polies comme une glace, & brillantes comme les rayons du Soleil. On y voyoit Neptune & Pallas, qui disputoient entre eux à qui auroit la gloire de donner son nom à une Ville naissante. Neptune de son Trident frappoit la terre; & on en voyoit sortir un cheval fougueux. Le feu sortoit de ses yeux, & l'écume de sa bouche. Ses crins flottoient au gré du vent: ses jambes souples & nerveuses se replioient avec vigueur & legereté. Il ne marchoit point; il sautoit à force de reins, mais avec tant de vîtesse, qu'il ne laissoit aucune trace de ses pas: on croyoit l'entendre hennir.

De l'autre côté Minerve donnoit aux habitans de sa nouvelle ville l'Olive, fruit de l'arbre quelle avoit planté. Le rameau, auquel pendoit son fruit, representoit la douce paix avec l'abondance, préferable aux troubles de la guerre, dont ce cheval étoit l'image. La Déesse demeuroit victorieuse par ses dons simples & utiles; & la superbe Athenes portoit son nom.

L'on voyoit aussi Minerve assemblant autour d'elle tous les beaux Arts, qui étoient des enfans tendres & aîlez. Ils se refugioient autour d'elle, étant épouvantez des fureurs brutales de Mars, qui ravage tout, comme les agneaux bêlans se refugient autour de leur mere, à la vûë d'un Loup affamé, qui d'une gueule béante & enflâmée s'élance pour les dévorer. Minerve, d'un visage dédaigneux & irrité, confondoit par l'excellence de ses ouvrages la folle témerité d'Arachné (*e*), qui avoit osé disputer avec elle pour la perfection des tapisseries. On voyoit cette malheureuse, dont tous les membres extenuez se défiguroient & se changeoient en Araignée.

Aupres de cet endroit paroissoit encore Minerve, qui dans la guerre des Geans servoit de conseil à Jupiter même, & soûtenoit tous les autres Dieux étonnez. Elle

(e) Arachné, fille d'Idmon du païs de Lidie, fut changée en Araignée par Minerve, parce qu'elle croyoit mieux travailler en tapisseries que cette Déesse à qui on en attribuë l'invention.

étoit

étoit auſſi repreſentée avec ſa lance & ſon Egide ſur les bords du Xanthe (*f*) & du Simoïs (*g*), menant Ulyſſe par la main, ranimant les troupes fugitives des Grecs, ſoutenant les efforts des plus vaillants Capitaines Troyens, & du redoutable Hector même ; enfin, introduiſant Ulyſſe dans cette fatale machine, qui devoit en une ſeule nuit renverſer l'Empire de Priam.

D'UN autre côté le bouclier repreſentoit Cerès dans les fertiles campagnes d'Enne, qui ſont au milieu de la Sicile. On voyoit la Déeſſe, qui raſſembloit les peuples épars ça & là, cherchans leur nourriture par la chaſſe, ou cueillans les fruits ſauvages qui tomboient des arbres. Elle montroit à ces hommes groſſiers l'art d'adoucir la terre, & de tirer de ſon ſein fécond leur nourriture. Elle leur preſentoit une charruë, & y faiſoit atteler des bœufs. On voyoit la terre s'ouvrir en ſillons par le tranchant de la charruë ; puis on appercevoit les moiſſons dorées, qui couvroient ces fertiles campagnes. Le moiſſonneur avec ſa faux coupoit les doux fruits de la terre, & ſe payoit de toutes ſes peines. Le fer, deſtiné ailleurs à tout détruire, ne paroiſſoit employé en ce lieu qu'à préparer l'abondance, & à faire naître tous les plaiſirs.

LES Nymphes, couronnées de fleurs, danſoient enſemble dans une prairie, ſur le bord d'une riviere auprès d'un bocage. Pan jouoit de la flûte : les Faunes & les Satyres folâtres ſautoient dans un coin. Bacchus y paroiſſoit auſſi couronné de lierre, appuyé d'une main ſur ſon Thyrſe, & tenant de l'autre une vigne ornée de pampres & de pluſieurs grapes de raiſins. C'étoit une beauté molle, avec je ne ſçai quoi de noble, de paſſionné, & de languiſſant. Il étoit tel qu'il parut à la malheureuſe

(*f*) *Le Xanthe ou Scamandre eſt une riviere de l'ancien Royaume de Troye, qui tombe dans la Mer Egée.*

(*g*) *Le Simoïs eſt une riviere du même païs, qui ſe mêle avec le Scamandre, & qui tombe avec lui dans la Mer Egée.*

 Ariadne

Ariadné (h), lorſqu'il la trouva ſeule abandonnée, & abîmée dans la douleur ſur un rivage inconnu.

ENFIN on voyoit de toutes parts un peuple nombreux ; des vieillards qui alloient porter dans les Temples les prémices de leurs fruits ; de jeunes hommes qui revenoient vers leurs épouſes, laſſez du travail de la journée. Les femmes alloient au devant d'eux, menant par la main leurs petits enfans qu'elles careſſoient. On voioit auſſi des Bergers, qui paroiſſoient chanter ; & quelques-uns danſoient au ſon du chalumeau. Tout repreſentoit la paix, l'abondance & les délices : tout paroiſſoit riant & heureux. On voyoit même dans les pâturages les Loups ſe jouer au milieu des Moutons. Le Lion & le Tygre, ayant quitté leur férocité, paiſſoient avec les tendres Agneaux. Un petit Berger les menoit enſemble ſous ſa houlette ; & cette aimable peinture rappelloit tous les charmes de l'âge d'or.

TELEMAQUE s'étant revêtu de ces armes divines, au lieu de prendre ſon bouclier ordinaire, prit la terrible Egide, que Minerve lui avoit envoyée, en la confiant à Iris, prompte meſſagere des Dieux. Iris lui avoit enlevé ſon bouclier, ſans qu'il s'en aperçut, & lui avoit donné en la place cette Egide, redoutable aux Dieux mêmes.

EN cet état il court hors du camp pour en éviter les flames ; il appelle à lui d'une voix forte tous les Chefs de l'armée ; & cette voix ranime déja tous les Alliez éperdus. Un feu divin étincelle dans les yeux du jeune guerrier. Il paroît toûjours doux, toûjours libre & tranquile, toûjours appliqué à donner des ordres, comme pourroit faire un ſage vieillard, attentif à regler ſa famille, & à inſtruire

(h) *Ariadné, fille de Minos & de Paſiphaë, donna à Theſée un fil pour ſe conduire dans le Labirinthe ſans s'égarer, & le ſuivit juſques dans l'Ile de Naxos, où cet ingrat l'abandonna à la merci des bêtes. Ce fut là où Bacchus la vit & en fut charmé.*

 ſes

ſes enfans : mais il eſt prompt & rapide dans l'execution. Semblable à un fleuve impetueux, qui non ſeulement roule avec précipitation ſes flots écumeux, mais qui entraîne encore dans ſa courſe les plus peſans vaiſſeaux, dont il eſt chargé.

PHILOCTETE, Neſtor, & les Chefs des Manduriens & des autres Nations ſentent dans le fils d'Ulyſſe je ne ſçai quelle autorité, à laquelle il faut que tous cedent. L'experience des Vieillards leur manque, le conſeil & la ſageſſe ſont ôtez à tous les Commandans ; la jalouſie même, ſi naturelle aux hommes, s'éteint dans tous les cœurs ; tous ſe taiſent, tous admirent Telemaque, tous ſe rangent pour lui obéir ſans y faire de reflexions, & comme s'ils y euſſent été accoutumez. Il s'avance & monte ſur une colline, d'où il obſerve la diſpoſition des ennemis. Puis tout-à-coup il juge qu'il faut ſe hâter de les ſurprendre dans le deſordre, où ils ſe ſont mis en brûlant le camp des Alliez. Il fait le tour en diligence, & tous les Capitaines les plus experimentez le ſuivent. Il attaque les Dauniens par derriere, dans un tems où ils croyoient l'armée des Alliez envelopée dans les flames de l'embraſement. Cette ſurpriſe les trouble ; ils tombent ſous la main de Telemaque, comme les feuilles dans les derniers jours de l'Automne tombent des forêts, quand un fier Aquilon, ramenant l'hyver, fait gémir les troncs des vieux arbres, & en agite toutes les branches. La terre eſt couverte des hommes que Telemaque renverſe. De ſon dard il perçe le cœur d'Iphycles, le plus jeune des enfans d'Adraſte. Celui-ci oſa ſe preſenter contre lui au combat pour ſauver la vie de ſon pere, qui penſa être ſurpris par Telemaque.

LE fils d'Ulyſſe & Iphycles étoient tous deux beaux, vigoureux, pleins d'adreſſe & de courage, de la même taille, de la même douceur, du même âge, tous deux chéris de leurs parens ; mais Iphycles étoit comme une fleur qui s'épanouit dans un champ, qui doit être coupée par le tranchant de la faux du moiſſonneur. Enſuite

Telemaque

Telemaque renverse Euphorion, le plus celebre de tous les Lydiens venus en Etrurie. Enfin son glaive perce Cleomenes nouveau marié, qui avoit promis à son épouse de lui porter les riches dépouilles des ennemis, mais qui ne devoit jamais la revoir.

ADRASTE fremit de rage, voyant la mort de son fils, celle de plusieurs Capitaines, & la victoire qui échape de ses mains. Phalante presque abattu à ses pieds est comme une victime, à demi égorgée, qui se dérobe au coûteau sacré, & qui s'enfuit loin de l'Autel. Il ne faloit plus à Adraste qu'un moment pour achever la perte du Lacedemonien.

PHALANTE, noyé dans son sang & dans celui des soldats qui combattent avec lui, entend les cris de Telemaque, qui s'avance pour le secourir. En ce moment la vie lui est renduë; un nuage qui couvroit déja ses yeux se dissipe. Les Dauniens sentant cette attaque imprévuë, abandonnent Phalante pour aller repousser un plus dangereux ennemi. Adraste est tel qu'un tygre, à qui des Bergers assemblez arrachent la proye qu'il étoit prêt à devorer. Telemaque le cherche dans la mêlée, & veut finir tout-à-coup la guerre, en délivrant les Alliez de leur implacable ennemi.

MAIS Jupiter ne vouloit pas donner au fils d'Ulysse une victoire si prompte & si facile. Minerve même vouloit qu'il eût à souffrir des maux plus longs, pour mieux apprendre à gouverner les hommes. L'impie Adraste fut donc conservé par le Pere des Dieux, afin que Telemaque eût le tems d'acquerir plus de gloire & plus de vertu. Un nuage épais, que Jupiter assembla dans les airs, sauva les Dauniens; un tonnerre effroyable déclara la volonté des Dieux. On auroit cru que les voutes éternelles du haut Olympe alloient s'écrouler sur les têtes des foibles Mortels; les éclairs fendoient la nuë de l'un à l'autre Pole; & dans le moment où ils éblouïssoient les yeux par leurs feux perçans, on retomboit dans les affreuses tenebres

tenebres de la nuit. Une pluye abondante, qui tomba dans l'instant, servit encore à séparer les deux armées.

ADRASTE profita du secours des Dieux, sans être touché de leur pouvoir, & mérita, par cette ingratitude, d'être reservé à une plus cruelle vengeance. Il se hâta de faire passer ses troupes entre le camp à demi brûlé, & un marais, qui s'étendoit jusqu'à la riviere; il le fit avec tant d'industrie & de promptitude, que cette retraite montra combien il avoit de ressources & de presence d'esprit. Les Alliez, animez par Telemaque, vouloient le poursuivre; mais à la faveur de cet orage il leur échapa, comme un oiseau d'une aîle legere échape aux filets des chasseurs. Les Alliez ne songérent plus qu'à rentrer dans leur camp, & à réparer leur perte. En y rentrant, ils virent ce que la guerre a de plus lamentable; les malades & les blessez, manquant de forces pour se traîner hors des tentes, n'avoient pû se garantir du feu: ils paroissoient à demi brûlez, poussant vers le ciel, d'une voix plaintive & mourante, des cris douloureux. Le cœur de Telemaque en fut percé; il ne put retenir ses larmes; il détourna plusieurs fois ses yeux, étant saisi d'horreur & de compassion: il ne pouvoit voir sans frémir ces corps encore vivans & dévouez à une longue & cruelle mort: ils paroissoient semblables à la chair des victimes qu'on a brûlées sur les Autels, & dont l'odeur se répand de tous côtez.

HELAS! s'écrioit Telemaque, voilà donc les maux que la guerre entraîne après elle! Quelle fureur aveugle pousse les malheureux Mortels! ils ont si peu de jours à vivre sur la terre, ces jours sont si miserables! pourquoi précipiter une mort déja si prochaine? pourquoi ajoûter tant de désolations affreuses à l'amertume, dont les Dieux ont rempli cette vie si courte? Les hommes sont tous freres, & ils s'entredéchirent: les bêtes farouches sont moins cruelles qu'eux. Les Lions ne font point la guerre aux Lions, ni les Tygres aux Tygres; ils n'attaquent que les animaux d'espece differente. L'homme seul, malgré

malgré sa raison, fait ce que les animaux sans raison ne firent jamais. Mais encore pourquoi ces guerres? N'y a-t-il pas assez de terre dans l'Univers pour en donner à tous les hommes plus qu'ils n'en peuvent cultiver? Combien y a-t-il de terres desertes? Le genre humain ne sauroit les remplir. Quoi donc! (6) une fausse gloire, un vain titre de Conquerant, qu'un Prince veut acquerir, allume la guerre dans des païs immenses! Ainsi un seul homme, donné au monde par la colere des Dieux, en sacrifie brutalement tant d'autres à sa vanité. Il faut que tout périsse, que tout nage dans le sang, que tout soit dévoré par les flames; que tout ce qui échape au fer & au feu, ne puisse échaper à la faim encore plus cruelle; afin que cet homme, qui se jouë de la nature humaine entiere, trouve dans cette destruction générale son plaisir & sa gloire. Quelle gloire monstrueuse! Peut-on trop abhorrer & trop mépriser des hommes, qui ont tellement oublié l'humanité? Non, non, bien loin d'être des demi-Dieux, ce ne sont pas même des hommes; ils doivent être même en execration dans tous les siecles, dont ils ont cru être admirez. Oh! que les Rois doivent bien prendre garde aux guerres qu'ils entreprennent! Elles doivent être justes; ce n'est pas assez, il faut qu'elles soient nécessaires pour le bien public. Le sang du peuple ne doit être versé que pour sauver ce même peuple dans les besoins extrêmes. Mais les conseils flateurs, les fausses idées de gloire, les vaines jalousies, l'injuste avidité, qui se couvre de beaux prétextes, enfin les engagemens insensibles entraînent presque toûjours les Rois dans des guerres, qui les rendent malheureux, où ils hazardent

(6) *Une fausse gloire, un vain titre de Conquerant, &c.* Ce paragraphe renferme une triste peinture des maux, dont Louïs XIV a été la cause, par les guerres cruelles que son ambition a allumées dans toute l'Europe. L'Auteur répete souvent le mot de *gloire*, parce qu'en éfet ce Monarque n'a presque jamais allegué d'autre motif dans les guerres qu'il a déclarées à ses voisins.

tout sans nécessité, & où ils sont autant de mal à leurs Sujets qu'à leurs ennemis. Ainsi raisonnoit Telemaque.

MAIS il ne se contentoit pas de déplorer les maux de la guerre; il tâchoit de les adoucir. On le voyoit aller dans les tentes secourir lui-même les malades & les mourans, il leur donnoit de l'argent & des remedes, il les consoloit, & les encourageoit par des discours pleins d'amitié, & envoyoit visiter ceux qu'il ne pouvoit visiter lui-même.

PARMI les Crétois qui étoient avec lui, il y avoit deux vieillards, dont l'un se nommoit Traumaphile, & l'autre Nosophuge. Traumaphile avoit été au siege de Troye avec Idomenée, & avoit appris des enfans d'Esculape l'art divin de guérir les playes. Il répandoit dans les blessures les plus profondes & les plus envenimées une liqueur odoriferante, qui consumoit les chairs mortes & corrompuës, sans avoir besoin de faire aucune incision, & qui formoit promptement de nouvelles chairs plus saines & plus belles que les premieres. Pour Nosophuge, il n'avoit jamais vû les enfans d'Esculape; mais il avoit eu, par le moyen de Merione (*i*), un Livre sacré & mysterieux, qu'Esculape avoit donné à ses enfans. D'ailleurs Nosophuge étoit ami des Dieux; il avoit composé des Hymnes en l'honneur des enfans de Latone (*k*); il offroit tous les jours le sacrifice d'une brebis blanche & sans tache à Apollon, par lequel il étoit souvent inspiré. A peine avoit-il vû un malade, qu'il connoissoit à ses yeux, à la couleur de son teint, à la conformité de son corps, & à sa respiration, la cause de sa maladie. Tantôt il donnoit des remedes, qui faisoient suer; & il montroit par le succès des sueurs, combien

(*i*) *Merione étoit le Conducteur du char d'Idomenée, & le chef de l'armée navale qu'il mena au siége de Troye. C'étoit un Capitaine très brave & très experimenté.*

(*k*) *Latone étoit fille de Cœus: elle eut de Jupiter, Apollon & Diane dans l'Ile d'Asterie.*

la

la transpiration facilite ou diminuë, déconcerte ou rétablit toute la machine du corps: tantôt il donnoit, pour les maux de langueur, certains breuvages, qui fortifioient peu à peu les parties nobles, & qui rajeunissoient les hommes en adoucissant leur sang. Mais il assûroit que c'étoit faute de vertu & de courage, que les hommes avoient si souvent besoin de la Medecine. C'est une honte, disoit-il, pour les hommes qu'ils ayent tant de maladies; car les bonnes mœurs produisent la santé: leur intemperance, disoit-il encore, change en poisons mortels les alimens destinez à conserver la vie. Les plaisirs pris sans modération abregent plus les jours des hommes, que les remedes ne peuvent les prolonger. Les pauvres sont moins souvent malades faute de nourriture, que les riches ne le deviennent pour en prendre trop. Les alimens qui flatent trop le goût, & qui font manger au delà du besoin, empoisonnent au lieu de nourrir. Les remedes sont eux-mêmes de veritables maux, qui ruinent la nature, & dont il ne faut se servir que dans les pressans besoins. Le grand remede, qui est toûjours innocent & toûjours d'un usage utile, c'est la sobrieté, c'est la temperance dans tous les plaisirs, c'est la tranquilité de l'esprit, c'est l'exercice du corps. Par là on fait un sang doux & temperé; on dissipe toutes les humeurs superfluës. Ainsi le sage Nosophuge étoit moins admirable par ses remedes, que par le regime qu'il conseilloit pour prévenir les maux, & pour rendre les remedes inutiles.

Ces deux hommes furent envoyez par Telemaque, pour visiter tous les malades de l'armée; ils en guérirent beaucoup par leurs remedes, mais ils en guérirent bien davantage par le soin qu'ils prirent pour les faire servir à propos; car ils s'appliquoient à les tenir proprement, à empêcher le mauvais air par cette propreté, à leur faire garder un régime de sobrieté exacte dans leur convalescence. Tous les soldats touchez de ces secours rendoient graces aux Dieux d'avoir envoyé Telemaque dans l'armée des Alliez.

Ce

Ce n'eſt pas un homme, diſoient-ils ; c'eſt ſans doute quelque Divinité bienfaiſante ſous une figure humaine. Du moins ſi c'eſt un homme, il reſſemble moins au reſte des hommes qu'aux Dieux ; il n'eſt ſur la terre que pour faire du bien. Il eſt encore plus aimable par ſa douceur & par ſa bonté, que par ſa valeur. O ſi nous pouvions l'avoir pour Roi! mais les Dieux le réſervent pour quelque peuple plus heureux, qu'ils chériſſent, & chez lequel ils veulent renouveller l'age d'or.

Telemaque, pendant qu'il (7) alloit la nuit viſiter les quartiers du camp par précaution contre les ruſes d'Adraſte, entendoit ces loüanges, qui n'étoient point ſuſpectes de flaterie, comme celles que les flateurs donnent ſouvent en face aux Princes, ſuppoſant qu'ils n'ont ni modeſtie, ni délicateſſe, & qu'il n'y a qu'à les loüer ſans meſure pour s'emparer de leur faveur. Le fils d'Ulyſſe ne pouvoit goûter que ce qui étoit vrai. Il ne pouvoit ſouffrir d'autres loüanges que celles qu'on lui donnoit en ſecret loin de lui, & qu'il avoit veritablement meritées. Son cœur n'étoit pas inſenſible à celles-là ; il ſentoit ce plaiſir ſi doux & ſi pur, que les Dieux ont attaché à la ſeule vertu, & que les méchans, faute de l'avoir eprouvé, ne peuvent ni concevoir, ni croire : mais il ne s'abandonnoit point à ce plaiſir ; auſſitôt revenoient en foule dans ſon eſprit toutes les fautes qu'il avoit faites ; il n'oublioit point ſa hauteur naturelle & ſon indifference pour les hommes ; il avoit une honte ſecrete d'être né ſi dur, & de paroître ſi inhumain. Il renvoyoit à la ſage Minervé toute la gloire qu'on lui donnoit, & qu'il ne croyoit pas mériter.

(7) *Alloit la nuit viſiter les Quartiers, &c.* Le Duc de Savoie a fait la même choſe plus d'une fois ; il alloit auſſi *incognitò* dans les Cafés & autres lieux publics de Turin pour entendre ce qu'on y diſoit de lui, avec cette diference qu'il y entendoit ſouvent autre choſe que des loüanges. Mais on ne dit pas qu'il ait jamais fait punir perſonne pour cela.

C'est

C'est vous, disoit-il, ô grande Déesse ! qui m'avez donné Mentor pour m'instruire, & pour corriger mon mauvais naturel. C'est vous, qui me donnez la sagesse de profiter de mes fautes pour me défier de moi-même; c'est vous, qui retenez mes passions impetueuses; c'est vous, qui me faites sentir le plaisir de soulager les malheureux; sans vous je serois haï, & digne de l'être; sans vous je ferois des fautes irréparables; je serois comme un enfant, qui ne sentant pas sa foiblesse quitte sa mere, & tombe dès le premier pas.

Nestor & Philoctete étoient étonnez de voir Telemaque devenu si doux, si attentif à obliger les hommes, si officieux, si secourable, si ingenieux pour prévenir tous les besoins ; ils ne savoient que croire; ils ne reconnoissoient plus en lui le même homme. Ce qui les surprit davantage, fut le soin qu'il prit des funerailles d'Hippias; il alla lui-même retirer son corps sanglant & défiguré de l'endroit, où il étoit caché sous un monceau de corps morts; il versa sur lui des larmes pieuses; il dit : O grande Ombre! tu le sçais maintenant combien j'ai estimé ta valeur. Il est vrai que ta fierté m'avoit irrité ; mais tes défauts venoient d'une jeunesse ardente. Je sçai combien cet âge a besoin qu'on lui pardonne: nous eussions dans la suite été sincerement unis; j'avois tort de mon côte: ô Dieux! pourquoi me le ravir, avant que j'aie pû le forcer de m'aimer ?

Ensuite Telemaque fit laver le corps dans des liqueurs odoriferantes; puis on prépara par son ordre un bucher. Les grands pins, gémissans sous les coups des haches, tombent en roulant du haut des montagnes. Les chênes, ces vieux enfans de la terre qui sembloient menacer le ciel; les hauts peupliers, les ormeaux, dont les têtes sont si vertes & si ornées d'un épais feuillage; les hêtres, qui sont l'honneur des forêts, viennent tomber sur le bord du fleuve Galese. Là s'éleve avec ordre un bucher, qui ressemble à un bâtiment regulier; la flâme commence à paroître; un tourbillon de fumée monte jusqu'au ciel. Les Lacedemoniens s'avancent d'un pas

lent

lent & lugubre, tenant leurs piques renversées & leurs yeux baissez : la douleur amere est peinte sur ces visages farouches, & les larmes coulent abondamment ; puis on voyoit venir Pherecyde, vieillard moins abatu par le nombre des années, que par la douleur de survivre à Hippias, qu'il avoit élevé depuis son enfance. Il levoit vers le Ciel ses mains, & ses yeux noyez de larmes. Depuis la mort d'Hippias il refusoit toute nourriture ; le doux sommeil n'avoit pû appesantir ses paupieres, ni suspendre un moment sa cuisante peine : il marchoit d'un pas tremblant, suivant la foule, & ne sçachant où il alloit. Nulle parole ne sortoit de sa bouche ; car son cœur étoit trop serré : c'étoit un silence de desespoir & d'abattement. Mais quand il vit le bucher allumé, il parut tout-à-coup furieux, & il s'écria : O Hippias, Hippias ! Je ne te verrai plus : Hippias n'est plus, & je vis encore ! O mon cher Hippias ! C'est moi cruel, moi impitoyable, qui t'ai appris à mépriser la mort : je croyois que tes mains fermeroient mes yeux, & que tu recueillirois mon dernier soupir. O Dieux cruels ! vous prolongez ma vie pour me faire voir la mort d'Hippias ! O cher enfant, que j'ai nourri, & qui m'a coûté tant de soin, je ne te verrai plus ; mais je verrai ta mere, qui mourra de tristesse en me reprochant ta mort ; je verrai ta jeune épouse frappant sa poitrine, arrachant ses cheveux ; & j'en serai cause. O chere Ombre ! appelle-moi sur les rives du Styx : la lumiere m'est odieuse ; c'est toi seul, mon cher Hippias, que je veux revoir. Hippias! Hippias ! ô mon cher Hippias ! je ne vis encore que pour rendre à tes cendres le dernier devoir.

Cependant on voyoit le corps du jeune Hippias étendu, qu'on portoit dans un cercueil orné de pourpre, d'or & d'argent : la mort, qui avoit éteint ses yeux, n'avoit pû effacer toute sa beauté ; & les graces étoient encore à demi peintes sur son visage pâle : on voyoit floter autour de son cou, plus blanc que la neige, mais penché sur l'épaule, ses longs cheveux noirs, plus beaux

que

que ceux d'Atys *(l)* ou de Ganymede, qui alloient être réduits en cendre: on remarquoit dans le côté la blessure profonde, par où tout son sang s'étoit écoulé, & qui l'avoit fait descendre dans le Royaume sombre de Pluton.

TELEMAQUE triste & abatu suivoit de près le corps, & lui jettoit des fleurs. Quand on fut arrivé au bucher, le fils d'Ulysse ne put voir la flame pénétrer les étoffes, qui envelopoient le corps, sans répandre de nouvelles larmes. Adieu, dit-il, ô magnanime Hippias! car je n'ose te nommer mon ami; appaise-toi, ô Ombre, qui as mérité tant de gloire! si je ne t'aimois, j'envierois ton bonheur: tu es délivré des miseres où nous sommes encore, & tu es sorti par le chemin le plus glorieux. Helas! que je serois heureux de finir de même! Que le Styx n'arrête point ton Ombre: que les Champs Elysées lui soient ouverts; que la Renommée conserve ton nom dans tous les siecles; & que tes cendres reposent en paix.

A PEINE eut-il dit ces paroles entremêlées de soupirs, que toute l'armée poussa un cri. On s'attendrissoit sur Hippias, dont on racontoit les grandes actions; & la douleur de sa mort rappellant toutes ses bonnes qualitez faisoit oublier les défauts, qu'une jeunesse impetueuse & une mauvaise éducation lui avoient données; mais on étoit encore plus touché des sentimens tendres de Telemaque. Est-ce donc là, disoit-on, ce jeune Grec si fier, si hautain, si dédaigneux, si intraitable? Le voilà devenu doux, humain, tendre; sans doute Minerve, qui a tant aimé son Pere, l'aime aussi; sans doute elle lui a fait les plus précieux dons que les Dieux puissent faire aux hommes, en lui donnant avec la sagesse un cœur sensible à l'amitié.

(l) Atis étoit un jeune homme de Phrigie, fort aimé de Cibele, & qui presidoit aux Sacrifices de cette Déesse, à condition de garder sa chasteté. Mais aiant violé son vœu, il s'emporta de fureur contre lui-même, & se fit Eunuque. Cibele le changea ensuite en pin.

LE

Le corps étoit déja consumé par les flames. Telemaque lui-même arrosa de liqueurs parfumées ses cendres encore fumantes ; puis il les mit dans une urne d'or, qu'il couronna de fleurs ; & il porta cette urne à Phalante. Celui-ci étoit étendu, percé de diverses blessures ; & dans son extréme foiblesse il entrevoyoit près de lui les portes sombres des Enfers.

Deja Traumaphile & Nosophuge, envoyez par le fils d'Ulysse, lui avoient donné tous les secours de leur art ; ils rappelloient peu à peu son ame prête à s'envoler ; de nouveaux esprits le ranimoient insensiblement ; une force douce & pénétrante, un baume de vie s'insinuoit de veine en veine jusqu'au fond de son cœur ; une chaleur agréable le déroboit aux mains glacées de la mort. En ce moment la défaillance cessant, la douleur succeda ; il commença à sentir la perte de son frere, qu'il n'avoit point été jusqu'alors en état de sentir. Helas ! disoit-il, pourquoi prend-on de si grands soins de me faire vivre ? ne me vaudroit-il pas mieux mourir, & suivre mon cher Hippias ? Je l'ai vû périr tout auprès de moi : ô Hippias, la douceur de ma vie, mon frere, mon cher frere, tu n'es plus ! je ne pourrai donc plus ni te voir, ni t'entendre, ni t'embrasser, ni te dire mes peines, ni te consoler dans les tiennes. O Dieux, ennemis des hommes ! il n'y a plus d'Hippias pour moi ! est-il possible ? Mais n'est-ce point un songe ? Non, il n'est que trop vrai, ô Hippias ! je t'ai perdu, je t'ai vû mourir, & il faut que je vive encore autant qu'il sera necessaire pour te venger : je veux immoler à tes Manes le cruel Adraste teint de ton sang.

Pendant que Phalante parloit ainsi, les deux hommes divins tâchoient d'appaiser sa douleur, de peur qu'elle n'augmentât ses maux, & n'empêchât l'effet des remedes. Tout-à-coup il apperçoit Telemaque, qui se presente à lui. D'abord son cœur fut combatu par deux passions contraires ; il conservoit un ressentiment de tout ce qui s'étoit passé entre Telemaque & Hippias : la douleur de la perte d'Hippias rendoit ce ressentiment encore plus vif. D'un autre côté il ne pouvoit ignorer qu'il devoit la conservation de sa vie à Telemaque, qui l'avoit tiré sanglant & à demi mort des mains d'Adraste. Mais quand il vit l'urne d'or, où étoient renfermées les cendres si cheres de son frere Hippias, il versa un torrent de larmes, il embrassa d'abord Telemaque sans pouvoir lui parler, & lui dit enfin d'une voix languissante, entrecoupée de sanglots:

DIGNE fils d'Ulysse, vôtre vertu me force à vous aimer; je vous dois ce reste de vie, qui va s'éteindre: mais je vous dois quelque chose, qui m'est bien plus chere. Sans vous le corps de mon frere auroit été la proye des vautours; sans vous son Ombre, privée de la sépulture, seroit malheureusement errante sur les rives du Styx, & toûjours repoussée par l'impitoyable Charon (*m*). Faut-il que je doive tant à un homme, que j'ai tant haï? O Dieux! récompensez-le, & délivrez-moi d'une vie si malheureuse. Pour vous, ô Telemaque! rendez-moi les derniers devoirs que vous avez rendus à mon frere, afin que rien ne manque à vôtre gloire.

A ces paroles Phalante demeura épuisé & abattu d'un excès de douleur. Telemaque se tint auprès de lui, sans oser lui parler, & attendant qu'il reprit ses forces. Bientôt Phalante, revenant de cette défaillance, prit l'urne des mains de Telemaque, la baisa plusieurs fois, l'arrosa de ses larmes, & dit: O cheres, ô précieuses cendres! quand est-ce que les miennes seront renfermées avec vous dans cette même urne? O Ombre d'Hippias! je te suis dans les Enfers: Telemaque nous vengera tous deux.

CEPENDANT le mal de Phalante diminua de jour en jour par les soins des deux hommes, qui avoient la science d'Esculape. Telemaque étoit sans cesse avec eux auprès du malade, pour les rendre plus attentifs à avancer sa guérison; & toute l'armée admiroit bien plus la bonté

(*m*). *Charon, fils d'Erebus & de la Nuit, Bâtelier d'Enfer, qui passe les ames dans sa barque sur le fleuve Stix & les autres fleuves d'Enfer.*

de

de cœur, avec laquelle il ſecouroit ſon plus grand ennemi, que la valeur & la ſageſſe qu'il avoit montrées en ſauvant dans la bataille l'armée des Alliez. En même tems Telemaque ſe montroit infatigable dans les plus rudes travaux de la guerre; il dormoit peu, & ſon ſommeil étoit ſouvent interrompu, ou par les avis qu'il recevoit à toutes les heures de la nuit, comme du jour, ou par la viſite de tous les quartiers du camp, qu'il ne faiſoit jamais deux fois de ſuite aux mêmes heures, pour mieux ſurprendre ceux qui n'étoient pas aſſez vigilans; il revenoit ſouvent dans ſa tente couvert de ſueur & de pouſſiere; ſa nourriture étoit ſimple; il vivoit comme les ſoldats, pour leur donner l'exemple de la ſobrieté & de la patience. L'armée ayant peu de vivres dans ce campement, il jugea à propos d'arrêter les murmures des ſoldats, en ſouffrant lui-même volontairement les mêmes incommoditez qu'eux. Son corps, loin de s'affoiblir dans une vie ſi pénible, ſe fortifioit & s'endurciſſoit chaque jour; il commençoit à n'avoir plus ces graces ſi tendres, qui ſont comme la fleur de la premiere jeuneſſe; ſon teint devenoit plus brun & moins délicat; ſes membres moins moux & plus nerveux (8).

(8) Toute cette peinture du ſoin que Telemaque prenoit des ſoldats, de ſon attention à les ſoulager dans leurs beſoins, de ſa vigilance à les tenir dans une exacte diſcipline, de ſa tendreſſe à partager toutes leurs incommodités, eſt un tableau du Vicomte de Turenne, qui étoit apellé le pere des ſoldats, & qui leur diſtribuoit le pain de ſa table, plûtôt que de leur voir ſouffrir la faim.

Fin du dix-ſeptiéme Livre.

LES

LES AVANTURES DE TELEMAQUE, FILS D'ULYSSE.

LIVRE DIX-HUITIEME.

SOMMAIRE.

TELEMAQUE, persuadé par divers songes que son pere Ulysse n'est plus sur la terre, execute son dessein de l'aller chercher dans les Enfers : il se dérobe du camp, étant suivi de deux Crétois, jusqu'à un Temple près de la fameuse caverne d'Acherontia : il s'y enfonce au travers des ténebres, arrive au bord du Styx; & Charon le reçoit dans sa barque : il se va presenter devant Pluton, qu'il trouve préparé à lui permettre de chercher son pere : il traverse le Tartare, où il voit les tourmens, que souffrent les ingrats, les parjures, les hypocrites, & sur tout les mauvais Rois.

ADRASTE,

Telemaque Traverse le Tartare.

DRASTE, dont les troupes avoient été considerablement affoiblies dans le combat, s'étoit retiré derriere la montagne d'Aulon (a) pour attendre divers secours, & pour tâcher de surprendre encore une fois ses ennemis; semblable à un Lion affamé, qui ayant été repoussé d'une bergerie s'en retourne dans les sombres forêts, & rentre dans sa caverne, où il aiguise ses dents & ses griffes, attendant le moment favorable pour égorger tous les troupeaux.

TELEMAQUE, ayant pris soin de mettre une exacte discipline dans tout le camp, ne songea plus qu'à executer un dessein qu'il avoit conçû, & qu'il cacha à tous les Chefs de l'armée. Il y avoit déja longtems qu'il étoit agité pendant toutes les nuits par des songes, qui lui representoient son pere Ulysse. Cette chere image revenoit toûjours sur la fin de la nuit, avant que l'aurore vînt chasser du Ciel, par ses feux naissans, les inconstantes étoiles, & de dessus la terre le doux sommeil suivi des songes voltigeans. Tantôt il croyoit voir Ulysse nud dans une Ile fortunée, sur la rive d'un fleuve, dans une prairie ornée de fleurs, & environné de Nymphes, qui lui jettoient des habits pour se couvrir. Tantôt il croyoit l'entendre parler dans un Palais tout éclatant d'or & d'yvoire, où des hommes, couronnez de fleurs, l'écoutoient avec plaisir & admiration. Souvent Ulysse lui apparoissoit tout-à-coup dans des festins, où la joie éclatoit parmi les délices, & où l'on entendoit les tendres accords d'une voix avec une Lyre, plus douce que la Lyre d'Apollon & que les voix de toutes les Muses.

(a) *Aulon, aujourd'hui Caulo, est une Montagne de la Calabre Ulterieure, vers le Cap de Stilo, sur laquelle est une ville de même nom autrefois Episcopale & sufragante de Reggio.*

TELEMAQUE en s'éveillant s'attristoit de ces songes si agréables. O mon pere ! ô mon cher pere Ulysse ! s'écrioit-il ; les songes les plus affreux me seroient plus doux. Ces images de félicité me font comprendre que vous êtes déja descendu dans le séjour des ames bienheureuses, que les Dieux récompensent de leurs vertus par une éternelle tranquilité. Je croi voir les Champs Elysées. O qu'il est cruel de n'esperer plus ! Quoi donc, ô mon cher pere ! je ne vous verrai jamais : jamais je n'embrasserai celui, qui m'aimoit tant, & que je cherche avec tant de peine : jamais je n'entendrai parler cette bouche, d'où sortoit la Sagesse : jamais je ne baiserai ces mains, ces cheres mains, ces mains victorieuses, qui ont abattu tant d'ennemis ! elles ne puniront point les insensez Amans de Penelope ; & Ithaque ne se relevera jamais de sa ruine ! O Dieux, ennemis de mon pere ! vous m'envoyez ces songes funestes pour arracher toute esperance de mon cœur ; c'est m'arracher la vie. Non, je ne puis plus vivre dans cette incertitude. Que dis-je ! helas ! je ne suis que trop certain que mon pere n'est plus ; je vais chercher son Ombre jusques dans les Enfers. Thesée (b) y est bien descendu ; Thesée, cet impie, qui vouloit outrager les Divinitez infernales : & moi j'y vais conduit par la piété. Hercule y descendit. Je ne suis pas Hercule : mais il est beau d'oser l'imiter. Orphée (c) a bien touché par le recit de ses malheurs le cœur de ce Dieu, qu'on dépeint comme inexorable : il obtint de lui, qu'Eurydice retourneroit parmi les vivans. Je suis plus digne de compassion qu'Orphée ; car ma perte est plus grande. Qui pourra comparer une jeune

(b) *Thesée, fils d'Egée, Roi d'Athenes, descendit aux Enfers avec Pirithoüs, pour enlever Proserpine. Il y fut enchainé par l'ordre de Pluton, jusqu'à ce qu'Hercule le vînt delivrer.*

(c) *Orphée descendit aux Enfers pour enlever sa femme Euridice. Il l'en auroit retirée, s'il ne l'eût regardée trop tôt, contre le commandement de Proserpine.*

fille

fille, semblable à tant d'autres, avec le sage Ulysse admiré de toute la Grece ? Allons, mourons, s'il le faut. Pourquoi craindre la mort, quand on souffre tant dans la vie ? O Pluton ! ô Proserpine ! j'éprouverai bientôt, si vous êtes aussi impitoyables qu'on le dit. O mon pere ! après avoir parcouru en vain les terres & les mers pour vous trouver, je vais voir, si vous n'êtes point dans les sombres demeures des morts. Si les Dieux me refusent de vous posseder sur la terre, & de jouïr de la lumiere du Soleil, peutêtre ne me refuseront-ils pas de voir au moins vôtre Ombre dans le Royaume de la nuit.

En disant ces paroles, Telemaque arrosoit son lit de ses larmes : aussitôt il se levoit, & cherchoit par la lumiere à soulager la douleur cuisante, que ces songes lui avoient causé. Mais c'étoit une flêche, qui avoit percé son cœur, & qu'il portoit par tout avec lui. Dans cette peine il entreprit de descendre aux Enfers par un lieu célébre, qui n'étoit pas éloigné du camp : on l'appelloit *Acherontia*, (*d*) à cause qu'il y avoit en ce lieu une Caverne affreuse, de laquelle on descendoit sur les rives de l'Acheron ; par lequel les Dieux mêmes craignent de jurer. La Ville étoit sur un rocher, posée comme un nid sur le haut d'un arbre. Au pied de ce rocher on trouvoit la caverne, de laquelle les timides mortels n'osoient approcher. Les Bergers avoient soin d'en détourner leurs troupeaux ; la vapeur souffrée du marais Stygien, qui s'exhaloit sans cesse par cette ouverture, empestoit l'air. Tout autour il ne croissoit ni herbes ni fleurs ; on n'y sentoit jamais les doux zéphirs, ni les graces naissantes du Printems, ni les riches dons de l'Automne. La terre aride y languissoit : on y voyoit seulement quelques arbustes dépouillez, &

(*d*) *Acherontia étoit une ville de la Pouille, située sur une Montagne, à l'extremité de l'Italie. Au pié de cette Montagne est une Caverne, où le fleuve Acheron se précipite avec tant d'impetuosité, que les Poëtes ont apellé ce lieu une entrée de l'Enfer. C'est par là qu'Hercule y descendit, & qu'il en tira le Cerbere.*

quelques cyprès funestes. Au loin, même tout à l'entour, Cerès refusoit aux Laboureurs ses moissons dorées. Bacchus sembloit en vain y promettre ses doux fruits: les grapes de raisin se dessechoient, au lieu de meurir. Les Nayades tristes ne faisoient point couler une onde pure; leurs flots étoient toûjours amers & troublés; les oiseaux ne chantoient jamais dans cette terre, herissée de ronces & d'épines, & n'y trouvoient aucun bocage pour se retirer: ils alloient chanter leurs amours sous un Ciel plus doux. Là on n'entendoit que le croassement des corbeaux & la voix lugubre des hiboux; l'herbe même y étoit amere; & les troupeaux, qui la paissoient, ne sentoient point la douce joie, qui les fait bondir. Le taureau fuyoit la genisse; & le Berger, tout abattu, oublioit sa musette & sa flûte.

De cette Caverne sortoit de tems en tems une fumée noire & épaisse, qui faisoit une espece de nuit au milieu du jour. Les peuples voisins redoubloient alors leurs sacrifices pour appaiser les Divinitez infernales; mais souvent les hommes à la fleur de leur âge, & dès leur plus tendre jeunesse, étoient les seules victimes, que ces Divinitez cruelles prenoient plaisir à immoler par une funeste contagion.

C'est-là que Telemaque résolut de chercher le chemin de la sombre demeure de Pluton. Minerve, qui veilloit sans cesse sur lui, & qui le couvroit de son Egide, lui avoit rendu Pluton favorable. Jupiter même, à la priere de Minerve, avoit ordonné à Mercure, qui descend chaque jour aux Enfers pour livrer à Caron un certain nombre de Morts, de dire au Roi des Ombres, qu'il laissât entrer le fils d'Ulysse dans son Empire.

Telemaque se dérobe du camp pendant la nuit; il marche à la clarté de la Lune, & il invoque cette puissante Divinité, qui, étant dans le Ciel l'astre brillant de la nuit & sur la terre la chaste Diane, est aux Enfers la redoutable Hecate. Cette Divinité écouta favorablement ses vœux, parce que son cœur étoit pur, & qu'il étoit conduit par l'amour pieux, qu'un fils doit à son pere.

A peine fut-il auprès de l'entrée de la Caverne, qu'il entendit l'Empire soûterrain mugir. La terre trembloit sous ses pas; le Ciel s'arma d'éclairs & de feux, qui sembloient tomber sur la terre. Le jeune fils d'Ulysse sentit son cœur émû; & tout son corps étoit couvert d'une sueur glacée: mais son courage le soûtint; il leva les yeux & les mains au Ciel. Grands Dieux! s'écria-t-il, j'accepte ces présages, que je crois heureux; achevez vôtre ouvrage. Il dit; &, redoublant ses pas, il se presenta hardiment.

Aussitôt la fumée épaisse, qui rendoit l'entrée de la Caverne funeste à tous les animaux dès qu'ils en approchoient, se dissipe; l'odeur empoisonnée cessa pour un peu de tems. Telemaque entra seul; car quel autre mortel eut osé le suivre? Deux Crétois, qui l'avoient accompagné jusqu'à une certaine distance de la Caverne, & ausquels il avoit confié son dessein, demeurérent, tremblans & à demi morts, assez loin de là dans un Temple, faisant des voeux & n'esperant plus de revoir Telemaque.

Cependant le fils d'Ulysse, l'épée à la main, s'enfonce dans ces tenebres horribles. Bientôt il apperçoit une foible & sombre lueur, telle qu'on la voit pendant la nuit sur la terre: il remarque les Ombres legeres, qui voltigent autour de lui; il les écarte avec son épée; ensuite il voit les tristes bords du fleuve marécageux, dont les eaux bourbeuses & dormantes ne font que tournoyer; il découvre sur ce rivage une foule innombrable de Morts privez de la sépulture, qui se presentent en vain à l'impitoyable Caron. Ce Dieu, dont la vieillesse éternelle est toûjours triste & chagrine mais pleine de vigueur, les menace, les repousse, & admet d'abord dans sa barque le jeune Grec. En entrant, Telemaque entend les gémissemens d'une Ombre, qui ne pouvoit se consoler.

Quel est donc, lui dit-il, vôtre malheur? qui étiez-vous sur la terre? J'étois, lui répondit cette Ombre, Nabopharzan, Roi de la superbe Babylone: tous les peuples de l'Orient trembloient au ſeul bruit de mon nom; je me faiſois adorer par les Babyloniens dans un Temple de marbre, où j'étois repreſenté par une ſtatuë d'or, devant laquelle on brûloit nuit & jour les plus précieux parfums de l'Ethiopie: jamais perſonne n'oſa me contredire ſans être auſſitôt puni: on inventoit, chaque jour, de nouveaux plaiſirs pour me rendre la vie plus délicieuſe; j'étois encore jeune & robuſte. Helas! que de proſperitez ne me reſtoit-il pas encore à goûter ſur le Trône! Mais une femme, que j'aimois, & qui ne m'aimoit pas, m'a bien fait ſentir, que je n'étois pas Dieu; elle m'a empoiſonné; je ne ſuis plus rien: on mit hier avec pompe mes cendres dans une urne d'or: on pleura; on s'arracha les cheveux; on fit ſemblant de vouloir ſe jetter dans les flames de mon bucher, pour mourir avec moi: on va encore gémir au pied du ſuperbe tombeau, où l'on a mis mes cendres; mais perſonne ne me regrette; ma mémoire eſt en horreur, même dans ma famille; & ici-bas je ſouffre déja d'horribles traitemens.

TELEMAQUE, touché de ce ſpectacle, lui dit: Etiez-vous véritablement heureux pendant vôtre regne? Sentiez-vous cette douce paix, ſans laquelle le cœur demeure toûjours ſerré & flêtri au milieu des délices? Non, répondit le Babylonien, je ne ſçai même ce que vous voulez dire. Les Sages vantent cette paix comme l'unique bien; pour moi, je ne l'ai jamais ſentie; mon cœur étoit ſans ceſſe agité de deſirs nouveaux, de crainte & d'eſperance. Je tâchois de m'étourdir moi-même par l'ébranlement de mes paſſions; j'avois ſoin d'entretenir cette yvreſſe, pour la rendre continuelle; le moindre intervalle de raiſon tranquile m'eût été trop amer. Voilà la paix, dont j'ai joui: toute autre me paroît une fable & un ſonge. Voilà les biens, que je regrette.

EN parlant ainſi le Babylonien pleuroit comme un homme lâche, qui a été amoli par les proſperitez, & qui n'eſt point accoûtumé à ſupporter conſtamment un malheur. Il avoit auprès de lui quelques Eſclaves, qu'on avoit fait mourir pour honorer ſes funerailles. Mercure

Mercure les avoit livrez à Caron avec leur Roi, & leur avoit donné une puiſſance abſoluë ſur ce Roi, qu'ils avoient ſervi ſur la terre. Ces Ombres d'eſclaves ne craignoient plus l'Ombre de Nabopharzan; elles la tenoient enchaînée, & lui faiſoient les plus cruelles indignitez. L'un lui diſoit: N'étions-nous pas hommes auſſi bien que toi? Comment étois-tu aſſez inſenſé pour te croire un Dieu; & ne faloit-il pas te ſouvenir, que tu étois de la race des autres hommes? Un autre, pour lui inſulter, diſoit: Tu avois raiſon de ne vouloir pas qu'on te prît pour un homme; car tu étois un monſtre ſans humanité. Un autre lui diſoit: Hé bien! où ſont maintenant tes flateurs? Tu n'as plus rien à donner, malheureux! tu ne peus plus faire aucun mal; te voilà devenu eſclave de tes eſclaves mêmes. Les Dieux ſont lents à faire juſtice! mais enfin ils la font.

A ces dures paroles Nabopharzan ſe jettoit le viſage contre terre, arrachant ſes cheveux dans un excès de rage & de deſeſpoir. Mais Caron diſoit aux eſclaves: Tirez-le par ſa chaîne: relevez-le malgré lui; il n'aura pas même la conſolation de cacher ſa honte: il faut que toutes les Ombres du Styx en ſoient témoins, pour juſtifier les Dieux, qui ont ſouffert ſi longtems que cet impie régnât ſur la terre. Ce n'eſt encore là, ô Babylonien! que le commencement de tes douleurs; prépare-toi à être jugé par l'inflexible Minos, Juge des Enfers.

PENDANT ce diſcours du terrible Caron, la Barque touchoit déja le rivage de l'Empire de Pluton; toutes les Ombres accouroient pour conſiderer cet homme vivant, qui paroiſſoit au milieu de ces morts dans la barque; mais dans le moment où Telemaque mit pied à terre, elles s'enfuirent; ſemblables aux ombres de la nuit, que la moindre clarté du jour diſſipe. Caron, montrant au jeune Grec un front moins ridé & des yeux moins farouches qu'à l'ordinaire, lui dit: Mortel cheri des Dieux, puiſqu'il t'eſt donné d'entrer dans le Royaume de la nuit, inacceſſible aux autres vivans, hâte-toi d'aller, où les deſtins t'appellent ; va par ce chemin ſombre au Palais de Pluton, que tu trouveras ſur ſon Trône ; il te permettra d'entrer dans les lieux, dont il m'eſt defendu de te découvrir le ſecret.

AUSSITÔT Telemaque s'avance à grands pas ; il voit, de tous côtez, voltiger des Ombres plus nombreuſes que les grains de ſable, qui couvrent les rivages de la mer ; &, dans l'agitation de cette multitude infinie, il eſt ſaiſi d'une horreur divine, obſervant le profond ſilence de ces vaſtes lieux. Ses cheveux ſe dreſſent ſur ſa tête, quand il aborde le noir ſéjour de l'impitoyable Pluton ; il ſent ſes genoux chancelans ; la voix lui manque ; & c'eſt avec peine qu'il peut prononcer au Dieu ces paroles : Vous voyez, ô terrible Divinité ! le fils du malheureux Ulyſſe ; je viens vous demander, ſi mon pere eſt deſcendu dans vôtre Empire, ou s'il eſt encore errant ſur la Terre.

PLUTON étoit ſur un Trône d'ébéne ; ſon viſage étoit pâle & ſevere, ſes yeux creux & étincelans, ſon front ridé & menaçant. La vûë d'un homme vivant lui étoit odieuſe, comme la lumiere offenſe les yeux des animaux, qui ont accoutumé de ne ſortir de leurs retraites que pendant la nuit. A ſon côté paroiſſoit Proſerpine, qui attiroit ſeule ſes regards, & qui ſembloit un peu adoucir ſon cœur : elle jouïſſoit d'une beauté toûjours nouvelle ; mais elle paroiſſoit avoir joint à ſes graces divines je ne ſçai quoi de dur & de cruel de ſon époux.

AUX pieds du Trône étoit la Mort, pâle & dévorante, avec ſa faux tranchante, qu'elle aiguiſoit ſans ceſſe. Autour d'elle voloient les noirs ſoucis ; les cruelles défiances ; les vengeances, toutes dégoûtantes de ſang & couvertes de playes ; les haines injuſtes ; l'avarice, qui ſe ronge elle-même ; le deſeſpoir, qui ſe déchire de ſes propres mains ; l'ambition forcenée, qui renverſe tout ; la trahiſon, qui veut ſe repaître de ſang, & qui ne peut jouïr des maux qu'elle a faits ; l'envie, qui verſe ſon venin mortel autour

d'elle,

d'elle, & qui se tourne en rage dans l'impuissance où elle est de nuire; l'impiété, qui se creuse elle-même un abîme sans fond, où elle se précipite sans esperance; les spectres hideux; les phantômes, qui representent les morts pour épouvanter les vivans; les songes affreux; les insomnies, aussi cruelles que les tristes songes. Toutes ces Images funestes environnoient le fier Pluton, & remplissoient le Palais où il habite. Il répondit à Telemaque d'une voix basse, qui fit mugir le fond de l'Erebe (e). Jeune mortel, le destin t'a fait violer cet azyle sacré des Ombres; suis ta haute destinée; je ne te dirai point, où est ton pere; il suffit que tu sois libre de le chercher: puisqu'il a été Roi sur la terre, tu n'as qu'à parcourir, d'un côté, l'endroit du noir Tartare, où les mauvais Rois sont punis, &, de l'autre, les Champs Elysées, où les bons Rois sont récompensez. Mais tu ne peus aller d'ici dans les Champs Elysées, qu'après avoir passé par le Tartare. Hâte-toi d'y aller, & de sortir de mon Empire.

A l'instant Telemaque semble voler dans ces espaces vuides & immenses, tant il lui tarde de savoir s'il verra son pere, & de s'éloigner de la presence horrible du Tyran, qui tient en crainte les vivans & les morts: il apperçoit bientôt assez près de lui le noir Tartare (f); il en sortoit une fumée noire & épaisse, dont l'odeur empestée donneroit la mort, si elle se répandoit dans la demeure des vivans: cette fumée couvroit un fleuve de feu & des tourbillons de flame, dont le bruit, semblable à celui des torrens les plus impétueux quand ils s'élancent des plus hauts rochers dans le fond des abîmes, faisoit qu'on ne pouvoit rien entendre distinctement dans ces tristes lieux.

(e) *Erebe, Dieu des Enfers, pere de la Nuit, engendré du Cahos & de l'Obscurité, est souvent pris pour l'Enfer même par les Poëtes: c'est dans ce dernier sens qu'il faut l'entendre ici.*

(f) *Le Tartare est le lieu, où les méchans sont tourmentés dans les Enfers.*

TELEMAQUE, ſecretement animé par Minerve, entre ſans crainte dans ce goufre. D'abord il apperçut un grand nombre d'hommes, qui avoient vêcu dans les plus baſſes conditions, & qui etoient punis pour avoir cherché les richeſſes par des fraudes, des trahiſons & des cruautez : il y remarqua beaucoup d'impies Hypocrites, qui faiſant ſemblant d'aimer la Religion s'en étoient ſervis, comme d'un beau prétexte, pour contenter leur ambition & pour ſe jouër des hommes credules. Ces hommes, qui avoient abuſé de la vertu même quoi-qu'elle ſoit le plus grand don des Dieux, étoient punis comme les plus ſcelerats de tous les hommes. Les Enfans, qui avoient égorgé leurs Peres & leurs Meres; les Epouſes, qui avoient trempé leurs mains dans le ſang de leurs Maris; les Traîtres, qui avoient livré leur Patrie après avoir violé tous les ſermens, ſouffroient des peines moins cruelles que ces Hypocrites. Les trois Juges des Enfers l'avoient ainſi voulu; & voici leur raiſon. C'eſt que les Hypocrites ne ſe contentent pas d'être méchans comme le reſte des impies, ils veulent encore paſſer pour bons, & font par leur fauſſe vertu que les hommes n'oſent plus ſe fier à la veritable. Les Dieux, dont ils ſe ſont jouez, & qu'ils ont rendus mépriſables aux hommes, prennent plaiſir à employer toute leur puiſſance pour ſe venger de leur inſulte.

AUPRES de ceux-ci paroiſſoient d'autres hommes, que le vulgaire ne croit guére coupables, & que la vengeance divine pourſuit impitoyablement: ce ſont les ingrats; les menteurs; les flateurs, qui ont loué le vice; les critiques malins, qui ont tâché de flétrir la plus pure vertu; enfin ceux, qui ont jugé temerairement des choſes ſans les connoître à fond, & qui par là ont nui à la réputation des innocens.

MAIS parmi toutes les ingratitudes, celle qui étoit punie comme la plus noire, c'eſt celle qui ſe commet envers les Dieux. Quoi donc, diſoit Minos, on paſſe pour un monſtre, quand on manque de reconnoiſſance pour

pour ſon pere ou pour ſon ami, de qui on a reçu quelques ſecours ; & on fait gloire d'être ingrat envers les Dieux, de qui on tient la vie & tous les biens qu'elle renferme ! Ne leur doit-on pas ſa naiſſance plus qu'au pere & à la mere, de qui on eſt né ? Plus les crimes ſont impunis & excuſez ſur la terre, plus ils ſont dans les Enfers l'objet d'une vengeance implacable, à qui rien n'échape.

TELEMAQUE voyant les trois Juges, qui étoient aſſis, qui condamnoient un homme, oſa leur demander quels étoient ſes crimes. Auſſitôt le condamné, prenant la parole, s'écria : Je n'ai jamais fait aucun mal ; j'ai mis tout mon plaiſir à faire du bien ; j'ai été magnifique, liberal, juſte, compatiſſant ; que peut-on donc me reprocher ? Alors Minos lui dit : On ne te reproche rien à l'égard des hommes ; mais ne devois-tu pas moins aux hommes qu'aux Dieux ? Quelle eſt donc cette juſtice, dont tu te vantes ? Tu n'as manqué à aucun devoir envers les hommes, qui ne ſont rien. Tu as été vertueux ; mais tu as rapporté toute ta vertu à toi-même, & non aux Dieux, qui te l'avoient donnée ; car tu voulois jouïr du fruit de ta propre vertu, & te renfermer en toi-même. Tu as été ta Divinité ; mais les Dieux, qui ont tout fait & qui n'ont rien fait que pour eux-mêmes, ne peuvent renoncer à leurs droits ; tu les as oubliez, ils t'oublieront ; ils te livreront à toi-même, puiſque tu as voulu être à toi, & non pas à eux. Cherche donc maintenant, ſi tu le peus, ta conſolation dans ton propre cœur. Te voilà à jamais ſéparé des hommes, auſquels tu as voulu plaire : te voilà ſeul avec toi-même, qui étois ton idole ; apprens, qu'il n'y a point de veritable vertu ſans le reſpect & l'amour des Dieux, à qui tout eſt dû. Ta fauſſe vertu, qui a longtems éblouï les hommes faciles à tromper, va être confonduë : les hommes, ne jugeant des vices & des vertus que par ce qui les choque ou les accommode, ſont aveugles & ſur le bien & ſur le mal. Ici une lumiere divine renverſe tous leurs jugemens superficiels; elle condamne souvent ce qu'ils admirent, & justifie ce qu'ils condamnent.

A ces mots ce Philosophe, comme frappé d'un coup de foudre, ne pouvoit se supporter soi-même. La complaisance, qu'il avoit euë autrefois à contempler sa modération, son courage & ses inclinations généreuses, se change en desespoir. La vûë de son propre cœur, ennemi des Dieux, devient son supplice. Il se voit, & ne peut cesser de se voir: il voit la vanité des jugemens des hommes, ausquels il a voulu plaire dans toutes ses actions. Il se fait une révolution universelle de tout ce, qui est au dedans de lui, comme si on bouleversoit toutes ses entrailles; il ne se trouve plus le même; tout appui lui manque dans son cœur. Sa conscience, dont le témoignage lui avoit été si doux, s'éleve contre lui, & lui reproche amerement l'égarement & l'illusion de toutes ses vertus, qui n'ont point eu le culte de la Divinité pour principe & pour fin; il est troublé, consterné, plein de honte, de remords & de desespoir. Les Furies ne le tourmentent point, parce qu'il leur suffit de l'avoir livré à lui même, & que son propre cœur venge assez les Dieux méprisez: il cherche les lieux les plus sombres pour se cacher aux autres Morts, ne pouvant se cacher à lui-même; il cherche les ténebres, & ne peut les trouver: une lumiere importune le suit par tout; par tout les rayons perçans de la verité vont venger la verité, qu'il a négligé de suivre. Tout ce qu'il a aimé lui devient odieux, comme étant la source de ses maux, qui ne peuvent jamais finir. Il dit en lui-même: O insensé! je n'ai donc connu ni les Dieux, ni les hommes, ni moi-même. Non, je n'ai rien connu, puisque je n'ai jamais aimé l'unique & veritable bien; tous mes pas ont été des égaremens; ma sagesse n'étoit que folie; ma vertu n'étoit qu'un orgueil impie & aveugle; j'étois moi même mon idole.

ENFIN

Enfin Telemaque apperçut les Rois, qui étoient condamnez pour avoir abusé de leur puissance: d'un côté une Furie vengeresse leur presentoit un miroir, qui leur montroit toute la difformité de leurs vices. Là ils regardoient, & ne pouvoient s'empêcher de voir leur vanité grossiere & avide des plus ridicules loüanges; leur dureté pour les hommes, dont ils auroient dû faire la félicité; leur insensibilité pour la vertu; leur crainte d'entendre la verité; leur inclination pour les hommes lâches & flateurs; leur inapplication, leur mollesse, leur indolence, leur défiance déplacée, leur faste, & leur excessive magnificence fondée sur la ruine des peuples; leur ambition pour acheter un peu de vaine gloire par le sang de leurs Citoyens; enfin leur cruauté, qui cherche chaque jour de nouvelles délices parmi les larmes & le desespoir de tant de malheureux. Ils se voyoient sans cesse dans ce miroir: ils se trouvoient plus horribles & plus monstrueux, que n'est la Chimere (g), vaincuë par Bellerophon (h); ni l'Hydre de Lerne, abatuë par Hercule; ni Cerbere même, quoiqu'il vomisse de ses trois gueules béantes un sang noir & venimeux, qui est capable d'empester toute la race des mortels vivans sur la terre.

En même tems, d'un autre côté, une autre Furie leur répétoit avec insulte toutes les loüanges, que leurs flateurs leur avoient données pendant leur vie; & leur presentoit un autre miroir, où ils se voyoient tels que la

(g) *La Chimere est une Montagne de Licie, dont le sommet jette des flâmes & est habité par des Lions; au milieu les chevres y paissent; & au bas on y voit des serpens. D'où est venuë la fable, que c'est un monstre, qui a la tête d'un Lion, le corps de chevre, & la queuë de Dragon; ou qui a trois têtes semblables à celles de ces animaux.*

(h) *Bellerophon, fils de Glaucus Roi de Corinthe, fut accusé par Stenobée d'avoir voulu la forcer, quoi-que ce fût elle qui l'eût sollicité à commettre un adultere. Prœtus, Roi d'Argos, mari de cette femme, ajoutant foi trop legerement à son accusation, envoïa Bellerophon à Jobate, Roi de Licie, pour l'exposer à la mort: celui-ci le fit combatre contre la Chimere, qu'il vainquit étant monté sur le cheval Pegaze.*

fla-

flaterie les avoit dépeints: l'opposition de ces deux peintures si contraires étoit le supplice de leur vanité. On remarquoit que les plus méchans d'entre ces Rois étoient ceux, à qui on avoit donné les plus magnifiques loüanges pendant leur vie, parce que les méchans sont plus craints que les bons, & qu'ils exigent sans pudeur les lâches flateries des Poëtes & des Orateurs de leur tems.

On les entend gémir dans ces profondes ténebres, où ils ne peuvent voir que les insultes & les dérisions, qu'ils ont à souffrir; ils n'ont rien autour d'eux, qui ne les repousse, qui ne les contredise, qui ne les confonde. Au lieu que sur la terre ils se jouoient de la vie des hommes, & prétendoient que tout étoit fait pour les servir; dans le Tartare ils sont livrez à tous les caprices de certains Esclaves, qui leur font sentir à leur tour une cruelle servitude. Ils servent avec douleur; & il ne leur reste aucune espérance de pouvoir jamais adoucir leur captivité. Ils sont sous les coups de ces Esclaves, devenus leurs tyrans impitoyables, comme une enclume est sous les coups de marteaux des Cyclopes, quand Vulcain les presse de travailler dans les fournaises ardentes du Mont Etna.

Là Telemaque apperçut des visages pâles, hideux & contristez. C'est une tristesse noire, qui ronge ces criminels; ils ont horreur d'eux-mêmes; & ils ne peuvent non plus se délivrer de cette horreur, que de leur propre nature: ils n'ont point besoin d'autres châtimens de leurs fautes, que leurs fautes mêmes; ils les voyent sans cesse dans toute leur énormité; elles se présentent à eux comme des spectres horribles; elles les poursuivent. Pour s'en garantir, ils cherchent une mort plus puissante que celle, qui les a séparez de leurs corps. Dans le desespoir où ils sont, ils appellent à leur secours une mort, qui puisse éteindre tout sentiment & toute connoissance en eux; ils demandent

aux

aux abîmes de les engloutir, pour se dérober aux rayons vengeurs de la verité, qui les persecute; mais ils sont réservez à la vengeance, qui distile sur eux goute à goute, & qui ne tarira jamais. La verité, qu'ils ont craint de voir, fait leur supplice; ils la voyent, & n'ont des yeux que pour la voir s'élever contr'eux: sa vûë les perce, les déchire, les arrache à eux-mêmes; elle est comme la foudre; sans rien détruire au dehors, elle pénetre jusqu'au fond des entrailles. Semblable à un métal dans une fournaise ardente, l'ame est comme fonduë par ce feu vengeur; il ne laisse aucune consistance, & il ne consume rien: il dissout jusqu'aux premiers principes de la vie; & on ne peut mourir. On est arraché à soi-même: on n'y peut plus trouver ni appui ni repos pour un seul instant; on ne vit plus que par la rage qu'on a contre soi-même, & par une perte de toute esperance, qui rend forcené.

PARMI ces objets, qui faisoient dresser les cheveux de Telemaque sur sa tête, il vit plusieurs des anciens Rois de Lydie, qui étoient punis pour avoir préferé les délices d'une vie molle, au travail pour le soulagement des peuples, qui doit être inséparable de la Royauté.

CES Rois se reprochoient les uns aux autres leur aveuglement. L'un disoit à l'autre, qui avoit été son fils: Ne vous avois-je pas recommandé souvent, pendant ma vieillesse & avant ma mort, de réparer les maux que j'avois faits par ma négligence? Ah! malheureux pere, disoit le fils, c'est vous, qui m'avez perdu; c'est vôtre exemple, qui m'a inspiré le faste, l'orgueil, la volupté & la dureté pour les hommes. En vous voyant regner avec tant de mollesse, & avec tant de lâches flateurs autour de vous, je me suis accoutumé à aimer la flaterie & les plaisirs. J'ai cru que le reste des hommes étoit, à l'égard des Rois,

Rois, (1) ce que les chevaux & les autres bêtes de charge sont à l'égard des hommes; c'est-à-dire, des animaux, dont on ne fait cas qu'autant qu'ils rendent de service & qu'ils donnent de commoditez. Je l'ai cru; c'est vous, qui me l'avez fait croire; & maintenant je souffre tant de maux pour vous avoir imité. A ces reproches ils ajoûtoient les plus affreuses maledictions, & paroissoient animez de rage pour s'entredéchirer.

Autour de ces Rois voltigeoient encore, comme des hiboux dans la nuit, les cruels soupçons, les vaines allarmes, les défiances, qui vengent les peuples de la dureté de leurs Rois, la faim insatiable des richesses, la fausse gloire toûjours tyrannique, & la mollesse lâche, qui redouble tous les maux qu'on souffre, sans pouvoir jamais donner de solides plaisirs.

On voyoit plusieurs de ces Rois sévérement punis, non pour les maux qu'ils avoient faits, mais pour le bien qu'ils auroient dû faire. Tous les crimes des peuples qui viennent de la négligence avec laquelle on fait observer les loix, étoient imputez aux Rois, qui ne doivent regner qu'afin que les loix regnent par leur ministere. On leur imputoit aussi tous les desordres, qui viennent du faste, du luxe, & de tous les autres excez, qui jettent les hommes dans un état violent & dans la tentation de violer les loix pour acquerir du bien. Sur tout on traitoit rigoureusement les Rois, qui, au lieu d'être bons & vigilans Pasteurs des peuples, n'avoient songé qu'à ravager le troupeau, comme des loups dévorans.

Mais ce qui consterna davantage Telemaque, ce fut de voir dans cet abîme de ténebres & de maux un grand nombre

(1) *Ce que les chevaux & les autres bêtes de charge, &c.* C'est précisément de cette expression que se servoit le Cardinal Mazarin, pour inspirer au Roi de ne point menager les François. Il les comparoit à des Mulets, qui marchent mieux, plus ils sont chargez.

nombre de Rois, qui, ayant passé sur la terre pour des Rois assez bons, avoient été condamnez aux peines du Tartare, pour s'être laissez gouverner par des hommes méchans & artificieux. Ils étoient punis pour les maux, qu'ils avoient laissé faire par leur autorité: la plûpart de ces Rois n'avoient été ni bons ni méchans; tant leur foiblesse avoit été grande; ils n'avoient jamais craint de ne pas connoître la verité; ils n'avoient point eu le goût de la vertu, & n'avoient point mis leur plaisir à faire du bien.

Fin du dix-huitiéme Livre.

LES

LES AVANTURES DE TELEMAQUE, FILS D'ULYSSE.

LIVRE DIX-NEUVIEME.

SOMMAIRE.

TELEMAQUE entre dans les Champs Elysées, où il est reconnu par Arcesius son Bisayeul, qui l'assure qu'Ulysse est vivant ; qu'il le reverra à Ithaque, & qu'il y regnera après lui. Arcesius lui dépeint la félicité, dont jouissent les hommes justes, sur tout les bons Rois, qui pendant leur vie ont servi les Dieux & fait le bonheur des peuples, qu'ils ont gouvernez : il lui fait remarquer, que les Heros, qui ont seulement excellé dans l'art de faire la guerre, sont beaucoup moins heureux dans un lieu séparé. Il donne des instructions à Telemaque ; puis celui-ci s'en va pour rejoindre en diligence le camp des alliez.

LORS-

Telemaque dans les Champs Elisées.

ORSQUE Telemaque ſortit de ces lieux, il ſe ſentit ſoulagé, comme ſi on avoit ôté une montagne de deſſus ſa poitrine: il comprit par ce ſoulagement les malheurs de ceux, qui y étoient renfermez ſans eſperance d'en ſortir jamais; il étoit effrayé de voir combien les Rois étoient plus rigoureuſement tourmentez que les autres coupables. Quoi! diſoit-il, tant de devoirs, tant de périls, tant de pieges, tant de difficulté de connoître la verité pour ſe défendre contre les autres & contre ſoi-même! enfin tant de tourmens horribles dans les Enfers, après avoir été ſi envié, ſi agité, ſi traverſé dans une vie courte! O inſenſé celui, qui cherche à regner! Heureux celui, qui ſe borne à une condition privée & paiſible, où la vertu lui eſt moins difficile!

EN faiſant ces reflexions il ſe troubloit au dedans de lui-même; il fremit, & tomba dans une conſternation qui lui fit ſentir quelque choſe du deſeſpoir de ces malheureux, qu'il venoit de conſiderer; mais à meſure qu'il s'eloignoit de ce triſte ſéjour des ténebres, de l'horreur, & du deſeſpoir, ſon courage commença peu à peu à renaître; il reſpiroit, & entrevoyoit déja de loin la douce & pure lumiere du ſéjour des Heros.

C'EST dans ce lieu qu'habitoient tous les bons Rois, qui avoient juſqu'alors gouverné les hommes; ils étoient ſéparez du reſte des Juſtes. Comme les méchans Princes ſouffroient dans le Tartare des ſupplices infiniment plus rigoureux que les autres coupables, d'une condition privée; auſſi les bons Rois jouïſſoient, dans les Champs Elyſées, d'un bonheur infiniment plus grand que celui du reſte des hommes, qui avoient aimé la vertu ſur la terre.

TELEMAQUE s'avança vers ces Rois, qui étoient dans ces bocages odoriferans ſur des gazons toujours renaiſſans & fleuris. Mille petits ruiſſeaux d'une onde pure arroſoient ces beaux lieux, & y faiſoient ſentir une délicieuſe fraîcheur. Un nombre infini d'oiſeaux faiſoient reſonner

ſonner ces bocages de leurs doux chants. On voyoit tout enſemble les fleurs du Printems, qui naiſſoient ſous les pas, avec les plus riches fruits de l'Automne, qui pendoient des arbres. Là jamais on ne reſſentit les ardeurs de la Canicule *(a)*; là jamais les noirs Aquilons n'oſérent ſouffler, ni faire ſentir les rigueurs de l'hyver. Ni la guerre, alterée de ſang, ni la cruelle envie, qui mord d'une dent venimeuſe, & qui porte des viperes entortillées dans ſon ſein & autour de ſes bras, ni les jalouſies, ni les défiances, ni la crainte, ni les vains deſirs n'approchoient jamais de cet heureux ſéjour de la paix. Le jour n'y finit point, & la nuit avec ſes ſombres voiles y eſt inconnuë. Une lumiere pure & douce ſe répand autour des corps de ces hommes juſtes, & les environne de ſes rayons, comme d'un vêtement. Cette lumiere n'eſt point ſemblable à la lumiere ſombre, qui éclaire les yeux des miſerables mortels, & qui n'eſt que ténebres; c'eſt plûtôt une gloire celeſte qu'une lumiere: elle pénetre plus ſubtilement les corps les plus épais, que les rayons du Soleil ne pénetrent le plus pur criſtal: elle n'eblouït jamais; au contraire elle fortifie les yeux, & porte dans le fond de l'ame je ne ſçai quelle ſerenité. C'eſt d'elle ſeule, que les hommes bienheureux ſont nourris; elle ſort d'eux, & elle y entre: elle les pénetre, & s'incorpore à eux, comme les alimens s'incorporent à nous: ils la voyent, ils la ſentent, ils la reſpirent; elle fait naître en eux une ſource intariſſable de paix & de joie: ils ſont plongez dans cet abîme de délices, comme les poiſſons dans la mer; ils ne veulent plus rien: ils ont tout, ſans rien avoir; car le goût de lumiere pure appaiſe la faim de leur cœur. Tous leurs deſirs ſont raſſaſiez; & leur plenitude les éleve au deſſus de tout ce que les hommes vuides & affamez cherchent ſur la terre. Toutes les délices, qui les environnent, ne leur ſont rien, parce que le comble de leur félicité, qui vient

(a) La Canicule eſt un ſigne celeſte qui ſe leve le ſixieme jour de Juillet, & qui fait un tours de ſix ſemaines, qu'on apelle jours Caniculaires.

du

du dedans, ne leur laiſſe aucun ſentiment pour tout ce qu'ils voyent de délicieux au dehors. Ils ſont tels que les Dieux, qui, raſſaſiez de Nectar & d'Ambroſie, ne daigneroient pas ſe nourrir de viandes groſſieres, qu'on leur preſenteroit à la table la plus exquiſe des hommes mortels. Tous les maux s'enfuyent loin de ces lieux tranquiles; la mort, la maladie, la pauvreté, la douleur, les regrets, les remords, les craintes, les eſperances mêmes, qui coûtent ſouvent autant de peines que les craintes, les diviſions, les dégoûts, les dépits, n'y peuvent avoir aucune entrée.

Les hautes montagnes de Thrace, qui de leurs fronts couverts de neige & de glace depuis l'origine du monde fendent les nuës, ſeroient renverſées de leurs fondemens poſez au centre de la terre, que les cœurs de ces hommes juſtes ne pourroient pas même être émûs. Seulement ils ont pitié des miſeres, qui accablent les hommes vivans dans le monde; mais c'eſt une pitié douce & paiſible, qui n'altere en rien leur immuable félicité. Une jeuneſſe éternelle, une félicité ſans fin, une gloire toute divine eſt peinte ſur leurs viſages; mais leur joye n'a rien de folâtre ni d'indecent; c'eſt une joie douce, noble, pleine de majeſté; c'eſt un goût ſublime de la verité & de la vertu, qui les tranſporte; ils ſont, ſans interruption, à chaque moment dans le même ſaiſiſſement de cœur, où eſt une mere, qui revoit ſon cher fils qu'elle avoit cru mort; & cette joie, qui échape bientôt à la mere, ne s'enfuit jamais du cœur de ces hommes. Jamais elle ne languit un inſtant; elle eſt toûjours nouvelle pour eux; ils ont le tranſport de l'yvreſſe, ſans en avoir le trouble & l'aveuglement. Ils s'entretiennent enſemble de ce qu'ils voyent & de ce qu'ils goûtent; ils foulent à leurs pieds les molles délices & les vaines grandeurs de leurs anciennes conditions, qu'ils déplorent; ils repaſſent avec plaiſir ces triſtes, mais courtes années, où ils ont eu beſoin de combattre contre eux-mêmes & contre le torrent des hommes corrompus, pour devenir bons; ils admirent le ſecours des Dieux, qui les ont conduits, comme par la main, à la vertu, au milieu de tant de périls. Je ne ſçai quoi de divin coule ſans ceſſe au travers de leurs cœurs, comme un torrent de la Divinité même, qui s'unit à eux; ils voyent, ils goûtent qu'ils ſont heureux, & ſentent qu'ils le ſeront toûjours. Ils chantent les loüanges des Dieux, & ils ne font tous enſemble qu'une ſeule voix, une ſeule penſée, un ſeul cœur. Une même félicité fait comme un flux & reflux dans ces ames unies. Dans ce raviſſement divin, les ſiecles coulent plus rapidement que les heures parmi les mortels; & cependant mille & mille ſiecles écoulez n'ôtent rien à leur félicité toûjours nouvelle & toûjours entiere. Ils regnent tous enſemble, non ſur des trônes que la main des hommes peut renverſer, mais en eux-mêmes avec une puiſſance immuable; car ils n'ont plus beſoin d'être redoutables par une puiſſance empruntée d'un peuple vil & miſerable; ils ne portent plus ces vains diadêmes, dont l'éclat cache tant de craintes & de noirs ſoucis. Les Dieux mêmes les ont couronnez, de leurs propres mains, avec des couronnes que rien ne peut flétrir.

TELEMAQUE, qui cherchoit ſon pere, & qui avoit eſperé de le trouver dans ces beaux lieux, fut ſi ſaiſi de ce goût de paix & de félicité, qu'il eût voulu y trouver Ulyſſe, & qu'il s'affligeoit d'être contraint lui-même de retourner enſuite dans la ſocieté des mortels. C'eſt ici, diſoit-il, que la veritable vie ſe trouve, & la nôtre n'eſt qu'une mort. Mais ce qui l'étonnoit, c'étoit d'avoir vû tant de Rois punis dans le Tartare, & d'en voir ſi peu dans les Champs Elyſées; il comprit qu'il y a peu de Rois aſſez fermes & aſſez courageux pour réſiſter à leur propre puiſſance, & pour rejetter la flaterie de tant de gens, qui excitent toutes leurs paſſions. Ainſi les bons Rois ſont très-rares; & la plûpart ſont ſi méchans, que les Dieux ne ſeroient pas juſtes, ſi, après avoir ſouffert qu'ils ayent abuſé de leur puiſſance pendant la vie, ils ne les puniſſoient après leur mort.

TELE-

TELEMAQUE, ne voyant point son pere Ulysse parmi tous ces Rois, chercha du moins des yeux le divin Laërte son grand-pere. Pendant qu'il le cherchoit inutilement, un vieillard venerable & plein de majesté s'avança vers lui. Sa vieillesse ne ressembloit point à celle des hommes, que le poids des années accable sur la terre. On voyoit seulement qu'il avoit été vieux avant sa mort; c'étoit un mélange de tout ce que la vieillesse a de grave avec toutes les graces de la jeunesse; car les graces renaissent même dans les vieillards les plus caduques, au moment où ils sont introduits dans les Champs Elysées. Cet homme s'avançoit avec empressement, & regardoit Telemaque avec complaisance, comme une personne qui lui étoit fort chere. Telemaque, qui ne le reconnoissoit point, étoit en peine & en suspens.

JE te pardonne, ô mon cher fils! lui dit ce vieillard, de ne me point reconnoître: je suis Arcesius (*b*) pere de Laërte. J'avois fini mes jours un peu avant qu'Ulysse mon petit-fils partît pour aller au siege de Troye: alors tu étois encore un petit enfant entre les bras de ta nourrice; dès-lors j'avois conçu de toi de grandes esperances; elles n'ont point éte trompeuses, puisque je te vois descendu dans le Royaume de Pluton pour chercher ton pere, & que les Dieux te soûtiennent dans cette entreprise. O heureux enfant! les Dieux t'aiment, & te préparent une gloire égale à celle de ton pere! O heureux moi-même de te revoir! Cesse de chercher Ulysse en ces lieux; il vit encore; il est réservé pour relever nôtre maison dans l'Ile d'Ithaque. Laërte même, quoique le poids des années l'ait abattu, jouït encore de la lumiere, & attend que son fils revienne lui fermer les yeux. Ainsi les hommes passent comme les fleurs, qui s'épanouïssent le matin, & qui le soir sont flétries & foulées aux pieds. Les générations des hommes s'écoulent comme les ondes d'un fleuve rapide: rien ne peut

(*b*) *Arcesius étoit fils de Jupiter, c'est pourquoi l'on appelle son fils le divin Laërte.*

arrêter

arrêter le tems, qui entraîne après lui tout ce qui paroît le plus immobile. Toi-même, ô mon fils, mon cher fils! toi-même, qui jouïs maintenant d'une jeunesse si vive & si féconde en plaisirs, souviens-toi que ce bel âge n'est qu'une fleur, qui sera presque aussitôt sechée qu'éclose. Tu te verras changé insensiblement. Les graces riantes, les doux plaisirs, qui t'accompagnent, la force, la santé, la joie, s'évanouïront comme un beau songe; il ne t'en restera qu'un triste souvenir. La vieillesse languissante & ennemie des plaisirs viendra rider ton visage, courber ton corps, affoiblir tes membres, faire tarir dans ton cœur la source de la joie, te dégoûter du present, te faire craindre l'avenir, te rendre insensible à tout, excepté à la douleur. Ce tems te paroît éloigné. Helas! tu te trompes, mon fils; il se hâte; le voilà qui arrive: ce qui vient avec tant de rapidité n'est pas loin de toi; & le present qui s'enfuit, est déja bien loin, puisqu'il s'aneantit dans le moment que nous parlons, & ne peut plus se rapprocher. Ne compte donc jamais, mon fils, sur le present; mais soûtiens-toi dans le sentier rude & âpre de la vertu par la vûë de l'avenir. Prépare-toi, par des mœurs pures & par l'amour de la Justice, une place dans cet heureux séjour de la paix. Tu reverras enfin bientôt ton pere reprendre l'autorité dans Ithaque. Tu es né pour regner après lui: mais, helas! ô mon fils, que la Royauté est trompeuse! Quand on la regarde de loin, on ne voit que grandeur, éclat & délices; mais de près tout est épineux. Un particulier peut sans deshonneur mener une vie douce & obscure. Un Roi ne peut, sans se deshonorer, préferer une vie douce & oisive aux fonctions pénibles du gouvernement. Il se doit à tous les hommes qu'il gouverne, & il ne lui est jamais permis d'être à lui-même. Ses moindres fautes sont d'une consequence infinie, parce qu'elles causent la malheur des peuples, & quelquefois pendant plusieurs siecles. Il doit réprimer l'audace des méchans, soûtenir l'innocence, dissiper la calomnie. Ce n'est pas assez pour lui ne ne faire aucun

 mal;

mal; il faut qu'il fasse tous les biens possibles dont l'Etat a besoin. Ce n'est pas assez de faire le bien pour soi-même, il faut encore empêcher tous les maux que les autres feroient, s'ils n'étoient retenus. Crains donc, mon fils, crains donc une condition si périlleuse; arme-toi de courage contre toi-même, contre les passions, & contre les flateurs.

En disant ces paroles, Arcesius paroissoit animé d'un feu divin, & montroit à Telemaque un visage plein de compassion pour les maux qui accompagnent la Royauté. Quand elle est prise, disoit-il, pour se contenter soi-même, c'est une monstrueuse tyrannie. Quand elle est prise pour remplir ses devoirs & pour conduire un peuple innombrable, comme un Pere conduit ses Enfans, c'est une servitude accablante, qui demande un courage & une patience heroïque. Aussi est il certain que ceux qui ont regné avec une sincere vertu, possedent ici tout ce que la puissance des Dieux peut donner pour rendre une felicité complete.

Pendant qu'Arcesius parloit de la sorte, ses paroles entroient jusqu'au fond du cœur de Telemaque; elles s'y gravoient, comme un habile ouvrier avec son burin grave sur l'airain les figures, qu'il veut montrer aux yeux de la plus reculée posterité. Ces sages paroles étoient comme une flame subtile, qui pénétroit dans les entrailles du jeune Telemaque; il se sentoit émû & embrasé: je ne sçai quoi de divin sembloit fondre son cœur au dedans de lui. Ce qu'il portoit dans la partie la plus intime de lui-même, le consumoit secretement; il ne pouvoit ni le contenir, ni le supporter, ni résister à une si violente impression. C'étoit un sentiment vif & délicieux, qui étoit mêlé d'un tourment capable d'arracher la vie.

Ensuite Telemaque commença à respirer plus librement; il reconnut dans le visage d'Arcesius une grande ressemblance avec Laërte: il croyoit même se ressouvenir confusément d'avoir vû en Ulysse son Pere des traits de cette même ressemblance, lorsqu'Ulysse partit pour le siege de Troye.

Ce ressouvenir attendrit son cœur; des larmes douces & mêlées de joie coulérent de ses yeux; il voulut embrasser une personne si chere; plusieurs fois il l'essaya inutilement. Cette Ombre vaine échapa à ses embrassemens, comme un songe trompeur se dérobe à l'homme qui croit en joüir: tantôt la bouche alterée de cet homme dormant poursuit une eau fugitive; tantôt ses lévres s'agitent pour former des paroles, que sa langue engourdie ne peut proferer; ses mains s'étendent avec effort & ne prennent rien. Ainsi Telemaque ne peut contenter sa tendresse; il voit Arcesius, il l'entend, il lui parle, il ne peut le toucher. Enfin il lui demande, qui sont ces hommes qu'il voit autour de lui.

Tu vois, mon fils, lui repondit le sage Vieillard, ces hommes qui ont été l'ornement de leur siecle, la gloire & le bonheur du genre humain. Tu vois le petit nombre des Rois, qui ont été dignes de l'être, & qui ont fait avec fidélité la fonction des Dieux sur la terre. Ces autres que tu vois assez près d'eux, mais séparez par ce petit nuage, ont une gloire beaucoup moindre: ce sont des Heros à la verité; mais la récompense de leur valeur & de leurs expeditions militaires ne peut être comparée avec celle des Rois sages, justes & bienfaisans.

Parmi ces Heros tu vois Thesée, qui a le visage un peu triste: il a ressenti le malheur d'être trop credule pour une femme artificieuse, & il est encore affligé d'avoir si injustement demandé à Neptune la mort cruelle de son fils Hippolyte (c). Heureux s'il n'eût point

(c) *Hippolyte, fils de Thesée & d'Hippolyte, fut accusé par sa belle-mere Phedre d'avoir voulu atenter à son honneur. Thesée la crut trop legerement, & non content de bannir Hippolyte, il pria encore Neptune de venger ce prétendu crime; de sorte que ce jeune Prince, étant sur son chariot pour fuir l'indignation de son pere, trouva au bord de la mer un monstre marin, qui éfraïa tellement ses chevaux, qu'ils le renversérent par terre, & le tuérent à force de le traîner parmi les rochers.*

été

été si prompt & si facile à irriter ! Tu vois aussi Achille appuyé sur sa lance, (*d*) à cause de cette blessure qu'il reçut au talon, de la main du lâche Paris, & qui finit sa vie. S'il eût été aussi sage, juste & moderé, qu'il étoit intrépide, les Dieux lui auroient accordé un long regne ; mais ils ont eu pitié des (*e*) Phtiotes & des Dolopes, sur lesquels il devoit naturellement regner après Pelée : ils n'ont pas voulu livrer tant de peuples à la merci d'un homme fougueux, plus facile à irriter que la mer la plus orageuse. Les Parques ont accourci le fil de ses jours ; & il a été comme une fleur à peine éclose, que le tranchant de la charruë coupe, & qui tombe avant la fin du jour où on l'avoit vû naître. Les Dieux n'ont voulu s'en servir, que comme des torrens & des tempêtes, pour punir les hommes de leurs crimes ; ils ont fait servir Achille à abattre les murs de Troye, pour venger le parjure de Laomedon (*f*) & les injustes amours de Paris. Après avoir ainsi employé cet instrument de leurs vengeances, ils se sont appaisez, & ils ont refusé aux larmes de Thetis de laisser plus longtems sur la terre ce jeune Heros, qui n'y étoit propre qu'à troubler les hommes, qu'à renverser les Villes & les Royaumes.

MAIS vois-tu cet autre avec ce visage farouche ? c'est Ajax, fils de Telamon & cousin d'Achille : tu n'ignores pas sans doute quelle fut sa gloire dans les combats. Après

(*d*) A cause de cette blessure &c. *Achille avoit été plongé trois fois par sa mere dans l'eau du Stix, qui l'avoit rendu invulnerable, excepté au talon, par où elle le tenoit.*

(*e*) *Les Phtiotes & les Dolopos étoient des peuples de Thessalie, dont Pelée étoit Roi.*

(*f*) *Laomedon, fils & successeur d'Ilus, bâtit les murailles de Troie avec l'aide d'Apollon & de Neptune, à qui il promit avec serment une certain récompense, qu'il leur refusa ensuite. Ils s'en vengérent par divers maux, de sorte que pour les apaiser, il fut obligé d'exposer sa fille Hesione à être devorée des monstres marins. Hercule s'offrit de la delivrer, à condition que Laomedon lui donneroit les chevaux engendrez de semence divine qu'il avoit : ce qui lui fut néanmoins refusé par ce perfide, après qu'Hesione eut été sauvée du danger.*

la mort d'Achille il prétendit qu'on ne pouvoit donner ses armes à nul autre qu'à lui; ton Pere ne crut pas les lui devoir ceder; les Grecs jugérent en faveur d'Ulysse. Ajax se tua de desespoir: l'indignation & la fureur sont encore peintes sur son visage. N'approche pas de lui, mon fils; car il croiroit que tu voudrois lui insulter dans son malheur, & il est juste de le plaindre: ne remarques-tu pas qu'il nous regarde avec peine, & qu'il entre brusquement dans ce sombre boçage, parce que nous lui sommes odieux? Tu vois de cet autre côté Hector, qui eût été invincible si le fils de Thetis n'eût point été au monde dans le même tems. Mais voilà Agamemnon qui passe, & qui porte encore sur lui les marques de la perfidie de Clitemnestre. O mon fils! je fremis en pensant aux malheurs de cette famille de l'impie Tantale. La division des deux freres Atrée & Thyeste (g) a rempli cette maison d'horreur & de sang. Helas! combien un crime en attire d'autres! Agamemnon, revenant à la tête des Grecs du siege de Troye, n'a pas eu le tems de joüir en paix de la gloire qu'il avoit acquise: telle est la destinée de presque tous les Conquerans. Tous ces hommes que tu vois ont été redoutables dans la guerre; mais ils n'ont point été aimables & vertueux. Aussi ne sont-ils que dans la seconde demeure des Champs Elysées.

POUR ceux-ci, ils ont regné avec justice, & ont aimé leurs peuples. Ils sont les amis des Dieux. Pendant qu'Achille & Agamemnon, pleins de leurs querelles & de leurs combats, conservent encore ici leurs peines & leurs

(g) *Atrée & Thyeste, fils de Pelops & d'Hippodamie, avoient une haine implacable l'un pour l'autre. Thyeste, qui ne pensoit qu'à chagriner Atrée, deshonora son lit, & se retira en lieu de sureté. Atrée, qui avoit les enfans de Thyeste en son pouvoir, feignit d'avoir oublié tout le passé, & l'invita à un festin: celui-ci s'y trouva; &, après qu'on se fut levé de table, Atrée lui montra les têtes & les mains coupées de ses enfans; lui faisant entendre, qu'il avoit mangé leur chair. Thyeste employa son fils naturel Ægiste, pour le venger de son frere.*

défauts

défauts naturels; pendant qu'ils regretent en vain la vie qu'ils ont perduë, & qu'ils s'affligent de n'être plus que des Ombres impuissantes & vaines; ces Rois justes, étant purifiez par la lumiere divine dont ils sont nourris, n'ont plus rien à desirer pour leur bonheur. Ils regardent avec compassion les inquiétudes des Mortels; & les plus grandes affaires, qui agitent les hommes ambitieux, leur paroissent comme des jeux d'enfans. Leurs cœurs sont rassasiez de la verité & de la vertu, qu'ils puisent dans la source. Ils n'ont plus rien à souffrir d'eux-mêmes, plus de desirs, plus de besoins, plus de craintes. Tout est fini pour eux, excepté leur joie qui ne peut finir.

CONSIDERE, mon fils, cet ancien Roi Inachus, qui fonda le Royaume d'Argos. Tu le vois avec cette vieillesse si douce & si majestueuse. Les fleurs naissent sous ses pas. Sa demarche legere ressemble au vol d'un oiseau. Il tient dans sa main une Lyre d'yvoire; & dans un transport éternel il chante les merveilles des Dieux. Il sort de son cœur & de sa bouche un parfum exquis. L'harmonie de sa Lyre & de sa voix raviroit les hommes & les Dieux. Il est ainsi récompensé pour avoir aimé le peuple, qu'il assembla dans l'enceinte de ses nouveaux murs, & auxquels il donna des loix.

DE l'autre côté tu peux voir, entre ces myrtes, Cecrops Egyptien, qui le premier regna dans Athenes, ville consacrée à la sage Déesse, dont elle porte le nom. Cecrops, apportant des loix utiles de l'Egypte qui a été pour la Grece la source des Lettres & des bonnes mœurs, adoucit les naturels farouches des bourgs de l'Attique, & les unit par les liens de la societé. Il fut juste, humain, compatissant: il laissa les peuples dans l'abondance, & sa famille dans la mediocrité, ne voulant point que ses enfans eussent l'autorité après lui, parce qu'il jugeoit que d'autres en étoient plus dignes.

IL faut que je te montre aussi, dans cette petite vallée, Ericthon (*b*), qui inventa l'usage de l'argent pour la

(*b*) *Ericthon, quatriéme Roi d'Athenes, né de la Terre & de la semence de Vulcain inventa aussi l'usage des chariots.*

 monnoye:

monnoye: il le fit en vûë de faciliter le commerce entre les Iles de la Grece; mais il prévit l'inconvenient attaché à cette invention. Appliquez-vous, disoit-il à tous ses peuples, à multiplier chez vous les richesses naturelles, qui sont les veritables: cultivez la terre pour avoir une grande abondance de bled, de vin, d'huile & de fruits. Ayez des troupeaux innombrables qui vous nourrissent de leur lait, & qui vous couvrent de leur laine: par là vous vous mettrez en état de ne craindre jamais la pauvreté. Plus vous aurez d'enfans, plus vous serez riches, pourvû que vous les rendiez laborieux; car la terre est inépuisable, & elle augmente sa fécondité à proportion du nombre de ses habitans qui ont soin de la cultiver; elle les paye tous liberalement de leur peine, au lieu qu'elle se rend avare & ingrate pour ceux, qui la cultivent négligemment. Attachez-vous donc principalement aux veritables richesses, qui satisfont aux vrais besoins des hommes. Pour l'argent monnoyé, il ne faut en faire aucun cas, qu'autant qu'il est nécessaire, ou pour les guerres inévitables qu'on a à soûtenir au dehors, ou pour le commerce des marchandises necessaires qui manquent dans vôtre païs; encore seroit-il à souhaiter qu'on laissât tomber le commerce à l'égard de toutes les choses, qui ne servent qu'à entretenir le luxe, la vanité & la mollesse. Le sage Ericthon disoit souvent: Je crains bien, mes enfans, de vous avoir fait un present funeste, en vous donnant l'invention de la monnoye. Je prévois, qu'elle excitera l'avarice, l'ambition, le faste; qu'elle entretiendra une infinité d'arts pernicieux, qui ne vont qu'à amollir & qu'à corrompre les mœurs; qu'elle vous dégoûtera de l'heureuse simplicité, qui fait tout le repos & toute la sûreté de la vie; qu'enfin elle vous fera mépriser l'agriculture, qui est le fondement de la vie humaine & la source de tous les vrais biens: mais les Dieux me sont témoins que j'ai eu le cœur pur en vous donnant cette invention utile en elle-même. Enfin quand Ericthon apperçut que l'argent corrompoit les peuples, comme il l'avoit prévû, il se retira

de

de douleur sur une montagne sauvage, où il vêcut pauvre & éloigné des hommes jusques à une extrême vieillesse, sans vouloir se mêler du gouvernement des Villes.

Peu de tems après lui, on vit paroître dans la Grece le fameux Triptoleme (*i*), à qui Cerès avoit enseigné l'art de cultiver les terres & de les couvrir tous les ans d'une moisson dorée. Ce n'est pas que les hommes ne connussent déja le bled, & la maniere de le multiplier en le semant: mais ils ignoroient la perfection du labourage; & Triptoleme envoyé par Cerès vint, la charruë en main, offrir les dons de la Déesse à tous les peuples, qui auroient assez de courage pour vaincre leur paresse naturelle & pour s'adonner à un travail assidu. Bientôt Triptoleme apprit aux Grecs à fendre la terre, & à la fertiliser en déchirant son sein. Bientôt les moissonneurs ardens & infatigables firent tomber sous leurs faucilles tranchantes tous les jaunes épics, qui couvroient les campagnes. Les peuples mêmes sauvages & farouches, qui couroient épars ça & là dans les forêts d'Epire & d'Etolie pour se nourrir de gland, adoucirent leurs mœurs, & se soûmirent à des loix, quand ils eurent appris à faire croître des moissons & à se nourrir de pain. Triptoleme fit sentir aux Grecs le plaisir qu'il y a de ne devoir ses richesses qu'à son travail, & à trouver dans son champ tout ce qu'il faut pour rendre la vie commode & heureuse: cette abondance si simple & si innocente, qui est attachée à l'agriculture, les fit souvenir des sages conseils d'Ericthon: ils mépriférent l'argent & toutes les richesses artificielles, qui ne sont richesses que par l'imagination des hommes, qui les tentent de chercher des plaisirs dangereux, & qui les détournent du travail, où ils trouveroient tous les biens réels, avec des mœurs pures, dans une

(*i*) *Triptoleme étoit fils de Celée (d'autres disent d'Eleusius) Roi d'Eleusis. Son pere aiant reçu honorablement Cerès, qui cherchoit sa fille Proserpine ravie par Pluton; cette Déesse en reconnoissance enseigna à Triptoleme l'art de cultiver les blés.*

pleine liberté. On comprit donc qu'un champ fertile & bien cultivé eſt le vrai treſor d'une famille aſſez ſage pour vouloir vivre frugalement, comme ſes Peres ont vécu. Heureux les Grecs, s'ils étoient demeurez fermes dans ces maximes ſi propres à les rendre puiſſans, libres, heureux, & dignes de l'être par une ſolide vertu! Mais, helas! ils commencent à admirer les fauſſes richeſſes, ils négligent peu à peu les vrayes, & ils dégenerent de cette merveilleuſe ſimplicité. O mon fils! tu regneras un jour; alors ſouviens-toi de ramener les hommes à l'Agriculture, d'honorer cet art, de ſoulager ceux qui s'y appliquent, & de ne ſouffrir point que les hommes vivent, ni oiſifs, ni occupez à des arts qui entretiennent le luxe & la molleſſe: ces deux hommes, qui ont été ſi ſages ſur la terre, ſont ici chéris des Dieux. Remarquez, mon fils, que leur gloire ſurpaſſe autant celle d'Achille & des autres Heros qui n'ont excellé que dans les combats, qu'un doux printems eſt au deſſus de l'hyver glacé, & que la lumiere du Soleil eſt plus éclatante que celle de la Lune.

PENDANT qu'Arceſius parloit de la ſorte, il apperçut que Telemaque avoit toûjours les yeux arrêtez du côté d'un petit bois de lauriers & d'un ruiſſeau bordé de violettes, de roſes, de lys, & de pluſieurs autres fleurs odoriferantes, dont les vives couleurs reſſembloient à celles d'Iris, quand elle deſcend du Ciel ſur la terre pour annoncer à quelque mortel les ordres des Dieux. C'étoit le grand Roi Seſoſtris que Telemaque reconnut dans ce beau lieu; il étoit mille fois plus majeſtueux qu'il ne l'avoit jamais éte ſur ſon trône d'Egypte. Des rayons d'un lumiere douce ſortoient de ſes yeux; & ceux de Telemaque en étoient éblouïs. A le voir, on eut cru qu'il étoit enyvré de Nectar, tant l'eſprit divin l'avoit mis dans un tranſport au deſſus de la raiſon humaine pour récompenſer ces vertus.

TELEMAQUE dit à Arceſius: Je reconnois, ô mon Pere! Seſoſtris, ce ſage Roi d'Egypte, que j'ai vû il n'y a

pas

pas longtems. Le voilà, répondit Arcesius; & tu vois par son exemple combien les Dieux sont magnifiques à récompenser les bons Rois: mais il faut que tu sçaches que toute cette félicité n'est rien en comparaison de celle qui lui étoit destinée, si une trop grande prosperité ne lui eût fait oublier les regles de la modération & de la justice. La passion de rabaisser l'orgueil & l'insolence des Tyriens l'engagea à prendre leur Ville. Cette conquête lui donna le desir d'en faire d'autres; il se laissa séduire par la vaine gloire des Conquerans: il subjugua, ou pour mieux dire, il ravagea toute l'Asie. A son retour en Egypte il trouva que son Frere s'étoit emparé de la Royauté, & avoit alteré par un gouvernement injuste les meilleures loix du païs. Ainsi ses grandes conquêtes ne servirent qu'à troubler son Royaume. Mais ce qui le rendit plus inexcusable, c'est qu'il fut enyvré de sa propre gloire. (2) Il fit atteler à un char les plus superbes d'entre les Rois qu'il avoit vaincus. Dans la suite il reconnut sa faute, & eut honte d'avoir été si inhumain. Tel fut le fruit de ses Victoires. Voilà ce que les Conquerans font contre leurs Etats & contre eux-mêmes, en voulant usurper ceux de leurs voisins. Voilà ce qui fit déchoir un Roi, d'ailleurs si juste & si bienfaisant; & c'est ce qui diminuë la gloire, que les Dieux lui avoient préparée.

NE vois-tu pas cet autre, ô mon fils! dont la blessure paroît si éclatante? C'est un Roi de Carie nommé Dioclides, qui se dévoua pour son peuple dans une bataille; parce que l'Oracle avoit dit que dans la guerre des Cariens & des Lyciens, la Nation, dont le Roi périroit, seroit victorieuse.

(2) *Il fit ateler, &c.* L'on reprend ici la vanité ridicule de Louïs XIV, qui soufrit qu'on enchaînât aux piés de sa statuë, dans la Place des Victoires de Paris, quatre des principales Nations de l'Europe. Ce Monument fut érigé en 1686.

Considere cet autre ; c'eſt un ſage Legiſlateur, qui, ayant donné à ſa Nation des loix propres à les rendre bons & heureux, leur fit jurer qu'ils ne violeroient jamais aucune de ſes loix pendant ſon abſence : après quoi il partit, s'exila lui-même de ſa patrie, & mourut pauvre dans une terre étrangere, pour obliger ſon peuple par ce ſerment à garder à jamais des loix ſi utiles.

Cet autre que tu vois eſt Euneſyme Roi des Pyliens, & un des Ancêtres du ſage Neſtor. Dans une peſte qui ravageoit la terre & qui couvroit de nouvelles Ombres les bords de l'Acheron, il demanda aux Dieux d'appaiſer leur colere, en payant par ſa mort pour tant de milliers d'hommes innocens. Les Dieux l'exaucérent, & lui firent trouver ici la vraie Royauté, dont toutes celles de la terre ne ſont que de vaines ombres.

Ce Vieillard, que tu vois couronné de fleurs, eſt le fameux Belus : il regna en Egypte, & il épouſa Anchinoé fille du Dieu Nilus, qui cache la ſource de ſes eaux, & qui enrichit les terres qu'il arroſe par ſes inondations. Il eut deux fils ; Danaüs, dont tu ſçais l'hiſtoire ; & Ægyptus, qui donne ſon nom à ce beau Royaume. Belus ſe croyoit plus riche par l'abondance où il mettoit ſon peuple, & par l'amour de ſes Sujets pour lui, que par tous les tributs qu'il auroit pû leur impoſer. Ces hommes, que tu crois morts, vivent, mon fils ; & c'eſt la vie qu'on traîne miſerablement ſur la terre, qui n'eſt qu'une mort ; les noms ſeulement ſont changez. Plaiſe aux Dieux de te rendre aſſez bon pour mériter cette vie heureuſe, que rien ne peut plus finir ni troubler ! Hâte-toi ; il eſt tems d'aller chercher ton Pere. Avant que de le trouver, helas ! que tu verras répandre de ſang ! mais quelle gloire t'attend dans les campagnes de l'Heſperie ! Souviens-toi des conſeils du ſage Mentor : pourvû que tu les ſuives, ton nom ſera grand parmi tous les peuples & dans tous les ſiecles.

Il

Il dit; & auſſitôt il conduiſit Telemaque vers la porte d'yvoire, par où l'on peut ſortir du tenebreux Empire du Pluton. Telemaque les larmes aux yeux le quitta ſans pouvoir l'embraſſer; & ſortant de ces ſombres lieux il retourna en diligence vers le camp des Alliez, après avoir rejoint ſur le chemin les deux jeunes Crétois, qui l'avoient accompagné juſques auprès de la Caverne, & qui n'eſperoient plus de le revoir.

Fin du dix-neuvième Livre.

LES AVANTURES DE TELEMAQUE, FILS D'ULYSSE.

LIVRE VINGTIEME.

SOMMAIRE.

DANS une assemblee des Chefs, Telemaque fait prévaloir son avis, pour ne pas surprendre Venuse laissée par les deux partis en dépôt aux Lucaniens : il fait voir sa sagesse à l'occasion de deux Transfuges, dont l'un, nommé Acante, avoit entrepris de l'empoisonner ; l'autre, nommé Dioscore, offroit aux Alliez la tête d'Adraste. Dans le combat, qui s'engage ensuite, Telemaque porte la mort par tout où il va pour trouver Adraste ; & ce Roi, qui le cherche aussi, rencontre & tuë Pisistrate fils de Nestor. Philoctete survient ; & dans le tems où il va percer Adraste, il est blessé

Télémaque tüe Adraste.

blessé lui-même & obligé à se retirer du combat. Telemaque court aux cris de ses Alliez, dont Adraste fait un carnage horrible : il combat cet ennemi, & lui donne la vie à des conditions qu'il lui impose. Adraste relevé veut surprendre Telemaque : celui-ci le saisit une seconde fois, & lui ôte la vie.

CEPENDANT les Chefs de l'armée s'assemblérent, pour déliberer s'il faloit s'emparer de (a) Venuse. C'étoit une Ville forte qu'Adraste avoit autrefois usurpée sur ses voisins les Apuliens Peucétes. Ceux-ci étoient entrez contre lui dans la Ligue pour demander justice sur cette invasion. Adraste, pour les appaiser, avoit mis cette Ville en dépôt entre les mains des Lucaniens : mais il avoit corrompu par argent & la garnison Lucanienne & celui qui la commandoit ; de maniere que les Lucaniens avoient moins d'autorité effective que lui dans Venuse ; & les Apuliens, qui avoient consenti que la garnison Lucanienne gardât Venuse, avoient été trompez dans cette negociation.

UN Citoyen de Venuse, nommé Demophante, avoit offert secretement aux Alliez de leur livrer, la nuit, une des portes de la Ville. Cet avantage étoit d'autant plus grand, qu'Adraste avoit mis toutes ses provisions de guerre & de bouche dans un Château voisin de Venuse, qui ne pouvoit se défendre si Venuse étoit prise. Philoctete & Nestor avoient déja opiné qu'il faloit profiter d'une si heureuse occasion. Tous les Chefs, entraînez par leur autorité & ébloüis par l'utilité d'une si facile entreprise, applaudissoient à ce sentiment ; mais Telemaque à son retour fit ses derniers efforts pour les en détourner.

(a) Venuse, aujourd'hui Venose, est une petite ville Episcopale du Royaume de Naples dans la Basilicate, au Nord de Cirenza, dont elle est sufragante & éloignée de cinq lieuës,

Je n'ignore pas, leur dit-il, que si jamais un homme a mérité d'être surpris & trompé, c'est Adraste, lui qui a si souvent trompé tout le monde. Je vois bien qu'en surprenant Venuse, vous ne ferez que vous mettre en possession d'une Ville qui vous appartient, puisqu'elle est aux Apuliens, qui sont un des peuples de votre Ligue. J'avouë que vous le pourriez faire avec d'autant plus d'apparence de raison, qu'Adraste, qui a mis cette Ville en dépôt, a corrompu le Commandant & la Garnison, pour y entrer quand il le jugera à propos. Enfin je comprens comme vous, que si vous preniez Venuse, vous seriez dès le lendemain maîtres du Château, où sont tous les préparatifs de guerre qu'Adraste y a assemblez; & qu'ainsi vous finiriez en deux jours cette guerre si formidable. Mais ne vaut-il pas mieux périr que de vaincre par de tels moyens? Faut-il repousser la fraude par la fraude? Sera-t-il dit que tant de Rois liguez pour punir l'impie Adraste de ses tromperies, seront trompeurs comme lui? S'il nous est permis de faire comme Adraste, il n'est pas coupable, & nous avons tort de le vouloir punir. Quoi! l'Hesperie entiere, soutenuë de tant de Colonies Grecques & des Heros revenus du siege de Troye, n'a-t-elle point d'autres armes contre la perfidie & les parjures d'Adraste que la perfidie & le parjure? Vous avez juré par les choses les plus sacrées, que vous laisseriez Venuse en dépôt dans les mains des Lucaniens. La Garnison Lucanienne, dites-vous, est corrompuë par l'argent d'Adraste; je le crois comme vous: mais cette Garnison est toûjours à la solde des Lucaniens; elle n'a point refusé de leur obéïr; elle a gardé au moins en apparence la neutralité. Adraste ni les siens ne sont jamais entrez dans Venuse; le traité subsiste; vôtre serment n'est point oublié des Dieux. (3) Ne gardera-t-on les

(3) *Ne gardera-t-on les paroles données, &c.* Ceci est un reproche tacite de l'infidélité de Loüis XIV dans le violement de tant de Traités, qu'il a enfreints toutes les fois qu'il l'a pu faire sous quelques prétextes plausibles, & qu'il y a trouvé quelque chose à gagner.

les paroles données, que quand on manquera de prétextes plausibles pour les violer? Ne sera-t-on fidele & religieux pour les sermens, que quand on n'aura rien à gagner en violant sa foi? Si l'amour de la vertu & la crainte des Dieux ne vous touchent plus, au moins soyez touchez de vôtre réputation & de vôtre interêt. Si vous montrez aux hommes cet exemple pernicieux, de manquer de parole & de violer vôtre serment, pour terminer une guerre; quelles guerres n'exciterez-vous point par cette conduite impie? (4) Quel voisin ne sera pas contraint de craindre tout de vous & de vous détester? Qui pourra desormais, dans les necessitez les plus pressantes, se fier à vous? Quelle sûreté pourrez-vous donner, quand vous voudrez être sinceres, & qu'il vous importera de persuader à vos voisins votre sincerité? Sera-ce un traité solemnel? Vous en aurez foulé un aux pieds. (5) Sera-ce un serment? Eh! ne sçaura-t-on pas que vous comptez les Dieux pour rien, quand vous esperez tirer du parjure quelque avantage? La paix n'aura donc pas plus de sûreté que la guerre à vôtre égard. Tout ce qui viendra de vous sera reçu comme une guerre, ou feinte, ou déclarée. Vous serez les ennemis perpetuels de tous ceux, qui auront le malheur d'être vos voisins. Toutes les affaires qui demandent de la réputation, de la probité, & de la confiance, vous deviendront impossibles. Vous n'aurez plus de ressource pour faire croire ce que vous promettrez.

VOICI, ajoûta Telemaque, un interêt encore plus pressant, qui doit vous frapper, s'il vous reste quelque sentiment

(4) *Quel voisin ne sera pas contraint, &c.* C'est par la même raison que tous les voisins de Loüis XIV furent toûjours en défiance, & qu'ils firent contre lui de puissantes ligues pour se garantir de sa mauvaise foi.

(5) *Sera-ce un Serment?* Loüis XIV n'étoit pas plus délicat sur la Religion du Serment. Il n'y en eut jamais de plus solemnal que celui par lequel il promit de maintenir l'Edit de Nantes; & il n'y en a point qu'il ait violé si ouvertement.

ſentiment de probité & quelque prévoyance ſur vos interêts; c'eſt qu'une conduite ſi trompeuſe attaque par le dedans toute vôtre Ligue, & va la ruiner; vôtre parjure va faire triompher Adraſte.

A ces paroles toute l'aſſemblée émûë lui demandoit, comment il oſoit dire qu'une action, qui donneroit une victoire certaine à la Ligue, pouvoit la ruiner. Comment, leur repondit-il, pourrez-vous vous confier les uns aux autres, ſi une fois vous rompez l'unique lien de la ſocieté & de la confiance, qui eſt la bonne foi? (6) Après que vous aurez poſé pour maxime, qu'on peut violer les regles de la probité & de la fidélité pour un grand interêt, qui d'entre vous pourra ſe fier à un autre, quand cet autre pourra trouver un grand avantage à lui manquer de parole & à le tromper? Où en ſerez-vous? Quel eſt celui d'entre vous, qui ne voudra point prévenir les artifices de ſon voiſin par les ſiens? Que devient une Ligue de tant de peuples, lorſqu'ils ſont convenus entre eux par une déliberation commune, qu'il eſt permis de ſurprendre ſon voiſin & de violer la foi donnée? Quelle ſera vôtre défiance mutuelle, vôtre diviſion, vôtre ardeur à vous détruire les uns les autres? Adraſte n'aura plus beſoin de vous attaquer; vous vous déchirerez aſſez vous-mêmes; vous juſtifierez ſes perfidies. O Rois ſages & magnanimes! ô vous qui commandez avec tant d'experience ſur des peuples innombrables, ne dédaignez pas d'écouter les conſeils d'un jeune homme. Si vous tombiez dans les plus affreuſes extrémitez où la guerre précipite quelquefois les hommes, il faudroit vous préſerver par vôtre vigilance & par les efforts de vôtre vertu; car le vrai courage ne ſe laiſſe jamais abatre.

(6) *Après que vous aurez poſé pour maxime, &c.* C'a été la maxime des Jeſuites, Confeſſeurs de Louis XIV, & c'eſt encore celle de toute l'Egliſe Romaine, qu'on peut violer les regles de la probité pour un grand interêt, ou, ce qui eſt la même choſe, qu'on peut manquer de foi aux Heretiques pour l'intérêt de la Religion. De quels maux cette afreuſe maxime n'a t-elle pas été la cauſe?

Mais

Mais si vous aviez une fois rompu la barriere de l'honneur & de la bonne foi, cette perte est irréparable. Vous ne pourriez plus rétablir ni la confiance necessaire au succès de toutes les affaires importantes, ni ramener les hommes aux principes de la vertu, après que vous leur auriez appris à les mépriser. Que craignez-vous? N'avez-vous pas assez de courage pour vaincre sans tromper? Vôtre vertu jointe aux forces de tant de peuples, ne vous suffit-elle pas? Combatons, mourons, s'il le faut, plûtôt que de vaincre si indignement. Adraste, l'impie Adraste est dans nos mains, pourvû que nous ayons horreur d'imiter sa lâcheté & sa mauvaise foi.

LORSQUE Telemaque acheva ce discours, il sentit que la douce persuasion avoit coulé de ses lévres, & avoit passé jusqu'au fond des cœurs. Il remarqua un profond silence dans l'Assemblée. Chacun pensoit, non à lui, ni aux graces de ses paroles, mais à la force de la verité, qui se faisoit sentir dans la suite de son raisonnement. L'étonnement étoit peint sur les visages. Enfin on entendit un murmure sourd, qui se répandoit peu à peu dans l'Assemblée. Les uns regardoient les autres, & n'osoient parler les premiers. On attendoit que les Chefs de l'armée se déclarassent, & chacun avoit de la peine à retenir ses sentimens. Enfin le grave Nestor prononça ces paroles:

DIGNE fils d'Ulysse, les Dieux vous ont fait parler; & Minerve, qui a tant de fois inspiré vôtre pere, a mis dans vôtre cœur le conseil sage & genereux que vous avez donné. Je ne regarde point vôtre jeunesse; je ne considere que Minerve dans tout ce que vous venez de dire. Vous avez parlé pour la vertu: sans elle les plus grands avantages sont de vrayes pertes; sans elle on s'attire bientôt la vengeance de ses ennemis, la défiance de ses Alliez, l'horreur de tous les gens de bien, & la juste colere des Dieux. Laissons donc Venuse entre les mains des Lucaniens, & ne songeons plus qu'à vaincre Adraste par nôtre courage.

I 5

Il dit; & toute l' Assemblée applaudit à ses sages paroles: mais en applaudissant, chacun étonné tournoit les yeux vers le fils d'Ulysse, & on croyoit voir reluire en lui la sagesse de Minerve, qui l'inspiroit.

Il s'éleva bientôt une autre question dans le Conseil des Rois, où il n'acquit pas moins de gloire. Adraste, toûjours cruel & perfide, envoya dans le camp un Transfuge nommé Acante, qui devoit empoisonner les plus illustres Chefs de l'armée: sur tout (7) il avoit ordre de ne rien épargner pour faire mourir le jeune Telemaque, qui étoit déja la terreur des Dauniens. Telemaque, qui avoit trop de courage & de candeur pour être enclin à la defiance, reçut sans peine avec amitié ce malheureux, qui avoit vû Ulysse en Sicile, & qui lui racontoit les avantures de ce Heros. Il le nourrissoit & tâchoit de le consoler dans son malheur; car Acante se plaignoit d'avoir été trompé & traité indignement par Adraste: mais c'étoit nourrir & réchauffer dans son sein une vipere venimeuse toute prête à faire une blessure mortelle. On surprit un autre Transfuge nommé Arion, qu'Acante envoyoit vers Adraste pour lui apprendre l'état du camp des Alliez, & pour l'assurer qu'il empoisonneroit, le lendemain, les principaux Rois avec Telemaque dans un festin, que celui-ci leur devoit donner. Arion pris avoua sa trahison. On soupçonna qu'il étoit d'intelligence avec Acante, parce qu'ils étoient bons amis: mais Acante, profondément dissimulé & intrépide, se défendoit avec tant d'art, qu'on ne pouvoit le convaincre, ni découvrir le fond de la conjuration.

Plusieurs des Rois furent d'avis qu'il faloit dans le doute sacrifier Acante à la sûreté publique. Il faut, dissoient-

(7) *Il avoit ordre de ne rien épargner pour faire mourir, &c.* Il n'y a, dans le régne de Loüis XIV, que trop d'exemples de pareils desseins contre la vie du Roi Guillaume, qui étoit alors la terreur des François. Plusieurs de ces conspirations ont été découvertes; & toutes ont échoué à la honte de ceux, qui les avoient osé former.

disoient-ils, le faire mourir; la vie d'un seul homme n'est rien quand il s'agit d'assurer celle de tant de Rois. Qu'importe qu'un innocent périsse, quand il s'agit de conserver ceux, qui représentent les Dieux au milieu des hommes?

QUELLE maxime inhumaine! quelle politique barbare! répondit Telemaque. Quoi! vous êtes si prodigues du sang humain! O vous, qui êtes établis les Pasteurs des hommes, & qui ne commandez sur eux que pour les conserver, comme un Pasteur conserve son troupeau, vous êtes donc des Loups cruels, & non pas des Pasteurs; du moins vous n'êtes Pasteurs que pour tondre & pour égorger le troupeau, au lieu de le conduire dans les pâturages. Selon vous, on est coupable dès qu'on est accusé; un soupçon mérite la mort; les innocens sont à la merci des envieux & des calomniateurs; & à mesure que la défiance tyrannique croîtra dans vos cœurs, il faudra aussi egorger plus de victimes.

TELEMAQUE disoit ces paroles avec une autorité & une vehemence, qui entraînoit les cœurs, & qui couvroit de honte les auteurs d'un si lâche conseil. Ensuite se radoucissant il leur dit: Pour moi, je n'aime pas assez la vie pour vivre à ce prix-là; j'aime mieux, qu'Acante soit méchant, que si je l'étois; & qu'il m'arrache la vie par une trahison, que si je le faisois moi-même périr injustement dans le doute. Mais écoutez, ô vous, qui étant établis Rois, c'est-à-dire, Juges des peuples, devez savoir juger les hommes avec justice, prudence & modération; laissez-moi interroger Acante en votre presence.

AUSSITÔT il interroge cet homme sur son commerce avec Arion; il le presse sur une infinité de circonstances. Il fait semblant plusieurs fois de le renvoyer à Adraste, comme un Transfuge digne d'être puni, pour observer s'il avoit peur d'être ainsi renvoyé, où non. Mais le visage & la voix d'Acante demeuré-

rent

rent tranquiles. Enfin ne pouvant tirer la verité du fond de ſon cœur, il lui dit: Donnez moi vôtre anneau; je veux l'envoyer à Adraſte. A cette demande de ſon anneau, Acante pâlit; il fut embarraſſé. Telemaque, dont les yeux étoient toûjours attachez ſur lui, l'apperçût; il prit cet anneau. Je m'en vais, lui dit-il, l'envoyer à Adraſte par les mains d'un Lucanien nommé Polytrope, que vous connoiſſez, & qui paroîtra y aller ſecretement de vôtre part. Si nous pouvons découvrir par cette voye vôtre intelligence avec Adraſte, on vous fera périr impitoyablement par les tourmens les plus cruels. Si au contraire vous avouez dès-à-preſent vôtre faute, on vous la pardonnera, & on ſe contentera de vous envoyer dans une Ile de la mer, où vous ne manquerez de rien. Alors Acante avoua tout; & Telemaque obtint des Rois qu'on lui donneroit la vie, parce qu'il la lui avoit promiſe. On l'envoya dans une des Iles (*b*) Echinades, où il vêcut en paix.

Peu de tems après, un Daunien, d'une naiſſance obſcure, mais d'un eſprit violent & hardi, nommé Dioſcore, vint la nuit dans le camp des Alliez, leur offrir d'égorger dans ſa tente le Roi Adraſte. Il le pouvoit; car on eſt maître de la vie des autres, quand on ne compte plus pour rien la ſienne. Cet homme ne reſpiroit que la vengeance, (8) parce qu'Adraſte lui avoit enlevé ſa femme, qu'il aimoit éperdûëment, & qui étoit égale en beauté à Venus meme. Il étoit reſolu, ou de faire périr Adraſte & de reprendre ſa femme, ou de périr lui même. Il avoit des intelligences ſecretes pour entrer la nuit dans la tente du Roi, & pour être favoriſé dans cette entrepriſe par pluſieurs Capitaines Dauniens: mais il croyoit avoir beſoin que les Rois alliez attaquaſſent en même tems le camp

(*b*) *Les Iles Echinades, aujourd'hui Coſſulaires, ſont ſituées à l'embouchure du fleuve Acheloüs, vis à vis de l'Acarnanie dans l'Epire.*

(8) *Parce qu'Adraſte lui avoit enlevé ſa femme.* Voilà l'enlevement de la Marquiſe de Monteſpan, que l'Auteur déguiſe ici ſous des circonſtances differentes, pour ne pas trop marquer cet endroit odieux de la vie du Roi.

d'Adraſte,

d'Adraſte, afin que dans ce trouble il pût plus facilement ſe ſauver & enlever ſa femme. Il étoit content de périr, s'il ne pouvoit l'enlever, après avoir tué le Roi. Auſſitôt que Dioſcore eut expliqué aux Rois ſon deſſein, tout le monde ſe tourna vers Telemaque, comme pour lui demander une déciſion. Les Dieux, répondit-il, qui nous ont préſervé des Traîtres, nous défendent de nous en ſervir. Quand même nous n'aurions pas aſſez de vertu pour déteſter la trahiſon, nôtre ſeul interêt ſuffiroit pour la rejetter; dès que nous l'aurons autoriſée par nôtre exemple, nous mériterons qu'elle ſe tourne contre nous; dès ce moment, qui d'entre nous ſera en ſûreté? Adraſte pourra bien éviter le coup, qui le menace, & le faire retomber ſur les Rois alliez. La guerre ne ſera plus une guerre; la ſageſſe & la vertu ne ſeront d'aucun uſage: on ne verra plus que perfidie, trahiſon & aſſaſſinats. Nous en reſſentirions nous-mêmes les funeſtes ſuites; & nous le mériterions, puiſque nous aurions autoriſé le plus grand des maux. Je conclus donc qu'il faut renvoyer le traître à Adraſte. J'avouë que ce Roi ne le mérite pas; mais toute l'Heſperie & toute la Grece, qui ont les yeux ſur nous, méritent que nous tenions cette conduite, pour en être eſtimez. Nous nous devons à nous-mêmes, & plus encore aux juſtes Dieux, cette horreur de la perfidie.

AUSSITÔT on envoya Dioſcore à Adraſte, qui fremit du péril où il avoit été, & qui ne pouvoit aſſez s'étonner de la generoſité de ſes ennemis; car les méchans ne peuvent comprendre la pure vertu. Adraſte admiroit, malgré lui, ce qu'il venoit de voir, & n'oſoit le loüer. (9) Cette

(9) *Cette action noble des alliés rapelloit un honteux ſouvenir, &c.* Dans toutes les guerres que Louïs XIV a euës contre les Alliés, on voit aſſez d'exemples de Gouverneurs de places corrompus, de transfuges envoïez dans le camp des ennemis, de projets d'aſſaſſinats & d'empoiſonnemens; mais on ne trouve point que les Alliés aient commis de leur part rien de ſemblable. Plus Louïs XIV s'eſt cru toutes voies permiſes; & plus les Alliés ſe ſont piqués de droiture & de generoſité.

action

action noble des Alliez rappelloit un honteux souvenir de toutes ses tromperies & de toutes ses cruautez. Il cherchoit à rabaisser la generosité de ses ennemis, & étoit honteux de paroître ingrat, pendant qu'il leur devoit la vie: mais les hommes corrompus s'endurcissent bientôt contre tout ce, qui pourroit les toucher. Adraste, qui vit que la réputation des Alliez augmentoit tous les jours, crût qu'il étoit pressé de faire contre eux quelque action éclatante. Comme il n'en pouvoit faire aucune de vertu, il voulut du moins tâcher de remporter quelque grand avantage sur eux par les armes; & il se hâta de combattre.

Le jour du combat étant venu, à peine l'Aurore ouvroit au Soleil les portes de l'Orient dans un chemin semé de róses, que le jeune Telemaque, prévenant par ses soins la vigilance des plus vieux Capitaines, s'arracha d'entre les bras du doux sommeil, & mit en mouvement tous les Officiers. Son casque, couvert de crins flotans, brilloit déja sur sa tête; & sa cuirasse sur son dos éblouïssoit les yeux de toute l'armée. L'ouvrage de Vulcain avoit, outre sa beauté naturelle, l'éclat de l'Egide, qui y étoit cachée. Il tenoit sa lance d'une main; de l'autre il montroit les divers postes qu'il faloit occuper. Minerve avoit mis dans ses yeux un feu divin, & sur son visage une majesté fiere, qui promettoit déja la victoire. Il marchoit; & tous les Rois, oubliant leur âge & leur dignité, se sentoient entraînés par une force superieure, qui leur faisoit suivre ses pas. La foible jalousie ne pouvoit plus entrer dans les cœurs. Tout cede à celui que Minerve conduit invisiblement par la main. Son action n'avoit rien d'impétueux ni de précipité. Il étoit doux, tranquile, patient, toûjours prêt à écouter les autres, & à profiter de leurs conseils; mais actif, prévoyant, attentif aux besoins les plus éloignez, arrangeant toutes les choses à propos, ne s'embarassant de rien, & n'embarassant point les autres; excusant les fautes, réparant les mécomptes, prévenant les difficultez, ne demandant jamais rien de trop à personne, inspirant

par

par tout la liberté & la confiance. Donnoit-il un ordre? C'étoit dans les termes les plus simples & les plus clairs. Il le répétoit pour mieux instruire celui, qui devoit l'executer. Il voyoit dans ses yeux s'il l'avoit bien compris. Il lui faisoit ensuite expliquer familierement, comment il avoit compris ses paroles, & le principal but de son entreprise. Quand il avoit ainsi éprouvé le bon sens de celui qu'il envoyoit, & qu'il l'avoit fait entrer dans ses vûës, il ne le foisoit partir qu'après lui avoir donné quelque marque d'estime & de confiance pour l'encourager. Ainsi tous ceux qu'il envoyoit, étoient pleins d'ardeur pour lui plaire & pour réüssir. Mais ils n'étoient point gênez par la crainte qu'il leur imputeroit le mauvais succès; car il excusoit toutes les fautes, qui ne venoient point de mauvaise volonté.

L'HORIZON paroissoit rouge & enflamé par les premiers rayons du Soleil; & la mer étoit pleine des feux du jour naissant. Toute la côte étoit couverte d'hommes, d'armes, de chevaux & de chariots en mouvement. C'étoit un bruit confus, semblable à celui des flots en courroux, quand Neptune excite au fond de ses abîmes les noires tempêtes. Ainsi Mars commençoit par le bruit des armes, & par l'appareil frémissant de la guerre, à semer la rage dans tous les cœurs. La campagne étoit pleine de piques herissées, semblables aux épics qui couvrent les sillons fertiles dans le tems des moissons. Deja s'élevoit un nuage de poussiere, qui deroboit peu à peu aux yeux des hommes la terre & le ciel. La confusion, l'horreur, le carnage, l'impitoyable mort s'avançoient.

A PEINE les premiers traits étoient jettez, que Telemaque, levant les yeux & les mains vers le Ciel, prononça ces paroles:

O JUPITER, Pere des Dieux & des hommes! vous voyez de nôtre côté la justice & la paix, que nous n'avons point eu honte de rechercher. C'est à regret que nous combattons; nous voudrions épargner le sang des hommes,

hommes. Nous ne haïssons point cet ennemi même, quoi qu'il soit cruel, perfide & sacrilege. Voyez, & décidez entre lui & nous. S'il faut mourir, nos vies sont dans vos mains. S'il faut delivrer l'Hesperie & abatre le Tyran, ce sera vôtre puissance & la sagesse de Minerve vôtre fille, qui nous donneront la victoire; la gloire vous en sera dûë. C'est vous, qui la balance en main réglez le sort des combats. Nous combattons pour vous; & puisque vous êtes Juge, Adraste est plus vôtre ennemi que le nôtre. Si vôtre cause est victorieuse avant la fin du jour, le sang d'une Hecatombe *(c)* entiere ruissellera sur vos autels.

Il dit; & à l'instant il pousse ses coursiers fougueux & écumans dans les rangs les plus pressez des ennemis. Il rencontra d'abord Periandre Locrien, couvert d'une peau de Lion, qu'il avoit tué dans la Cilicie, pendant qu'il y avoit voyagé. Il étoit armé comme Hercule d'une massuë énorme; sa force & sa taille le rendoient semblable aux Geants. Dès qu'il vit Telemaque, il méprisa sa jeunesse & la beauté de son visage. C'est bien à toi, dit-il, jeune effeminé, à nous disputer la gloire des combats. Va, enfant, va parmi les Ombres chercher ton Pere. En disant ces paroles, il leva sa massuë noueuse, pesante, armée de pointes de fer; elle paroît comme un mât de navire; chacun craint le coup de sa chûte; elle menace la tête du fils d'Ulysse, mais il se détourne de coup, & se lance sur Periandre avec la rapidité d'un aigle qui fend les airs. La massuë en tombant brise la rouë d'un char auprès de celui de Telemaque. Cependant le jeune Grec perce d'un trait Periandre à la gorge; le sang, qui coule à gros bouillons de sa large playe, étouffe sa voix. Ses chevaux fougueux ne sentant plus sa main défaillante, & les rênes flotans sur leur cou, l'emportent ça & là. Il tombe de dessus son char, les yeux fermez à la lumiere, & la pâle mort étant déja peinte sur son visage défiguré. Telemaque

(c) Une Hecatombe étoit un sacrifice de cent bœufs.

eut pitié de lui ; il donna aussitôt son corps à ses domestiques, & garda comme une marque de sa victoire la peau du Lion avec sa massuë.

Ensuite il cherche Adraste dans la mêlée ; mais en le cherchant il précipite dans les Enfers une foule de combatans ; Hilée, qui avoit attelé à son char deux coursiers semblables à ceux du Soleil, & nourris dans les vastes prairies qu'arrose *(d)* l'Aufide ; Demoleon, qui dans la Sicile avoit autrefois presque égalé Erix dans les combats du Ceste ; Crantor, qui avoit été hôte & ami d'Hercule, lorsque ce fils de Jupiter, passant par l'Hesperie, y ôta la vie à l'infame *(e)* Cacus ; Menecrate, qui ressembloit, disoit-on, a Pollux dans la Lutte ; Hippocoon, Salapien, qui imitoit l'adresse & la bonne grace de Castor pour mener un Cheval ; le fameux chasseur Eurymede, toûjours teint du sang des ours & des sangliers qu'il tuoit dans les sommets couverts de neiges du froid Apennin, qui avoit été, disoit-on, si cher à Diane, qu'elle lui avoit appris elle-même à tirer des flêches ; Nicostrate, vainqueur d'un Geant qui vomissoit le feu dans les rochers du Mont *(f)* Gargan ; Eleante, qui devoit épouser la jeune Pholoé, fille du fleuve *(g)* Liris.

(d) L'Aufide, aujourd'hui Offanto, est une riviere du Royaume de Naples, qui naît aux montagnes de l'Apennin dans la Principauté Ulterieure, separe la Capitanate de la Basilicate, & va se décharger dans le Golge de Venise. Ce fut près de cette riviere que se donna la fameuse bataille de Cannes.

(e) Cacus, fils de Vulcain, étoit un berger & un voleur, qui se retiroit près du Mont Aventin, & qui deroba les bœufs d'Hercule, en les emmenant à reculons dans sa caverne. Les Poëtes feignent, qu'il avoit trois bouches & qu'il jetoit du feu & des flâmes quand il vouloit.

(f) Le Mont Gargan, ou le Mont St. Ange, est une montagne du Royaume de Naples. On la prend quelquefois pour celle, sur laquelle est bâtie la Ville, nommée Monte di S. Angelo ; *& autrefois pour toute la Presqu'Ile de la Capitanate, qui est entre la Golfe de Manfredonia & celui de Rodi.*

(g) Le fleuve Liris, aujourd'hui Gariglan, prend sa source dans l'Abruzze Ulterieure, au Couchant du Lac Celano, passe au travers de la Terre de Labour, & va se décharger dans le Golfe de Cajete.

Elle avoit été promiſe par ſon Pere à celui, qui la délivreroit d'un ſerpent aîlé, qui étoit né ſur le bord du fleuve, & qui devoit la devorer dans peu de jours, ſuivant la prédiction d'un Oracle. Ce jeune homme par un excès d'amour ſe dévoua pour tuer le monſtre; il réüſſit; mais il ne put goûter le fruit de ſa victoire; & pendant que Pholoé, ſe préparant à un doux Hymenée, attendoit impatiemment Eleante, elle apprit qu'il avoit ſuivi Adraſte dans les combats, & que la Parque avoit tranché cruéllement ſes jours. Elle remplit de ſes gemiſſemens les bois & les montagnes, qui ſont auprès du fleuve; elle noya ſes yeux de larmes, arracha ſes beaux cheveux; elle oublia les guirlandes de fleurs qu'elle avoit accoutumé de cueillir, & accuſa le Ciel d'injuſtice. Comme elle ne ceſſoit de pleurer nuit & jour, les Dieux, touchez de ſes regrets & par les prieres du Fleuve, mirent fin à ſa douleur: A force de verſer des larmes, elle fut tout-à-coup changée en Fontaine, qui, coulant dans le ſein du fleuve, va joindre ſes eaux à celles du Dieu ſon Pere: mais l'eau de cette fontaine eſt encore amere; l'herbe du rivage ne fleurit jamais, & on ne trouve d'autre ombrage que celui des cyprez ſur ces triſtes bords.

CEPENDANT Adraſte, qui apprit que Telemaque répandoit de tous côtez la terreur, le cherchoit avec empreſſement; il eſperoit de vaincre facilement le fils d'Ulyſſe dans un âge encore ſi tendre, & il menoit autour de lui trente Dauniens, d'une force, d'une adreſſe, & d'une audace extraordinaire, auxquels il avoit promis de grandes récompenſes, s'ils pouvoient dans le combat faire périr Telemaque, de quelque maniere que ce pût être. S'il l'eût rencontré dans ce moment du combat, ſans doute ces trente hommes, environnant le char de Telemaque pendant qu'Adraſte l'auroit attaqué de front, n'auroient eu aucune peine de le tuer. Mais Minerve les fit égarer.

ADRASTE crut voir & entendre Telemaque dans un endroit de la Plaine, enfoncé au pied d'une colline, où il y avoit une foule de combatans ; il court, il vole, il veut se rassasier de sang : mais au lieu de Telemaque, il trouve le vieil Nestor, qui d'une main tremblante jettoit au hazard quelques traits inutiles. Adraste dans sa fureur veut le percer ; mais une troupe de Pyliens se jetta autour de Nestor.

ALORS une nuée de traits obscurcit l'air & couvrit tous les combatans ; on n'entendoit que les cris plaintifs des mourans, & le bruit des armes de ceux, qui tomboient dans la mêlée : la terre gemissoit sous un monceau de corps morts ; des ruisseaux de sang couloient de toutes parts. Bellone & Mars, avec les Furies infernales vêtuës de robes toutes degoûtantes de sang, repaissoient leurs yeux cruels de ce spectacle, & renouvelloient sans cesse la rage dans les cœurs. Ces Divinitez, ennemies des hommes, repoussoient loin des deux partis la pitié genereuse, la valeur moderée, la douce humanité. Ce n'étoit plus dans cet amas confus d'hommes acharnez les uns sur les autres, que massacre, vengeance, desespoir & fureur brutale. La sage & invincible Pallas elle-même l'ayant vû, fremit, & recula d'horreur.

CEPENDANT Philoctete, marchant à pas lents & tenant dans sa main les flêches d'Hercule, s'avançoit au secours de Nestor. Adraste, n'ayant pû atteindre le divin Vieillard, avoit lancé ses traits sur plusieurs Pyliens, ausquels il avoit fait mordre la poussiere. Déja il avoit abatu Eusilas, si leger à la course qu'à peine il imprimoit la trace de ses pas dans le sable, & qu'il devançoit dans son païs les plus rapides flots de l'Eurotas (h) & de l'Alphée (i). A ses pieds étoient tombez Entiphron, plus

(h) L'Eurotas, aujourd'hui Basilipotauros & Iris, est une grande riviere de la Morée, qui se décharge dans le Golfe de Colochine.

(i) L'Alphée est une grande riviere de la Turquie en Europe, qui traverse la Morée, & se décharge dans le Golfe de l'Arcadie.

beau qu'Hylas (*k*), aussi ardent chasseur qu'Hippolyte; Pteleras, qui avoit suivi Nestor au siege de Troye, & qu'Achille même avoit aimé à cause de son courage & de sa force; Aristogiton, qui, s'étant baigné dans les ondes du fleuve Acheloüs (*l*), avoit reçu secretement de ce Dieu la vertu de prendre toutes sortes de formes. En effet, il étoit si souple & si prompt dans tous ses mouvemens, qu'il échapoit aux mains les plus fortes: mais Adraste d'un coup de lance le rendit immobile; & son ame s'enfuit d'abord avec son sang.

Nestor, qui voyoit tomber ses plus vaillans Capitaines sous la main du cruel Adraste, comme les épics dorez, pendant la moisson, tombent sous la faux tranchante d'un infatigable moissonneur, oublioit le danger où il s'exposoit inutilement. Sa vieillesse l'avoit quité. Il ne songeoit plus qu'à suivre des yeux Pisistrate son fils, qui de son côté soûtenoit avec ardeur le combat pour éloigner le péril de son Pere. Mais le moment fatal étoit venu, où Pisistrate devoit faire sentir à Nestor, combien on est souvent malheureux d'avoir trop vêcu.

Pisistrate porta un coup de lance si violent contre Adraste, que le Daunien devoit succomber: mais il l'évita; & pendant que Pisistrate, ébranlé du faux coup qu'il avoit donné, ramenoit sa lance, Adraste le perça d'un javelot au milieu du ventre. Ses entrailles commencérent à sortir avec un ruisseau de sang. Son teint se flêtrit comme une fleur que la main d'une Nymphe a cueillie dans les prez. Ses yeux étoient déja presque éteints, & sa voix défaillante. Alcée son Gouverneur, qui étoit auprès de lui, le soûtint comme il alloit tomber,

(*k*) *Hilas, jeune Garçon très beau, fils de Thyodamas, aimé d'Hercule, & ravi par les Nimphes, dit la fable, en voulant reprendre sa cruche, qu'il avoit laissé tomber à l'eau. Mais la verité est, qu'il s'y laissa tomber lui même, & que sa mort donna lieu au bruit de son prétendu enlevement.*

(*l*) *Acheloüs, fleuve de l'Acarnanie dans l'Epire, qu'il separe de la Natolie. Il prend sa source du Mont Pindus.*

ber, & n'eut le tems que de le mener entre les bras de ſon Pere. Là il voulut parler & donner les dernieres marques de ſa tendreſſe ; mais en ouvrant la bouche il expira.

PENDANT que Philoctete répandoit autour de lui le carnage & l'horreur pour repouſſer les efforts d'Adraſte, Neſtor tenoit ſerré entre ſes bras le corps de ſon fils. Il rempliſſoit l'air de ſes cris, & ne pouvoit ſouffrir la lumiere. Malheureux, diſoit-il, d'avoir été Pere, & d'avoir vêcu ſi longtems ! Helas ! cruelles deſtinées, pourquoi n'avez-vous pas fini ma vie, ou à la chaſſe du ſanglier de Calydon *(m)*, ou au voyage de Colchos *(n)*, ou au premier ſiege de Troye ? Je ſerois mort avec gloire & ſans amertume : maintenant je traîne une vieilleſſe douloureuſe, mépriſée & impuiſſante. Je ne vis plus que pour les maux ; je n'ai plus de ſentiment que pour la triſteſſe. O mon fils ! ô mon fils ! ô mon cher fils Piſiſtrate ! quand je perdis ton frere Antiloque, je t'avois pour me conſoler. Je ne t'ai plus ; rien ne me conſolera ; tout eſt fini pour moi. L'eſperance, ſeul adouciſſement des peines des hommes, n'eſt plus un bien qui me regarde. Antiloque, Piſiſtrate, ô chers enfans ! je croi que c'eſt aujourd'hui que je vous perds tous deux. La mort de l'un rouvre la playe, que l'autre avoit faite au fond de mon cœur. Je ne vous verrai plus ? Qui fermera mes yeux ? Qui recueillira mes cendres ? O cher Piſiſtrate ! tu es mort comme ton frere en homme de courage ; il n'y a que moi, qui ne puis mourir.

EN diſant ces paroles il voulut ſe percer lui-même d'un dard qu'il tenoit : mais on arrêta ſa main, & on lui arracha le corps de ſon fils. Et comme cet infortuné Vieillard tomboit en défaillance, on le porta dans ſa

(m) Calidon, ancienne ville d'Etolie, aujourd'hui Aitou dans la Livadie, étoit deſolée par un ſanglier afreux, que Meleagre entreprit de domter, mais dont il ne put venir à bout ſans le ſecours de Theſée.

(n) Le voyage de Cholcos fut entrepris pour aller à la conquête de la Toiſon d'or.

 tente,

tente, où ayant un peu repris ses forces il voulut retourner au combat, mais on le retint malgré lui.

CEPENDANT Adraste & Philoctete se cherchoient ; leurs yeux étoient étincelans comme ceux d'un Lion & d'un Leopard, qui cherchent à se déchirer l'un l'autre dans les campagnes, qu'arrose (o) le Caystre. Les menaces, la fureur guerriere, & la cruelle vengeance éclatent dans leurs yeux farouches. Ils portent une mort certaine par tout où ils lancent leurs traits. Tous les combatans les regardent avec effroi. Déja ils se voyent l'un l'autre, & Philoctete tient en main une de ces flêches terribles, qui n'ont jamais manqué leur coup dans ses mains, & dont les blessures sont irremediables. Mais Mars, qui favorisoit le cruel & intrépide Adraste, ne put souffrir qu'il perît si-tôt ; il vouloit par lui prolonger les horreurs de la guerre, & multiplier le carnage. Adraste étoit encore dû à la justice des Dieux, pour punir les hommes & pour verser leur sang.

DANS le moment où Philoctete veut l'attaquer, il est blessé lui-même par un coup de lance, que lui donne Amphimaque, jeune Lucanien, plus beau que le fameux (p) Nirée, dont la beauté ne cedoit qu'à celle d'Achille parmi tous les Grecs qui combatirent au siege de Troye. A peine Philoctete eut reçu le coup, qu'il tira la flêche contre Amphimaque ; elle lui perça le cœur. Aussitôt ses beaux yeux noirs s'éteignirent, & furent couverts des ténebres de la mort. Sa bouche, plus vermeille que les roses dont l'Aurore naissante seme l'horizon, se flêtrit ; une pâleur affreuse ternit ses jouës. Ce visage, si tendre & si délicat, tout à coup se défigura. Philoctete lui-même en eut pitié. Tous les combatans gémirent, en voyant ce jeune homme tomber dans son sang, où il se rouloit,

(o) *Le Caystre, aujourd'hui Chiais, est une riviere de la Natolie en Asie, qui coule entre Sarabat & le Madre, fort près de la Ville d'Ephese du côté du Nord.*

(p) *Nirée étoit un Roi de Naxos, maintenant Niosie, qui étoit fort beau, mais extrêmement lâche.*

&

& ſes cheveux, auſſi beaux que ceux d'Apollon, traînez dans la pouſſiere. Philoctete, ayant vaincu Amphimaque, fut contraint de ſe retirer du combat ; il perdoit ſon ſang & ſes forces; ſon ancienne bleſſure, même dans l'effort du combat, ſembloit prête à ſe rouvrir & à renouveiler ſes douleurs ; car les enfans d'Eſculape, avec leur ſcience divine, n'avoient pû le guerir entierement. Le voilà prêt à tomber ſur un monceau de corps ſanglans, qui l'environnent. Archidamas, le plus fier & le plus adroit de tous les Oebaliens *(q)*, qu'il avoit menez avec lui pour fonder Petilie, l'enleve du combat, dans le moment où Adraſte l'auroit ſans peine abatu à ſes pieds. Adraſte ne trouve plus rien, qui oſe lui réſiſter, ni retarder la victoire. Tout tombe, tout s'enfuit. C'eſt un torrent, qui ayant ſurmonté ſes bords entraîne par ſes vagues furieuſes les moiſſons, les troupeaux, les bergers & les villages.

TELEMAQUE entendit de loin les cris des vainqueurs, & il vit le deſordre des ſiens qui fuyoient devant Adraſte, comme une troupe de cerfs timides traverſent les vaſtes campagnes, les bois, les montagnes & les fleuves mêmes les plus rapides, quand ils ſont pourſuivis par des chaſſeurs. Telemaque gémit ; l'indignation paroît dans ſes yeux ; & il quitte les lieux, où il avoit combattu longtems avec tant de danger & de gloire. Il court pour ſoûtenir les ſiens ; il s'avance, tout couvert du ſang d'une multitude d'ennemis, qu'il a étendus ſur la pouſſiere. De loin il pouſſe un cri, qui ſe fait entendre aux deux armées.

MINERVE avoit mis je ne ſçai quoi de terrible dans ſa voix, dont les montagnes voiſines retentirent. Jamais Mars dans la Thrace n'a fait entendre plus fortement ſa cruelle voix, quand il appelle les Furies infernales, la Guerre & la Mort. Le cri de Telemaque porte le courage & l'audace dans le cœur des ſiens ; il glace d'épouvante les ennemis. Adraſte même a honte de ſe ſentir troublé. Je

(q) Les Oebaliens étoient des peuples d'Italie, voiſins de Tarente.

ne sçai combien de funestes présages le font frémir; & ce qui l'anime, est plûtôt un desespoir qu'une valeur tranquile. Trois fois ses genoux tremblans commencérent à se dérober sous lui; trois fois il recula sans songer à ce qu'il faisoit. Une pâleur de défaillance & une sueur froide se répandoient dans tous ses membres. Sa voix enrouée & hesitante ne pouvoit achever aucune parole. Ses yeux, pleins d'un feu sombre & étincelant, paroissoient sortir de sa tête. On le voyoit comme Oreste agité par les Furies. Tous ses mouvemens étoient convulsifs. Alors il commença à croire, qu'il y a des Dieux. Il s'imagine les voir irritez, & entendre une voix sourde, qui sort du fond de l'abîme pour l'appeller dans le noir Tartare. Tout lui fait sentir une main celeste & invisible, suspenduë sur sa tête, qui alloit s'appesantir pour le frapper. L'esperance étoit éteinte au fond de son cœur. Son audace se dissipoit, comme la lumiere du jour disparoît, quand le Soleil se couche dans le sein des ondes, & que la Terre s'envelope des ombres de la nuit.

L'IMPIE Adraste, trop longtems souffert sur la terre; trop longtems, si les hommes n'eussent eu besoin d'un tel châtiment; l'impie Adraste touchoit enfin à sa derniere heure. Il court forcené au devant de son inévitable destin. L'horreur, les cuisans remords, la consternation, la fureur, la rage, le desespoir, marchent avec lui. A peine voit il Telemaque, qu'il croit voir l'Averne qui s'ouvre, & les tourbillons de flames qui sortent du noir Phlegethon (r) prêtes à le dévorer. Il s'écrie, & sa bouche demeure ouverte, sans qu'il puisse prononcer aucune parole. Tel qu'un homme dormant, qui dans un songe affreux ouvre la bouche, & fait des efforts pour parler; mais la parole lui manque toûjours, & il la cherche en vain. D'une main tremblante & précipitée, Adraste lance son dard contre Telemaque. Celui-ci, intrépide comme l'ami des

(r) *Le Phlegeton est un fleuve des Enfers, qui roule des feux ardens, & dont les flots sont tout de flâme.*

Dieux

Dieux, ſe couvre de ſon bouclier. Il ſemble que la Victoire, le couvrant de ſes aîles, tient déja une couronne ſuſpenduë au deſſus de ſa tête. Le courage doux & paiſible reluit dans ſes yeux. On le prendroit pour Minerve même, tant il paroît ſage & meſuré au milieu des plus grands périls. Le dard lancé par Adraſte eſt repouſſé par le bouclier. Alors Adraſte ſe hâte de tirer ſon épée, pour ôter au fils d'Ulyſſe l'avantage de lancer ſon dard à ſon tour. Telemaque, voyant Adraſte l'épée à la main, ſe hâte de la mettre auſſi, & laiſſe ſon dard inutile.

QUAND on les vit ainſi tous deux combattre de près, tous les autres combatans en ſilence mirent bas les armes, pour les regarder attentivement; & on attendit de leur combat la deſtinée de toute la guerre. Les deux glaives, brillans comme les éclairs d'où partent les foudres, ſe croiſent pluſieurs fois, & portent des coups inutiles ſur les armes polies, qui en retentiſſent. Les deux combatans s'allongent, ſe replient, s'abaiſſent, ſe relevent tout-à-coup, & enfin ſe ſaiſiſſent. Le Lierre, en naiſſant au pied d'un Ormeau, ne ſerre pas plus étroitement le tronc dur & noüeux par ſes rameaux entrelaſſez juſques aux plus hautes branches de l'arbre, que ces deux combatans ſe ſerrent l'un l'autre. Adraſte n'avoit encore rien perdu de ſa force. Telemaque n'avoit pas encore toute la ſienne. Adraſte fait pluſieurs efforts pour ſurprendre ſon ennemi, & pour l'ébranler. Il tâche de ſaiſir l'épée du jeune Grec, mais en vain. Dans le moment ou il la cherche, Telemaque l'enleve de terre, & le renverſe ſur le ſable. Alors cet impie, qui avoit toûjours mépriſé les Dieux, montra une lâche crainte de la mort. Il a honte de demander la vie, & il ne peut s'empêcher de témoigner qu'il la deſire. Il tâche d'émouvoir la compaſſion de Telemaque. Fils d'Ulyſſe, lui dit-il; enfin c'eſt maintenant que je connois les juſtes Dieux; ils me puniſſent comme je l'ai mérité; il n'y a que le malheur, qui ouvre les yeux des hommes pour voir la verité: je la vois; elle me condamne; mais qu'un Roi malheureux vous fasse souvenir de vôtre Pere, qui est loin d'Ithaque, & qu'il touche vôtre cœur.

TELEMAQUE, qui, le tenant sous ses genoux, avoit le glaive déja levé pour lui percer la gorge, répondit aussitôt : Je n'ai voulu que la victoire & la paix des Nations, que je suis venu secourir. Je n'aime point à répandre le sang. Vivez donc, Adraste; mais vivez pour réparer vos fautes ; rendez tout ce que vous avez usurpé ; rétablissez le calme & la justice sur la côte de la grande Hesperie, que vous avez souillée par tant de massacres & de trahisons. Vivez, & devenez un autre homme. Apprenez par vôtre chûte que les Dieux sont justes, que les méchans sont malheureux, qu'ils se trompent, en cherchant la félicité dans la violence, dans l'inhumanité & dans le mensonge ; qu'enfin rien n'est si doux ni si heureux que la simple & constante vertu. Donnez-nous pour ôtage vôtre fils Metrodore avec douze des principaux de vôtre Nation.

A ces paroles Telemaque laisse relever Adraste, & lui tend la main, sans se défier de sa mauvaise foi. Mais aussitôt Adraste lui lança un second dard fort court, qu'il tenoit caché. Le dard étoit si aigu, & lancé avec tant d'adresse, qu'il eut percé les armes de Telemaque, si elles n'eussent été divines. En même tems Adraste se jette derriere un arbre, pour éviter la poursuite du jeune Grec. Alors celui-ci s'écrie : Dauniens, vous le voyez, la victoire est à nous. L'impie ne se sauve que par la trahison. Celui, qui ne craint point les Dieux, craint la mort. Au contraire celui, qui les craint, ne craint qu'eux. En disant ces paroles il s'avance vers les Dauniens, & fait signe aux siens, qui étoient de l'autre côté de l'arbre, de couper le chemin au perfide Adraste. Adraste, prêt d'être surpris, fait semblant de retourner sur ses pas, & veut renverser les Crétois, qui se presentent à son passage. Mais tout-à-coup Telemaque, prompt comme la foudre que la main du Pere des Dieux lance du haut Olympe ſur les têtes coupables, vient fondre ſur ſon ennemi. Il le ſaiſit d'une main victorieuſe ; il le renverſe, comme un cruel Aquilon abat les tendres moiſſons, qui dorent la campagne ; il ne l'écoute plus, quoique l'impie oſe encore une fois eſſayer d'abuſer de la bonté de ſon cœur. Il lui enfonce ſon glaive, & le précipite dans les flames du noir Tartare ; digne châtiment de ſes crimes.

Fin du vingtiéme Livre.

LES

LES AVANTURES DE TELEMAQUE, FILS D'ULYSSE.

LIVRE VINGT-UNIEME.

SOMMAIRE.

ADRASTE étant mort, les Dauniens tendent les mains aux Alliez en signe de paix, & leur demandent un Roi de leur nation. Nestor, inconsolable d'avoir perdu son fils, s'absente de l'assemblée des Chefs, où plusieurs opinent qu'il faut partager le païs des vaincus, & ceder à Telemaque le terroir d'Arpi. Bien loin d'accepter cette offre, Telemaque fait voir que l'interêt commun des Alliez est de choisir Polydamas pour Roi des Dauniens, & de leur laisser leurs terres. Il persuade ensuite à ces peuples de donner la contrée d'Arpi à Diomede, survenu fortuitement. Les troubles étant ainsi finis, tous se séparent, pour s'en retourner chacun dans son païs.

L'Avis de Télémaque suivi, par les Princes alliés.

A PEINE Adraste fut mort, que tous les Dauniens, loin de déplorer leur défaite & la perte de leur Chef, se réjouirent de leur delivrance. Ils tendirent les mains aux Alliez, en signe de paix & de réconciliation. Metrodore, fils d'Adraste, que son Pere avoit nourri dans des maximes de dissimulation, d'injustice & d'inhumanité, s'enfuit lâchement. Mais un esclave, complice de ses infamies & de ses cruautez, qu'il avoit affranchi & comblé de biens, & auquel seul il se confia dans sa fuite, ne songea qu'à le trahir, pour son propre interêt. Il le tua par derriere, pendant qu'il fuyoit, lui coupa la tête, & la porta dans le camp des Alliez, esperant une grande récompense d'un crime, qui finissoit la guerre. Mais on eut horreur de ce scelerat, & on le fit mourir. Telemaque ayant vû la tête de Metrodore, qui étoit un jeune homme d'une merveilleuse beauté & d'un naturel excellent, que les plaisirs & les mauvais exemples avoient corrompu, ne pût retenir ses larmes. Helas! s'écria-t-il; voilà ce que fait le poison de la prosperité pour un jeune Prince; plus il a d'élevation & de vivacité, plus il s'éloigne de tous les sentimens de vertu; & maintenant je serois peutêtre de même, si les malheurs où je suis né, graces aux Dieux, & les instructions de Mentor ne m'avoient appris à me moderer.

Les Dauniens assemblez demandérent, comme l'unique condition de paix, qu'on leur permît de faire un Roi de leur nation, qui pût effacer par ses vertus l'opprobre, dont l'impie Adraste avoit couvert la Royauté. Ils remercioient les Dieux d'avoir frappé le Tyran; ils venoient en foule baiser la main de Telemaque, qui avoit été trempée dans le sang de ce monstre; & leur défaite étoit pour eux comme un triomphe. Ainsi tomba en un moment, sans aucune ressource, cette puissance, qui menaçoit toutes les autres dans l'Hesperie, & qui faisoit trembler tant de peuples: Semblable à ces terrains,

qui

qui paroiſſent fermes & immobiles, mais que l'on ſappe peu à peu par deſſous. Longtems on ſe moque du foible travail, qui en attaque les fondemens ; rien ne paroît affoibli ; tout eſt uni ; rien ne s'ébranle ; cependant tous les ſoûtiens ſont détruits peu à peu, juſqu'au moment où tout-à-coup le terrain s'abaiſſe, & ouvre un abîme. (10) Ainſi une puiſſance injuſte & trompeuſe, quelque proſperité qu'elle ſe procure par ſes violences, creuſe elle-même une précipice ſous ſes peids. La fraude & l'inhumanité ſapent peu à peu tous les plus ſolides fondemens de l'autorité légitime. On l'admire, on la craint ; on tremble devant elle juſqu'au moment où elle n'eſt déja plus. Elle tombe de ſon propre poids, & rien ne la peut relever, parce qu'elle a détruit de ſes propres mains les vrais ſoûtiens de la bonne foi & de la juſtice, qui attirent l'amour & la confiance.

Les Chefs de l'armée s'aſſemblérent dès lendemain pour accorder un Roi aux Dauniens. On prenoit plaiſir à voir les deux camps confondus par une amitié ſi inespérée, & les deux armées qui n'en faiſoient plus qu'une. Le ſage Neſtor ne put ſe trouver dans ce Conſeil, parce que la douleur, jointe à la vieilleſſe, avoit flétri ſon cœur, comme la pluye abat & fait languir le ſoir une fleur, qui étoit le matin, pendant la naiſſance de l'Aurore, la gloire & l'ornement des vertes campagnes. Ses yeux étoient devenus deux fontaines de larmes, qui ne pouvoient tarir : Loin d'eux s'enfuyoit le doux ſommeil, qui charme les plus cuiſantes peines. L'eſperance, qui eſt la vie du cœur de l'homme, étoit éteinte en lui. Toute nourriture étoit amere à cet infortuné Vieillard. La lumiere même lui étoit odieuſe. Son ame ne demandoit plus qu'à quitter ſon corps, & qu'à ſe plonger dans l'éternelle nuit de l'Empire de Pluton. Tous ſes amis lui parloient

(10) *Ainſi une puiſſance injuſte & trompeuſe, &c.* C'eſt ainſi que les proſperités de Louïs XIV, au lieu d'aſſûrer un véritable bonheur à ſon Royaume, ont creuſé peu à peu le précipice, où nous le voyons tombé aujourd'hui.

en

en vain. Son cœur en défaillance étoit dégoûté de toute amitié, comme un malade est dégoûté des meilleurs alimens. A tout ce qu'on pouvoit lui dire de plus touchant, il né repondoit que par des gémissemens & des sanglots. De tems en tems on l'entendoit dire: O Pisistrate, Pisistrate, Pisistrate, mon fils, tu m'apelles! Je te suis. Pisistrate, tu me rendras la mort douce. O mon cher fils! je ne desire plus pour tout bien, que de te revoir sur les rives du Styx. Puis il passoit des heures entieres sans prononcer aucune parole, mais gémissant, levant les mains & les yeux noyez de larmes vers le Ciel.

CEPENDANT les Princes assemblez attendoient Telemaque, qui étoit auprès du corps de Pisistrate. Il répandoit sur son corps des fleurs à pleines mains; il y ajoûtoit des parfums exquis, & versoit des larmes améres. O mon cher compagnon! lui disoit-il, je n'oublierai jamais de t'avoir vû à Pylos, de t'avoir suivi à Sparte, de t'avoir retrouvé sur les bords de la grande Hesperie. Je te dois mille & mille soins; je t'aimois, tu m'aimois aussi: j'ai connu ta valeur; elle auroit surpassé celle de plusieurs Grecs fameux. Helas! elle t'a fait mourir avec gloire; mais elle a dérobé au monde une vertu naissante, qui eût égalé celle de ton Pere. Oui, ta sagesse & ton éloquence dans une âge mûr auroit été semblable à celle de ce Vieillard, l'admiration de toute la Grece. Tu avois déja cette douce insinuation, à laquelle on ne pouvoit résister quand tu parlois, ces manieres naïves de raconter, cette sage modération, qui est un charme pour appaiser les esprits irritez, cette authorité, qui vient de la prudence & de la force des bons conseils. Quand tu parlois, tous prêtoient l'oreille, tous étoient prévenus, tous avoient envie de trouver que tu avois raison. Ta parole simple & sans faste couloit dans les cœurs, comme la rosée sur l'herbe naissante. Helas! tant de biens, que nous possedions il y a quelques heures, nous sont enlevez pour jamais! Pisistrate, que j'ai embrassé ce matin, n'eſt plus! Il ne nous en reſte qu'un douloureux ſouvenir. Au moins ſi tu avois fermé les yeux de Neſtor, avant que nous euſſions fermé les tiens, il ne verroit pas ce qu'il voit; & il ne ſeroit pas le plus malheureux de tous les Peres.

Apres ces paroles, Telemaque fit laver la playe ſanglante, qui étoit dans le côté de Piſiſtrate. Il le fit étendre ſur un lit de pourpre, où, la tête panchée avec la pâleur de la mort, il reſſembloit à un jeune arbre, qui ayant couvert la terre de ſon ombre, & pouſſé vers le Ciel ſes rameaux fleuris, a été entamé par le tranchant de la coignée d'un bucheron. Il ne tient plus à ſa racine, ni à la terre, mere féconde, qui nourrit ſes tiges dans ſon ſein. Il languit; ſa verdure s'efface; il ne peut plus ſe ſoûtenir; il tombe. Ses rameaux, qui cachoient le Ciel, traînent ſur la pouſſiere, flêtris & deſſeichez. Il n'eſt plus qu'un tronc, abattu & dépouillé de toutes ſes graces. Ainſi Piſiſtrate, en proye à la mort, étoit déja emporté par ceux, qui devoient le mettre dans le bucher fatal. Déja la flame montoit vers le Ciel. Une troupe de Pyliens, les yeux baiſſez & pleins de larmes, leurs armes renverſées, le conduiſoient lentement. Le corps eſt bientôt brûlé; les cendres ſont miſes dans une urne d'or; & Telemaque, qui prend ſoin de tout, confie cette urne, comme un grand treſor, à Callimaque, qui avoit été le Gouverneur de Piſiſtrate. Gardez, lui dit-il, ces cendres, triſtes, mais précieux reſtes de celui que vous avez aimé. Gardez-les pour ſon Pere; mais attendez à les lui donner, quand il aura aſſez de force pour les demander. Ce qui irrite la douleur en un tems, l'adoucit en un autre.

Ensuite Telemaque entra dans l'aſſemblée des Rois liguez, où chacun garda le ſilence pour l'écouter, dès qu'on l'apperçut; il en rougit, & on ne pouvoit le faire parler. Les loüanges qu'on lui donna par des acclamations publiques ſur tout ce qu'il venoit de faire, augmentérent ſa honte; il auroit voulu ſe pouvoir cacher. Ce fut la premiere fois qu'il parut embaraſſé & incertain

incertain. Enfin il demanda comme une grace, qu'on ne lui donnât plus aucunes loüanges. Ce n'eſt pas, dit-il, que je ne les aime, ſur tout quand elles ſont données par de ſi bons Juges de la vertu : mais c'eſt, que je crains de les aimer trop : elles corrompent les hommes, elles les rempliſſent d'eux-mêmes, elles les rendent vains & préſomptueux ; il faut les mériter & les fuir : les meilleures loüanges reſſemblent aux fauſſes. Les plus méchans de tous les hommes, qui ſont les Tyrans, ſont ceux, qui ſe ſont fait le plus loüer par des flateurs. Quel plaiſir y a-t-il à être loüé comme eux ? Les bonnes loüanges ſont celles que vous me donnerez en mon abſence, ſi je ſuis aſſez heureux pour en mériter. Si vous me croyez veritablement bon, vous devez croire auſſi, que je veux être modeſte & craindre la vanité. Epargnez-moi donc, ſi vous m'eſtimez, & ne me loüez pas comme un homme amoureux de loüanges.

Apres avoir parlé ainſi, Telemaque ne répondit plus rien à ceux qui continuoient de l'élever juſqu'au Ciel ; & par un air d'indifference il arrêta bientôt les loüanges qu'on lui donnoit. On commença à craindre de le fâcher en le loüant. Ainſi les loüanges finirent ; mais l'admiration augmenta. Tout le monde ſût la tendreſſe qu'il avoit témoignée à Piſiſtrate, & le ſoin qu'il avoit pris de lui rendre les derniers devoirs. Toute l'armée fut plus touchée de ces marques de la bonté de ſon cœur, que de tous les prodiges de ſageſſe & de valeur, qui venoient d'éclater en lui. Il eſt ſage, il eſt vaillant, ſe diſoient-ils en ſecret les uns aux autres. Il eſt l'ami des Dieux, & le vrai Heros de nôtre âge. Il eſt au deſſus de l'humanité. Mais tout cela n'eſt que merveilleux ; tout cela ne fait que nous étonner. Il eſt humain, il eſt bon ; il eſt ami fidele & tendre ; il eſt compatiſſant, liberal, bienfaiſant & tout entier à ceux qu'il doit aimer. Il eſt les délices de ceux, qui vivent avec lui ; il s'eſt défait de ſa hauteur, de ſon indifference & de ſa fierté : Voilà ce qui eſt d'uſage : Voilà ce qui touche les cœurs : Voilà ce qui nous attendrit pour lui, & nous rend ſenſibles à toutes ſes vertus :

Voilà

Voilà ce qui fait que nous donnerions tous nos vies pour lui.

A PEINE ces discours furent-ils finis, qu'on se hâta de parler de la necessité de donner un Roi aux Dauniens. La plûpart des Princes qui étoient dans le Conseil, opinoient qu'il faloit partager entre eux ce païs, comme une terre conquise. On offrit à Telemaque pour sa part la fertile contrée d'Arpi (*s*), qui porte, deux fois l'an, les riches dons de Cerès, les doux presens de Bacchus, & les fruits toûjours verds de l'olivier, consacré à Minerve. Cette terre, lui disoit-on, doit vous faire oublier la pauvre Ithaque avec ses cabanes, & les rochers affreux de Dulichie (*t*), & les bois sauvages de Zacinthe. Ne cherchez plus vôtre Pere, qui doit être péri dans les flots au Promontoire Capharée par la vengeance de Nauplius (*u*) & par la colere de Neptune; ni vôtre Mere, que ses Amans possedent depuis vôtre départ; ni vôtre Patrie, dont la terre n'est point favorisée du Ciel, comme celle que nous vous offrons. Il écoutoit patiemment ces discours. Mais les rochers de Thrace & de Thessalie ne sont pas plus sourds ni plus insensibles aux plaintes des Amans desesperez, que Telemaque l'étoit à ces offres.

POUR moi, répondit-il, je ne suis touché ni de richesses ni de délices. Qu'importe de posseder une plus grande étenduë de terres, & de commander à un plus grand nombre d'hommes?

(*s*) *Arpi étoit une region de la Pouille Daunienne, dont la Ville Capitale se nommoit Argirippa, & Argos Hippium. On en voit encore les ruïnes entre Lucera & Manfredonia dans la Capitanate.*

(*t*) *Dulichie, aujourd'hui Thiaki, est une petite Ile de la mer de Grece dans le Golfe de Pâtra, au Levant de l'Ile de Cefalonie.*

(*u*) *Nauplius, Roi d'Eubée, irrité de ce que les Chefs de l'Armée des Grecs avoient injustement condamné à mort son fils Palamede par les artifices d'Ulysse, mit des feux sur le mont Capharée (aujourd'hui Cap de Figera) sur l'Ile d'Eubée, qui regarde l'Hellespont, pour y attirer la flote des Grecs, & la faire briser contre les rochers; mais il échoüa dans son dessein, parce qu'Ulysse & Diomede prirent une autre route.*

d'hommes? On n'en a que plus d'embarras & moins de liberté. La vie eſt aſſez pleine de malheurs pour les hommes les plus ſages & les plus moderez, ſans y ajoûter encore la peine de gouverner les autres hommes indociles, inquiets, injuſtes, trompeurs & ingrats. Quand on veut être le maître des hommes pour l'amour de ſoi-même, n'y regardant que ſa propre autorité, ſes plaiſirs & ſa gloire; on eſt impie, on eſt tyran, on eſt le fleau du genre humain. Quand, au contraire, on ne veut gouverner les hommes que, ſelon les vraies regles, pour leur propre bien; on eſt moins leur maître que leur tuteur; on n'en a que la peine, qui eſt infinie, & on eſt bien éloigné de vouloir étendre plus loin ſon autorité. Le Berger qui ne mange point le Troupeau, qui le défend des Loups en expoſant ſa vie, qui veille nuit & jour pour le conduire dans les bons pâturages, n'a point d'envie d'augmenter le nombre de ſes moutons, & d'enlever ceux du voiſin; ce ſeroit augmenter ſa peine. Quoique je n'aye jamais gouverné, ajoûtoit Telemaque, j'ai appris par les loix, & par les hommes ſages, qui les ont faites, combien il eſt penible de conduire les Villes & les Royaumes. Je ſuis donc content de ma pauvre Ithaque. Quoiqu'elle ſoit petite & pauvre, j'aurai aſſez de gloire, pourvu que j'y regne avec juſtice, pieté & courage. Encore même n'y regnerai-je que trop tôt. Plaiſe aux Dieux que mon Pere, échapé à la fureur des vagues, y puiſſe regner juſqu'à la plus extrême vieilleſſe, & que je puiſſe apprendre longtems ſous lui comment il faut vaincre ſes paſſions, pour ſavoir moderer celles de tout un peuple.

Ensuite Telemaque dit: Ecoutez, ô Princes aſſemblez ici! ce que je croi vous devoir dire pour vôtre interêt. Si vous donnez aux Dauniens un Roi juſte, il les conduira avec juſtice; il leur apprendra, combien il eſt utile de conſerver la bonne foi, & de n'uſurper jamais le bien de ſes voiſins. C'eſt ce qu'ils n'ont jamais pû comprendre ſous l'impie Adraſte. Tandis qu'ils ſeront

conduits

conduits par un Roi ſage & moderé, vous n'aurez rien à craindre d'eux. Ils vous devront ce bon Roi, que vous leur aurez donné: ils vous devront la paix & la proſperité, dont ils jouïront. Ces peuples, loin de vous attaquer, vous beniront ſans ceſſe; & le Roi & le peuple ſeront l'ouvrage de vous mains. Si (11) au contraire vous voulez partager leur païs entre vous, voici les malheurs que je vous prédis. Ce peuple, pouſſé au deſeſpoir, recommencera la guerre; il combattra juſtement pour ſa liberté; & les Dieux ennemis de la tyrannie combattront avec lui. Si les Dieux s'en mêlent, tôt ou tard vous ſerez confondus, & vos proſperitez ſe diſſiperont comme la fumée. Le conſeil & la ſageſſe ſeront ôtez à vos Chefs, le courage à vos armées, l'abondance à vos terres. Vous vous flâterez; vous ſerez témeraires dans vos entrepriſes; vous ferez taire les gens de bien, qui voudront dire la verité; vous tomberez tout-à-coup; & l'on dira de vous: Sont-ce donc là les peuples floriſſans, qui devoient faire la loi à toute la terre? & maintenant ils fuyent devant leurs ennemis; ils ſont le jouët des Nations, qui les foulent aux pieds: Voilà ce que les Dieux on fait: Voilà ce que méritent les peuples injuſtes, ſuperbes & inhumains. De plus conſiderez, que ſi vous entreprenez de partager entre vous cette conquête, vous réüniſſez contre vous tous les peuples voiſins. Vôtre Ligue, formée pour défendre la libérté commune de l'Heſperie contre l'uſurpateur Adraſte, deviendra odieuſe; & c'eſt vous-mêmes que tous les peuples accuſeront avec raiſon de vouloir

(11) *Si vous voulez partager leur païs, &c.* C'eſt ainſi que le Prince de Condé & le Vicomte de Turenne parlérent au Roi, qui vouloit garder toutes ſes conquêtes de l'année 1672, & les partager avec le Roi d'Angleterre. Mais le conſeil contraire de Louvois aiant prévalu, tout ce qui eſt prédit ici, n'a pas manqué d'ariver. Les Hollandois ont combatu pour leur liberté. Le ciel s'eſt mêlé de leurs affaires, lorsqu'il a retardé le flot, qui devoit amener les Anglois au Texel; & les proſperités de la France ſe ſont diſſipées, comme la fumée.

uſurper

usurper la tyrannie universelle. Mais je suppose que vous soyez victorieux & des Dauniens & de tous les autres peuples. Cette Victoire vous détruira. Voici comment.

CONSIDEREZ que cette entréprise vous desunira tous. Comme elle n'est point fondée sur la justice, vous n'aurez point de regle, pour borner entre vous les prétentions de chacun. Chacun voudra que sa part de la conquête soit proportionnée à sa puissance. Nul d'entre vous n'aura assez d'autorité parmi les autres pour faire ce partage paisiblement. Voilà la source d'une guerre, dont vos petits enfans ne verront pas la fin. (12) Ne vaut-il pas mieux être juste & moderé, que de suivre son ambition avec tant de péril, & au travers de tant de malheurs inévitables? La paix profonde, les plaisirs doux & innocens qui l'accompagnent, l'heureuse abondance, l'amitié de ses voisins, la gloire qui est inséparable de la justice, l'autorité qu'on acquiert en se rendant, par la bonne foi, l'arbitre de tous les peuples étrangers, ne sont-ce pas des biens plus desirables, que la folle vanité d'une conquête injuste? O Princes! ô Rois! Vous voyez que je vous parle sans interêt. Ecoutez donc celui, qui vous aime assez pour vous contredire, & vous déplaire en vous representant la verité.

PENDANT que Telemaque parloit ainsi avec une autorité qu'on n'avoit jamais vûë en nul autre, & que tous les Princes étonnez & en suspens admiroient la sagesse de ses conseils, on entendit un bruit confus qui se répandit dans tout le camp, & qui vint jusqu'au lieu où se tenoit l'assemblée. Un Etranger, dit on, est venu aborder sur ces côtes avec une troupe d'hommes armez. Cet inconnu est d'une haute mine; tout paroît heroïque

(12) *Ne vaut-il pas bien mieux être juste & moderé, &c.* Si le Roi eût usé de plus de moderation envers les Hollandois, lorsqu'ils lui envoïérent leurs Ambassadeurs à son camp près d'Utrecht, il n'auroit pas été obligé d'abandonner toutes ses conquêtes.

en

en lui; on voit aisément qu'il a longtems souffert, & que son grand courage l'a mis au dessus de toutes ses souffrances. D'abord les peuples du païs, qui gardent les côtes, ont voulu le repousser, comme un ennemi qui vient faire une irruption: mais après avoir tiré son épée avec un air intrépide, il a déclaré qu'il sauroit se défendre, si on l'attaquoit. Mais qu'il ne demandoit que la paix & l'hospitalité. Aussitôt il a presenté un rameau d'olivier, comme un suppliant. On l'a écouté. Il a demandé à être conduit vers ceux, qui gouvernent dans cette côte de l'Hesperie; & on l'amene ici pour le faire parler aux Rois assemblez.

A PEINE ce discours fut-il achevé, qu'on vit entrer cet inconnu avec une majesté qui surprit toute l'assemblée. On auroit crû facilement que c'étoit le Dieu Mars, quand il assemble sur les montagnes de la Thrace ses troupes sanguinaires. Il commença à parler ainsi:

O vous, Pasteurs des peuples, qui êtes sans doute assemblez ici pour défendre la Patrie contre ses ennemis, ou pour faire fleurir les plus justes loix, écoutez un homme que la fortune a persecuté. Fassent les Dieux, que vous n'éprouviez jamais de semblables malheurs. Je suis Diomede, Roi d'Etolie, qui blessai Venus au siege de Troye. La vengeance de cette Déesse me poursuit dans tout l'Univers. Neptune, qui ne peut rien refuser à la divine Fille de la Mer, m'a livré à la rage des vents & des flots, qui ont brisé plusieurs fois mes Vaisseaux contre les écueils. L'inexorable Venus m'a ôté toute esperance de revoir mon Royaume, ma Famille, & cette douce lumiere du païs, où j'ai commencé de voir le jour en naissant. Non, je ne reverrai jamais tout ce qui m'a été le plus cher au monde. Je viens, après tant de naufrages, chercher sur ces rives inconnuës un peu de repos & une retraite assurée. Si vous craignez les Dieux, & sur tout Jupiter, qui a soin des étrangers; si vous êtes sensibles à la compassion, ne me refusez pas dans ces vastes païs quelque coin de terre infertile, quelques deserts,

quel-

quelques ſables, ou quelques rochers eſcarpez, pour y fonder avec mes compagnons une ville, qui ſoit du moins une triſte image de nôtre Patrie perduë. Nous ne demandons qu'un peu d'eſpace, qui vous ſoit inutile. Nous vivrons en paix avec vous dans une étroite alliance; vos ennemis ſeront les nôtres; nous entrerons dans tous vos interêts; nous ne demandons que la liberté de vivre ſelon nos loix.

PENDANT que Diomede parloit ainſi, Telemaque ayant les yeux attachez ſur lui montra ſur ſon viſage toutes les differentes paſſions. Quand Diomede commença à parler de ſes longs malheurs, il eſpera que cet homme majeſtueux ſeroit ſon pere. Auſſitôt qu'il eut déclaré qu'il étoit Diomede, le viſage de Telemaque ſe flêtrit, comme une belle fleur que les noirs Aquilons viennent de ternir de leur ſouffle cruel. Enſuite les paroles de Diomede, qui ſe plaignoit de la longue colere d'une Divinité, l'attendrirent par le ſouvenir des mêmes diſgraces ſouffertes par ſon pere & par lui. Des larmes mêlées & de douceur & de joie coulérent ſur ſes jouës, & il ſe jetta tout-à-coup ſur Diomede pour l'embraſſer.

JE ſuis, dit-il, le fils d'Ulyſſe que vous avez connu, & qui ne vous fut pas inutile quand vous prîtes les chevaux fameux de Rheſus. Les Dieux l'ont traité comme vous ſans pitié. Si les Oracles de l'Erebe ne ſont pas trompeurs, il vit encore. Mais, helas! il ne vit point pour moi. J'ai abandonné Ithaque pour le chercher; je ne puis revoir maintenant ni Ithaque ni lui. Jugez par mes malheurs de la compaſſion que j'ai pour les autres. L'avantage qu'il y a à être malheureux, c'eſt qu'on ſçait compatir aux peines d'autrui. Quoique je ne ſois ici qu'étranger, je puis, ô grand Diomede! (car malgré les miſeres, qui ont accablé ma patrie dans mon enfance, je n'ai pas été aſſez mal élevé pour ignorer quelle eſt vôtre gloire dans les combats;) je puis, ô le plus invincible de tous les Grecs après Achille! vous procurer quel-

quelque ſecours. Ces Princes, que vous voyez, ſont humains. Ils ſavent qu'il n'y a ni vertu, ni vrai courage, ni gloire ſolide ſans l'humanité. Le malheur ajoûte un nouveau luſtre à la gloire des grands hommes; il leur manque quelque choſe, tandis qu'ils n'ont jamais été malheureux. Il manque dans leur vie des exemples de patience & de fermeté; la vertu ſouffrante attendrit tous les cœurs, qui ont quelque goût pour la vertu. Laiſſez-nous donc le ſoin de vous conſoler, puiſque les Dieux vous menent à nous; c'eſt un preſent qu'ils nous font, & nous devons nous croire heureux de pouvoir adoucir vos peines.

Pendant qu'il parloit, Diomede étonné le regardoit fixement, & ſentoit ſon cœur tout émû. Ils s'embraſſoient, comme s'ils avoient été longtems liez d'une amitié étroite. O digne fils du ſage Ulyſſe! diſoit Diomede, je reconnois en vous la douceur de ſon viſage, la grace de ſes diſcours, la force de ſon éloquence, la nobleſſe de ſes ſentimens, & la ſageſſe de ſes penſées.

Cependant Philoctete embraſſa auſſi le grand fils de Tidée; ils ſe racontoient leurs triſtes avantures. Enſuite Philoctete lui dit: Sans doute vous ſerez bien aiſe de revoir le ſage Neſtor; il vient de perdre Piſiſtrate, le dernier de ſes enfans; il ne lui reſte plus dans la vie qu'un chemin de larmes, qui le mene vers le tombeau. Venez le conſoler. Un ami malheureux eſt plus propre qu'un autre à ſoulager ſon cœur. Ils allérent auſſitôt dans la tente de Neſtor, qui reconnut à peine Diomede; tant la triſteſſe abatoit ſon eſprit & ſes ſens. D'abord Diomede pleura avec lui, & leur entrevûë fut pour le vieillard un redoublement de douleur. Mais peu à peu la preſence de cet ami appaiſa ſon cœur. On reconnut aiſément que ſes maux étoient un peu ſuſpendus par le plaiſir de raconter ce qu'il avoit ſouffert, & d'entendre à ſon tour ce qui étoit arrivé à Diomede.

Pendant qu'ils s'entretenoient, les Rois aſſemblez avec Telemaque examinoient ce qu'ils devoient faire.

Telema-

Telemaque leur conſeilloit de donner à Diomede le païs d'Arpi; & de choiſir pour Roi des Dauniens Polydamas, qui étoit de leur Nation. Ce Polydamas étoit un fameux Capitaine, qu'Adraſte par jalouſie n'avoit jamais voulu employer, de peur que l'on n'attribuât à cet homme habile le ſuccès, dont il eſperoit d'avoir ſeul toute la gloire. Polydamas l'avoit ſouvent averti en particulier qu'il expoſoit trop ſa vie & le ſalut de ſon Etat dans cette guerre contre tant de Nations conjurées; il l'avoit voulu engager à tenir une conduite plus droite & plus moderée avec ſes voiſins: mais les hommes qui haïſſent la verité haïſſent auſſi les gens qui ont la hardieſſe de la dire. Ils ne ſont touchez ni de leur ſincerité, ni de leur zele, ni de leur deſintereſſement. Une proſperité trompeuſe endurciſſoit le cœur d'Adraſte contre les plus ſalutaires conſeils; en ne les ſuivant pas, il triomphoit tous les jours de ſes ennemis. La hauteur, la mauvaiſe foi, la violence mettoient toûjours la victoire dans ſon parti. Tous les malheurs, dont Polydamas l'avoit ſi longtems menacé, n'arrivoient pas. Adraſte ſe moquoit d'une ſageſſe timide, qui prévoit toûjours les inconveniens. Polydamas lui étoit inſupportable; il l'éloigna de toutes ſes charges; il le laiſſa languir dans la ſolitude & dans la pauvreté.

D'ABORD Polydamas fut accablé de cette diſgrace; mais elle lui donna ce qui lui manquoit, en lui ouvrant les yeux ſur la vanité des grandes fortunes; il devint ſage à ſes dépens; il ſe réjouit d'avoir été malheureux; il apprit peu à peu à ſouffrir, à vivre de peu, à ſe nourrir tranquilement de la verité, à cultiver en lui les vertus ſecretes, qui ſont encore plus eſtimables que les éclatantes; enfin à ſe paſſer des hommes. Il demeura au pied du mont Gargan dans un deſert, où un rocher en demi-voute lui ſervoit de toit. Un ruiſſeau, qui tomboit de la montagne, appaiſoit ſa ſoif; quelques arbres lui donnoient leurs fruits: il avoit deux Eſclaves, qui cultivoient un petit champ; il travailloit lui-même avec eux de ſes propres mains; la terre le payoit de ses peines avec usure, & ne le laissoit manquer de rien; il avoit non seulement des fruits & des légumes en abondance, mais encore toutes sortes de fleurs odoriferantes. Là il déploroit le malheur des peuples, que l'ambition insensée d'un Roi entraîne à leur perte. Là il attendoit chaque jour que les Dieux justes, quoique patiens, fissent tomber Adraste. Plus sa prosperité croissoit, plus il croyoit voir de près sa chûte irremediable; car l'imprudence heureuse dans ses fautes & (13) la puissance montée jusqu'au dernier excès d'autorité absoluë sont les avant-coureurs du renversement des Rois & des Royaumes. Quand il apprit la défaite & la mort d'Araste, il ne témoigna aucune joie ni de l'avoir prévûë, ni d'être délivré de ce tyran; il gémit seulement par la crainte de voir les Dauniens dans la servitude.

VOILA l'homme que Telemaque proposa pour le faire regner. Il y avoit déja quelque tems qu'il connoissoit son courage & sa vertu; car Telemaque, selon les conseils de Mentor, ne cessoit de s'informer par tout des qualitez bonnes & mauvaises de toutes les personnes qui étoient dans quelque emploi considerable, non seulement dans les Nations alliées qui servoient en cette guerre, mais encore chez les ennemis. Son principal soin étoit de découvrir & d'examiner par tout les hommes, qui avoient quelque talent ou une vertu particuliere.

LES Princes alliez eurent d'abord quelque répugnance à mettre Polydamas dans la Royauté. Nous avons éprouvé, disoient-ils, combien un Roi des Dauniens, quand il aime la guerre, & qu'il sçait la faire, est redoutable à ses Voisins. Polydamas est un grand Capitaine,

(13) *L'imprudence heureuse dans ses fautes & la puissance montée jusqu' au dernier excès de l'autorité absoluë sont les avant-coureurs du renversement des Rois & des Royaumes.* Jamais cette maxime ne s'est mieux verifiée qu'en la personne de Louïs XIV; ce qui sembloit devoir affermir pour jamais sa puissance, l'a précipitée tout à coup par un étrange renversement.

taine, & il peut nous jetter dans de grands périls. Mais Telemaque leur répondit: (14) Polydamas, il est vrai, sçait la guerre, mais il aime la paix; & voilà les deux choses qu'il faut souhaiter. Un homme qui connoît les malheurs, les dangers & les difficultez de la guerre, est bien plus capable de l'éviter, qu'un autre qui n'en a aucune experience. Il a appris à goûter le bonheur d'une vie tranquile; il a condamné les entreprises d'Adraste; il en a prévû les suites funestes. Un Prince foible & ignorant est plus à craindre pour vous, qu'un homme qui connoîtra & qui décidera tout par lui-même. Le Prince foible, ignorant & sans experience, ne verra que par les yeux d'un Favori passionné, ou d'un Ministre flateur, inquiet & ambitieux. Ainsi ce Prince aveugle s'engagera à la guerre sans la vouloir faire: vous ne pourrez jamais vous assurer de lui; car il ne pourra jamais être sûr de lui-même: il vous manquera de parole; il vous réduira bientôt à cette extremité, qu'il faudra ou que vous le fassiez périr, ou qu'il vous accable. N'est-il pas plus utile, plus sûr, & en même temps plus juste & plus noble, de répondre fidélement à la confiance des Dauniens, & de leur donner un Roi digne de commander?

TOUTE l'assemblée fut persuadée par ce discours. On alla proposer Polydamas aux Dauniens, qui attendoient une réponse avec impatience. Quand ils entendirent le nom de Polydamas, ils répondirent: Nous connoissons bien maintenant que les Princes alliez veulent agir de bonne foi avec nous & faire une paix éternelle, puisqu'ils nous veulent donner pour Roi un homme si vertueux & si capable de nous gouverner. Si on nous

(14) *Polidamas sait la guerre, mais il aime la paix, &c.* C'est le Prince de Conti, élu Roi de Pologne en 1697. Loüis XIV l'éloigna de toutes les charges, & le laissa languir dans la solitude, comme il est dit plus haut de Polidamas, parce qu'il avoit refusé d'épouser une fille naturelle du Roi, & qu'il avoit fait des railleries de ce Monarque, pendant le voyage qu'il fit en Hongrie, n'étant encore que Prince de la Roche-sur-Yon.

eût proposé un homme lâche, effeminé & mal instruit, nous aurions crû qu'on ne cherchoit qu'à nous abatre & qu'à corrompre la forme de nôtre gouvernement; nous aurions conservé en secret un vif ressentiment d'une conduite si dure & si artificieuse: mais le choix de Polydamas nous montre une veritable candeur. Les Alliez sans doute n'attendent rien de nous que de juste & de noble; puisqu'ils nous accordent un Roi, qui est incapable de faire rien contre la liberté & la gloire de nôtre Nation. Aussi pouvons-nous protester à la face des justes Dieux, que les fleuves remonteront vers leurs sources, avant que nous cessions d'aimer des Rois si bienfaisans. Puissent se ressouvenir nos derniers Neveux du bienfait que nous recevons aujourd'hui, & de renouveller de generation en generation la paix de l'Age d'or dans toute la côte de l'Hesperie!

TELEMAQUE leur proposa ensuite de donner à Diomede les campagnes d'Arpi, pour y fonder une Colonie. Ce nouveau peuple, leur disoit-il, vous devra son établissement dans un païs que vous n'occupez point. Souvenez-vous que tous les hommes doivent s'entr'aimer; que la terre est trop vaste pour eux; qu'il faut bien avoir des voisins, & qu'il vaut mieux en avoir qui vous soient obligez de leur établissement. Soyez touchez du malheur d'un Roi, qui ne peut retourner dans son païs. Polydamas & lui étant unis ensemble par les liens de la justice & de la vertu, qui sont les seuls durables, vous entretiendront dans une paix profonde, & vous rendront redoutables à tous les peuples voisins, qui penseroient s'agrandir. Vous voyez, ô Dauniens, que nous avons donné à vôtre Terre un Roi capable d'en élever la gloire jusqu'au Ciel. Donnez aussi, puisque nous vous le demandons, une terre, qui vous est inutile, à un Roi qui est digne de toutes sortes de secours.

LES Dauniens répondirent qu'ils ne pouvoient rien refuser à Telemaque, puisque c'étoit lui qui leur avoit procuré Polydamas pour Roi. Aussitôt ils partirent pour l'aller l'aller chercher dans ſon deſert, & pour le faire regner ſur eux. Avant que de partir, ils donnérent les fertiles pleines d'Arpi à Diomede, pour y fonder un nouveau Royaume. Les Alliez en furent ravis, parce que cette Colonie des Grecs pourroit ſecourir puiſſamment le parti des Alliez, ſi jamais les Dauniens vouloient renouveller les uſurpations, dont Adraſte avoit donné le mauvais exemple.

TOUS les Princes ne ſongérent qu'à ſe ſeparer.

TELEMAQUE, les larmes aux yeux, partit avec ſa Troupe, après avoir embraſſé tendrement le vaillant Diomede, le ſage & inconſolable Neſtor, & le fameux Philoctete, digne heritier des flêches d'Hercule.

Fin du vingt-uniéme Livre.

LES AVANTURES DE TELEMAQUE, FILS D'ULYSSE.

LIVRE VINGT-DEUXIEME.

SOMMAIRE.

TELEMAQUE arrivant à Salente eſt ſurpris de voir la campagne ſi bien cultivée, & de trouver ſi peu de magnificence dans la Ville. Mentor lui explique les raiſons de ce changement, lui fait remarquer les défauts qui empêchent d'ordinaire un Etat de fleurir, & lui propoſe pour modele la conduite & le gouvernement d'Idomenée. Telemaque ouvre enſuite ſon cœur à Mentor ſur ſon inclination d'épouſer Antiope fille de ce Roi. Mentor en loüe avec lui les bonnes qualitez, l'aſſure que les Dieux la lui deſtinent ; mais que preſentement il ne doit ſonger qu'à partir pour Ithaque, & qu'à delivrer Penelope des pourſuites de ſes Prétendans.

LE

Telemaque revient a Salente.

E jeune fils d'Ulyſſe brûloit d'impatience de retrouver Mentor à Salente, & de s'embarquer avec lui pour revoir Ithaque, où il eſperoit que ſon pere ſeroit arrivé. Quand il s'approcha de Salente, il fut bien étonné de voir toute la campagne des environs, qu'il avoit laiſſée preſque inculte & deſerte, cultivée comme un jardin & pleine d'ouvriers diligens. Il reconnut l'ouvrage & la ſageſſe de Mentor. Enſuite entrant dans la ville, il remarqua qu'il y avoit moins d'artiſans pour les délices de la vie, & beaucoup moins de magnificence. Il en fut choqué; car il aimoit naturellement toutes les choſes qui ont de l'éclat & de la politeſſe: mais d'autres penſées occupérent auſſi-tôt ſon eſprit. Il vit de loin venir à lui Idomenée avec Mentor. Auſſitôt ſon cœur fut émû de joie & de tendreſſe. Malgré tous les ſuccez qu'il avoit eus dans la guerre contre Adraſte, il craignoit que Mentor ne fût pas content de lui; & à meſure qu'il s'avançoit, il cherchoit dans les yeux de Mentor, pour voir s'il n'avoit rien à ſe reprocher.

D'ABORD Idomenée embraſſa Telemaque comme ſon propre fils; enſuite Telemaque ſe jetta au cou de Mentor, & l'arroſa de ſes larmes. Mentor lui dit: Je ſuis content de vous. Vous avez fait de grandes fautes; mais elles vous ont ſervi à vous connoître, & à vous défier de vous-même. Souvent on tire plus de fruit de ſes fautes, que de ſes belles actions. Les plus grandes actions enflent le cœur, & inſpirent une préſomption dangereuſe. Les fautes font rentrer l'homme en lui-même, & lui rendent la ſageſſe qu'il avoit perduë dans les bons ſuccez. Ce qui vous reſte à faire, c'eſt de loüer les Dieux, & de ne vouloir pas que les hommes vous loüent. Vous avez fait de grandes choſes: mais avouez la verité, ce n'eſt guéres vous, par qui elles ont été faites. N'eſt-il pas vrai qu'elles vous ſont venuës comme quelque chose d'étranger qui étoit mis en vous? N'étiez-vous pas capable de les gâter & par vôtre promptitude, & par vôtre imprudence ? Ne sentez-vous pas que Minerve vous a comme transformé en un autre homme au dessus de vous-même, pour faire par vous ce que vous avez fait ? Elle a tenu tous vos défauts en suspens, comme Neptune, quand il appaise les tempêtes, suspend les flots irritez.

Pendant qu'Idomenée interrogeoit avec curiosité les Crétois qui étoient revenus de la guerre, Telemaque écoutoit aussi les sages conseils de Mentor. Ensuite il regardoit de tous côtez avec étonnement, & lui disoit: Voici un changement, dont je ne comprens pas bien la raison. Est-il arrivé quelque calamité à Salente pendant mon absence ? D'où vient que l'on n'y remarque plus cette magnificence, qui éclatoit par tout avant mon depart ? Je ne vois plus ni or, ni argent, ni pierres précieuses ; les habits sont simples ; les bâtimens qu'on y fait sont moins vastes & moins ornez ; les arts languissent ; la ville est devenuë une solitude.

Mentor lui répondit en soûriant: Avez-vous remarqué l'état de la campagne autour de la ville ? Ouï, reprit Telemaque ; j'ai vû par tout le labourage en honneur, & les champs défrichez. Lequel vaut mieux, ajoûta Mentor, ou une Ville superbe en marbre, en or & en argent, avec une Campagne negligée & sterile; ou une Campagne cultivée & fertile, avec une Ville mediocre & modeste dans ses mœurs ? Une grande Ville, fort peuplée d'Artisans occupez à amollir les mœurs par les délices de la vie, quand elle est entournée d'un Royaume pauvre & mal cultivé, ressemble à un monstre, dont la tête est d'une grosseur énorme, & dont tout le corps, extenué & privé de nourriture, n'a aucune proportion avec cette tête : c'est le nombre du peuple & l'abondance des alimens, qui forme la vraie force & la vraie richesse d'un Royaume. Idomenée a maintenant un peuple innombrable & infatigable dans le travail, qui rem-

plit

plit toute l'étenduë de ſon païs: tout ſon païs n'eſt plus qu'une Ville. Salente n'en eſt que le centre. Nous avons tranſporté de la Ville dans la Campagne les hommes, qui manquoient à la Campagne & qui étoient ſuperflus dans la Ville. De plus nous avons attiré dans ce païs beaucoup de peuples étrangers. Plus ces peuples ſe multiplient, plus ils multiplient les fruits de la terre par leur travail; cette multiplication ſi douce & ſi paiſible augmente plus ſon Royaume qu'une conquête. On n'a rejetté de cette Ville que les Arts ſuperflus, qui détournent les pauvres de la culture de la terre pour les vrais beſoins, & qui corrompent les riches, en les jettant dans le faſte & dans la moleſſe: mais nous n'avons fait aucun tort aux beaux Arts, ni aux hommes qui ont un vrai génie pour les cultiver. Ainſi Idomenée eſt beaucoup plus puiſſant qu'il ne l'étoit, quand vous admiriez ſa magnificence. Cet éclat éblouïſſant cachoit une foibleſſe & une miſere, qui euſſent bientôt renversé ſon Empire: maintenant il a un plus grand nombre d'hommes, & il les nourrit plus facilement. Ces hommes accoûtumez au travail, à la peine & au mépris de la vie par l'amour des bonnes loix, ſont tous prêts à combattre pour défendre les terres cultivées de leurs propres mains. Bientôt cet Etat, que vous croyez déchû, ſera la merveille de l'Heſperie.

Souvenez-vous, ô Telemaque! qu'il y a deux choſes pernicieuſes dans le gouvernement des peuples, auſquelles on n'apporte preſque jamais aucun remede; la premiere eſt une Autorité injuſte & trop violente dans les Rois; la ſeconde eſt le luxe, qui corrompt les mœurs. Quand les Rois s'accoûtument à ne connoître plus d'autres loix que leurs volontez abſoluës, & qu'ils ne mettent plus de frein à leurs paſſions, ils peuvent tout; mais à force de tout pouvoir, ils ſapent le fondement de leur puiſſance; ils n'ont plus de regle certaine, ni de maximes de gouvernement; chacun à l'envi les flâre; ils n'ont plus de peuples; il ne leur reſte que des eſclaves, dont le nombre

bre diminuë chaque jour. Qui leur dira la verité? Qui donnera des bornes au torrent? Tout cede; les Sages s'enfuyent, se cachent & gémissent. Il n'y a qu'une révolution soudaine & violente, qui puisse ramener cette puissance débordée dans son cours naturel. Souvent même le coup qui pourroit la modérer, l'abat sans ressource; rien ne menace tant d'une chûte funeste, qu'une Autorité qu'on pousse trop loin. Elle est semblable à un arc trop tendu, qui se rompt enfin tout-à-coup, si on ne le relâche. Mais qui est-ce qui osera le relâcher? Idomenée étoit gâté jusqu'au fond du cœur: par cette autorité si flatteuse il avoit été renversé de son trône; mais il n'avoit pas été détrompé. Il a falu que les Dieux nous ayent envoyez ici pour le desabuser de cette puissance aveugle & outrée, qui ne convient pas à des hommes; encore a-t-il falu des especes de miracles pour lui ouvrir les yeux. L'autre mal presque incurable est le Luxe: comme la trop grande Autorité empoisonne les Rois, le Luxe empoisonne toute une Nation. On dit que le Luxe sert à nourrir les pauvres aux dépens des riches; comme si les pauvres ne pouvoient pas gagner leur vie plus utilement en multipliant les fruits de la terre, sans amolir les riches par les rafinemens de volupté. Toute une Nation s'accoûtume à regarder, comme des necessitez de la vie, les choses les plus superfluës: ce sont tous les jours de nouvelles necessitez qu'on invente; & on ne peut plus se passer des choses, qu'on ne connoissoit pas trente ans auparavant. Ce Luxe s'appelle bon goût, perfection des Arts, & politesse de la Nation. Ce vice, qui en attire une infinité d'autres, est loüé comme une vertu; (1) il repand sa contagion depuis les Rois jusqu'aux derniers de

(1) *Le luxe repand sa contagion depuis les Rois jusqu'aux derniers de la lie du peuple, &c.* Voilà l'état de la France dépeint dans ce qui précede & dans ce qui suit. On a vu la Campagne deserte, pendant que Paris étoit dans la magnificence. Toute la Nation s'est ruïnée pour vouloir imiter les grands amolis par l'exemple du Roi: & ce luxe general, joint aux énormes dépenses de la guerre, a plongé tout le Royaume dans la misere, où il est à present.

la

la lie du peuple. Les proches Parens du Roi veulent imiter sa magnificence; les Grands, celle des Parens du Roi; les gens mediocres veulent égaler les Grands; car qui est-ce, qui se fait justice? les Petits veulent passer pour mediocres. Tout le monde fait plus qu'il ne peut; les uns par faste & pour se prévaloir de leurs richesses; les autres par mauvaise honte & pour cacher leur pauvreté. Ceux mêmes, qui sont assez sages pour condamner un si grand desordre, ne le sont pas assez pour oser lever la tête les premiers, & pour donner des exemples contraires. Toute une Nation se ruine; toutes les conditions se confondent. La passion d'acquerir du bien, pour soûtenir une vaine dépense, corrompt les ames les plus pures; il n'est plus question que d'être riche; la pauvreté est une infamie. Soyez savant, habile, vertueux; instruisez les hommes; gagnez des batailles; sauvez la Patrie; sacrifiez tous vos interêts, vous êtes méprisé, si vos talens ne sont relevez par le faste. Ceux mêmes, qui n'ont pas de bien, veulent paroître en avoir; ils dépensent comme s'ils en avoient. On emprunte, on trompe, on use de mille artifices indignes pour parvenir. Mais qui remediera à ces maux? Il faut changer le goût & les habitudes de toute une Nation; il faut lui donner de nouvelles loix. Qui le pourra entreprendre, si ce n'est un Roi Philosophe, qui sçache par l'exemple de sa propre moderation faire honte à tous ceux, qui aiment une dépense fastueuse, & encourager les sages, qui seront bien aises d'être autorisez dans une honnête frugalité?

TELEMAQUE écoutant ce discours étoit comme un homme qui revient d'un profond sommeil; il sentoit la verité de ces paroles; & elles se gravoient dans son cœur, comme un savant Sculpteur imprime les traits, qu'il veut graver sur le marbre, en sorte qu'il lui donne de la tendresse, de la vie & du mouvement. Telemaque ne répondit rien. Mais repassant tout ce qu'il venoit d'entendre, il parcouroit des yeux les choses qu'on avoit changées dans la Ville. Ensuite il disoit à Mentor:

Vous avez fait d'Idomenée le plus ſage de tous les Rois. Je ne le connois plus, ni lui, ni ſon peuple. J'avouë même que ce que vous avez fait ici eſt infiniment plus grand que les victoires que nous venons de remporter. Le hazard & la force ont beaucoup de part au ſuccès de la guerre. Il faut que nous partagions la gloire des combats avec nos ſoldats; mais tout vôtre ouvrage vient d'une ſeule tête. Il a falu que vous ayez travaillé ſeul contre un Roi & contre tout ſon peuple pour les corriger. Les ſuccez de la guerre ſont toûjours funeſtes & odieux. Ici tout eſt l'ouvrage d'une ſageſſe celeſte; tout eſt doux, tout eſt pur, tout eſt aimable, tout marque une autorité qui eſt au deſſus de l'homme. Quand les hommes veulent de la gloire, que ne la cherchent-ils dans cette application à faire du bien? O qu'ils s'entendent mal en gloire, d'en eſperer une ſolide, en ravageant la terre & en répandant le ſang humain! Mentor montra ſur ſon viſage une joie ſenſible de voir Telemaque ſi deſabuſé des victoires & des conquêtes, dans un âge où il étoit ſi naturel qu'il fût enyvré de la gloire qu'il avoit acquiſe.

Ensuite Mentor ajoûta: Il eſt vrai que tout ce que vous voyez ici eſt bon & louable; mais ſachez qu'on pourroit faire des choſes encore meilleures. Idomenée modere ſes paſſions, & s'applique à gouverner ſon peuple; mais il ne laiſſe pas de faire encore bien des fautes, qui ſont les ſuites malheureuſes de ſes fautes anciennes. Quand les hommes veulent quitter le mal, le mal ſemble encore les pourſuivre longtems; il leur reſte de mauvaiſes habitudes, un naturel affoibli, des erreurs inveterées, & des préventions preſque incurables. Heureux ceux qui ne ſe ſont jamais égarez! ils peuvent faire le bien plus parfaitement. Les Dieux, ô Telemaque! vous demanderont plus qu'à Idomenée, parce que vous avez connu la verité dès vôtre jeuneſſe, & que vous n'avez jamais été livré aux ſéductions d'une trop grande proſperité.

Idomenee, continuoit Mentor, eſt ſage & éclairé; mais il s'applique trop au détail, & ne médite pas aſſez le

gros

gros de ses affaires pour former des Plans. L'habileté d'un Roi, qui est au dessus des hommes, ne consiste pas à faire tout par lui-même: (2) c'est une vanité grossiere que d'esperer d'en venir à bout, ou de vouloir persuader au monde qu'on en est capable. Un Roi doit gouverner, en choisissant & en conduisant ceux qui gouvernent sous lui; il ne faut pas qu'il fasse le détail; car c'est faire la fonction de ceux, qui ont à travailler sous lui; il doit seulement s'en faire rendre compte, & en savoir assez pour entrer dans ce compte avec discernement. C'est merveilleusement gouverner, que de choisir & d'appliquer selon leurs talens les gens qui gouvernent. Le suprême & le parfait gouvernement consiste à gouverner ceux qui gouvernent: il faut les observer, les éprouver, les moderer, les corriger, les animer, les élever, les rabaisser, les changer de places, & les tenir toûjours dans la main. Vouloir examiner tout par soi-même, c'est défiance, c'est petitesse, c'est se livrer à une jalousie pour les détails, qui consume le tems & la liberté d'esprit necessaires pour les grandes choses. Pour former de grands desseins, il faut avoir l'esprit libre & reposé: il faut penser à son aise dans un entier dégagement de toutes les expeditions d'affaires épineuses: un esprit épuisé par le détail est comme la lie du vin, qui n'a plus de force ni de délicatesse. (3) Ceux qui gouvernent par le détail sont toûjours déterminez par le present, sans étendre leurs vûës

(2) *C'est une vanité grossiere, &c.* Louïs XIV eut cette vanité; il voulut persuader au monde qu'il faisoit tout par lui-même après la mort du Cardinal Mazarin: il est vrai qu'il travailloit avec Louvois & Colbert; mais ces deux Ministres lui donnoient le plan des affaires tout dressé, & il avoit tout l'honneur du travail, sans en avoir la peine. Il étoit excellent pour travailler en second, appliqué, exact, infatigable, capable de bien exécuter, mais très peu de penser.

(3) *Ceux qui gouvernent par le détail sont toûjours déterminés par le présent, &c.* C'est précisément ce que fit Louïs XIV. Il voulut entrer dans tous les détails, & rien ne le détermina que le présent: pourvu qu'on lui fournît de l'argent comptant pour les dépenses d'une campagne, il ne s'embarassoit pas des suites, ni des moyens ruïneux employés pour avoir cet argent.

ſur un avenir éloigné; ils ſont toûjours entraînez par l'affaire du jour où ils ſont; & cette affaire étant ſeule à les occuper, elle les frappe trop, elle retrecit leur eſprit; car on ne juge ſainement des affaires, que quand on les compare toutes enſemble, & qu'on les place toutes dans un certain ordre, afin qu'elles ayent de la ſuite & de la proportion. Manquer à ſuivre cette regle dans le gouvernement, c'eſt reſſembler à un Muſicien, qui ſe contenteroit de trouver des ſons harmonieux, & qui ne ſe mettroit point en peine de les unir & de les accorder, pour en compoſer une Muſique douce & touchante. C'eſt reſſembler auſſi à un Architecte, qui croit avoir tout fait, pourvû qu'il aſſemble de grandes colonnes & beaucoup de pierres bien taillées, ſans penſer à l'ordre & à la proportion des ornemens de ſon édifice. Dans le tems qu'il fait un ſalon, il ne prévoit pas qu'il faudra faire un eſcalier convenable. Quand il travaille au corps du bâtiment, il ne ſonge ni à la cour ni au portail. Son ouvrage n'eſt qu'un aſſemblage confus de parties magnifiques, qui ne ſont point faites les unes pour les autres. Cet ouvrage, loin de lui faire honneur, eſt un monument, qui éterniſera ſa honte; car il fait voir que l'ouvrier n'a pas ſçû penſer avec aſſez d'étenduë, pour concevoir à la fois le deſſein general de tout ſon ouvrage. C'eſt un caractere d'eſprit court & ſubalterne. (4) Quand on eſt né avec ce genie borné au détail, on n'eſt propre qu'à executer ſous autrui. N'en doutez pas, ô mon cher Telemaque, le Gouvernement d'un Royaume demande une certaine harmonie comme la Muſique, & de juſtes proportions comme l'Architecture.

(4) *Quand on eſt né avec ce genie borné au détail, on n'eſt propre qu'à exécuter ſous autrui.* C'eſt la raiſon pour laquelle Louïs XIV n'a jamais rien fait par lui-même: tout ſon bonheur eſt venu d'avoir eu de bons Miniſtres; non qu'il ne fût peut-être né avec de meilleures diſpoſitions, mais parce qu'elles furent bornées par l'éducation, qui eſt une ſeconde naiſſance. Il ne fut jamais que ſubalterne.

Si vous voulez que je me ſerve encore de la comparaiſon de ces Arts, je vous ferai entendre combien les hommes, qui gouvernent par le détail, ſont mediocres. Celui, qui dans un Concert ne chante que certaines choſes, quoiqu'il les chante parfaitement, n'eſt qu'un Chanteur. Celui, qui conduit tout le Concert & qui en régle à la fois toutes les parties, eſt le ſeul Maître de Muſique. Tout de même celui qui taille les colonnes, ou qui éleve un côté du bâtiment, n'eſt qu'un Maçon. Mais celui, qui a penſé tout l'édifice & qui en a toutes les proportions dans ſa tête, eſt le ſeul Architecte. Ainſi ceux qui travaillent, qui expedient, & qui font le plus d'affaires, ſont ceux qui gouvernent le moins; ils ne ſont que les ouvriers ſubalternes. Le vrai génie, qui conduit l'Etat, eſt celui, qui ne faiſant rien fait tout faire; qui penſe, qui invente, qui pénétre dans l'avenir, qui retourne dans le paſſé, qui arrange, qui proportionne, qui prépare de loin, qui ſe roidit ſans ceſſe pour lutter contre la fortune, comme un nageur contre le torrent de l'eau; qui eſt attentif nuit & jour pour ne laiſſer rien au hazard.

Croyez-vous, Telemaque, qu'un grand Peintre travaille aſſidûment depuis le matin juſqu'au ſoir pour expedier plus promptement ſes ouvrages? Non, cette gêne & ce travail ſervile éteindroient tout le feu de ſon imagination; il ne travailleroit plus de génie; il faut que tout ſe faſſe irregulierement & par ſaillies, ſuivant que ſon goût le mene, & que ſon eſprit l'excite. Croyez-vous qu'il paſſe ſon tems à broyer des couleurs, & à préparer des pinceaux? Non, c'eſt l'occupation de ſes Elèves. Il ſe réſerve le ſoin de penſer; il ne ſonge qu'à faire des traits hardis, qui donnent de la nobleſſe, de la vie & de la paſſion à ſes figures; il a dans ſa tête les penſées & les ſentimens des Heros, qu'il veut repreſenter. Il ſe tranſporte dans leurs ſiecles & dans toutes les circonſtances où ils ont été. A cette eſpece d'enthouſiaſme il faut qu'il joigne une ſageſſe qui le retienne, que tout ſoit vrai, correct & proportionné l'un à l'autre. Croyez-vous,

Telemaque, qu'il faille moins d'élevation de génie & d'efforts de pensées, pour faire un grand Roi que pour faire un bon Peintre? Concluez donc que l'occupation d'un Roi doit être de penser, de former de grands projets, & de choisir les hommes propres à executer sous lui.

Telemaque lui répondit: Il me semble que je comprens tout ce que vous me dites; mais si les choses alloient ainsi, un Roi seroit souvent trompé, n'entrant point par lui-même dans le détail. C'est vous-même qui vous trompez, repartit Mentor; ce qui empêche qu'on ne soit trompé, c'est la connoissance generale du gouvernement. Les gens, qui n'ont point de principes dans les affaires, & qui n'ont point de vrai discernement des esprits, vont toûjours comme à tâtons; c'est un hazard quand ils ne se trompent pas: ils ne savent pas même précisément ce qu'ils cherchent, ni à quoi ils doivent tendre: ils ne savent que se défier, & se défient plûtôt des honnêtes gens qui les contredisent, que des trompeurs qui les flatent. Au contraire ceux qui ont des principes pour le gouvernement, & qui se connoissent en hommes, savent ce qu'ils doivent chercher en eux, & les moyens d'y parvenir: ils reconnoissent du moins en gros si les gens, dont ils se servent, sont des instrumens propres à leurs desseins, & s'ils entrent dans leurs vûës pour tendre au but qu'ils se proposent. D'ailleurs comme ils ne se jettent pas dans les détails accablans, ils ont l'esprit plus libre pour envisager d'une seule vûë le gros de l'ouvrage, & pour observer s'ils avancent vers la fin principale: s'ils sont trompez, du moins ils ne le sont guére dans l'essentiel. Ils sont, outre cela, au dessus des petites jalousies, qui marquent un esprit borné & une ame basse: ils comprennent qu'on ne peut éviter d'être trompé dans les grandes affaires, puisqu'il faut s'y servir des hommes, qui sont si souvent trompeurs. On perd plus dans l'irresolution où jette la défiance, qu'on ne perdroit à se laisser un peu tromper. On est trop heureux quand on n'est trompé

trompé que dans les choſes mediocres. Les grandes ne laiſſent pas de s'acheminer; & c'eſt la ſeule choſe, dont un grand homme doit être en peine. Il faut reprimer ſevérement la tromperie, quand on la découvre; mais il faut compter ſur quelque tromperie, ſi on ne veut point être véritablement trompé. Un Artiſan dans ſa boutique voit tout de ſes propres yeux, & fait tout de ſes propres mains. Mais un Roi dans un grand Etat ne peut tout faire, ni tout voir. Il ne doit faire que les choſes que nul autre ne peut faire ſous lui. Il ne doit voir que ce qui entre dans la déciſion des choſes importantes.

ENFIN Mentor dit à Telemaque: Les Dieux vous aiment, & vous preparent un regne plein de ſageſſe. Tout ce que vous voyez ici eſt fait moins pour la gloire d'Idomenée, que pour vôtre inſtruction. Tous les ſages établiſſemens, que vous admirez dans Salente, ne ſont que l'ombre de ce que vous ferez un jour à Ithaque, (5) ſi vous répondez par vos vertus à vôtre haute deſtinée. Il eſt tems que nous ſongions à partir d'ici. Idomenée tient un Vaiſſeau prêt pour nôtre retour.

AUSSITÔT Telemaque ouvrit ſon cœur à ſon ami, mais avec quelque peine, ſur un attachement qui lui faiſoit regretter Salente. Vous me blâmerez peutêtre, lui dit-il, de prendre trop facilement des inclinations dans les lieux où je paſſe; mais mon cœur me feroit de continuels reproches, ſi je vous cachois que j'aime Antiope fille d'Idomenée. Non, mon cher Mentor, ce n'eſt pas une paſſion aveugle, comme celle dont vous m'avez guéri dans l'Ile de Calypſo; j'ai bien reconnu la profondeur de la playe, que l'amour m'avoit fait auprès d'Eucharis;

(5) *Si vous répondez par vos vertus à vôtre haute deſtinée.* C'eſt ainſi que Mr. de Fenelon parloit à ſon Eleve, deſtiné à remplir le Trône du Roi ſon Aieul. Toutes ces inſtructions, tous ces exemples ne tendoient qu'à former en lui un bon Roi.

je

je ne puis encore prononcer ſon nom ſans être troublé. Le tems & l'abſence n'ont pû l'effacer. Cette experience funeſte m'apprend à me défier de moi-même. Mais pour Antiope, ce que je reſſens n'a rien de ſemblable; ce n'eſt point amour paſſionné, c'eſt goût, c'eſt eſtime, c'eſt perſuaſion. Que je ſerois heureux, ſi je paſſois ma vie avec elle! Si jamais les Dieux me rendent mon pere, & qu'ils me permettent de choiſir une femme, Antiope ſera mon épouſe. Ce qui me touche en elle, c'eſt ſon ſilence, ſa modeſtie, ſa retraite, ſon travail aſſidu, ſon induſtrie pour les ouvrages de laine & de broderie, ſon application à conduire toute la maiſon de ſon Pere depuis que ſa Mere eſt morte, ſon mépris des vaines parures, l'oubli & l'ignorance même qui paroît en elle de ſa beauté. Quand Idomenée lui ordonne de mener les danſes des jeunes Cretoiſes au ſon des flûtes, on la prendroit pour la riante Venus, tant elle eſt accompagnée de graces. Quand il la mene avec lui à la chaſſe dans les forêts, elle paroît majeſtueuſe & adroite à tirer de l'arc comme Diane au milieu de ſes Nymphes. Elle ſeule ne le ſçait pas, & tout le monde l'admire. Quand elle entre dans le Temple des Dieux, & qu'elle porte ſur ſa tête les choſes ſacrées dans des corbeilles, on croiroit qu'elle eſt elle-même la Divinité, qui habite dans le Temple. Avec quelle crainte & quelle religion l'avons-nous vû offrir des ſacrifices, & détourner la colere des Dieux, quand il a falu expier quelque faute, ou détourner quelque funeſte préſage? Enfin quand on la voit avec une troupe de filles tenant en ſa main une aiguille d'or, on croit que c'eſt Minerve même, qui a pris ſur la terre une forme humaine, & qui inſpire aux hommes les beaux Arts. Elle anime les autres à travailler, elle leur adoucit le travail & l'ennui par les charmes de ſa voix, lorſqu'elle chante toutes les merveilleuſes hiſtoires des Dieux; & elle ſurpaſſe la plus exquiſe peinture par la délicateſſe de ſes broderies. Heureux l'homme qu'un doux Hymen unira avec elle! Il n'aura à craindre que de la perdre & de lui ſurvivre.

Je prens ici, mon cher Mentor, les Dieux à témoins que je ſuis tout prêt à partir. J'aimerai Antiope tant que je vivrai; mais elle ne retardera pas d'un moment mon retour à Ithaque. Si un autre la devoit poſſeder, je paſſerois le reſte de mes jours avec triſteſſe & amertume: mais enfin je la quitterai, quoique je ſache que l'abſence peut me la faire perdre. Je ne veux ni lui parler, ni parler à ſon Pere de mon amour; car je ne dois en parler qu'à vous ſeul, juſqu'à ce qu'Ulyſſe, remonté ſur ſon trône, m'ait déclaré qu'il y conſent. Vous pouvez reconnoître par là, mon cher Mentor, combien cet attachement eſt different de la paſſion, dont vous m'avez vû aveuglé pour Eucharis.

Mentor répondit: O Telemaque, je conviens de cette difference. Antiope eſt douce, ſimple, ſage; ſes mains ne mépriſent point le travail; elle prévoit de loin; elle pourvoit à tout; elle ſçait ſe taire & agir de ſuite ſans empreſſement. Elle eſt à toute heure occupée, & ne s'embaraſſe jamais, parce qu'elle fait chaque choſe à propos. Le bon ordre de la maiſon de ſon Pere eſt ſa gloire; elle en eſt plus ornée que de ſa beauté. Quoiqu'elle ait ſoin de tout, & qu'elle ſoit chargée de corriger, de refuſer, d'épargner, (choſes qui font haïr priſque toutes les femmes) elle s'eſt renduë aimable à toute la maiſon. C'eſt qu'on ne trouve en elle ni paſſion, ni entêtement, ni legereté, ni humeur, comme dans les autres femmes. D'un ſeul regard elle ſe fait entendre, & on craint de lui déplaire; elle donne des ordres précis; elle n'ordonne que ce qu'on peut executer; elle reprend avec bonté, & en reprenant elle encourage. Le cœur de ſon Pere ſe repoſe ſur elle, comme un voyageur, abattu par les ardeurs du Soleil, ſe repoſe à l'ombre ſur l'herbe tendre. Vous avez raiſon, Telemaque; Antiope eſt un treſor digne d'être recherché dans les terres les plus éloignées. Son eſprit non plus que ſon corps ne ſe pare jamais de vains ornemens. Son imagination, quoique vive, eſt retenuë. Elle ne parle que pour la neceſſité; & ſi elle ouvre la bouche, la douce perſuaſion & les graces naïves

naïves coulent de ſes lévres. Dès qu'elle parle, tout le monde ſe tait, & elle en rougit; peu s'en faut qu'elle ne ſupprime ce qu'elle a voulu dire, quand elle s'apperçoit qu'on l'écoute ſi attentivement; (6) à peine l'avons-nous entenduë parler.

Vous ſouvenez-vous, ô Telemaque, d'un jour que ſon Pere la fit venir? Elle parut, les yeux baiſſez, couverte d'un grand voile, & elle ne parla que pour moderer la colere d'Idomenée, qui vouloit faire punir rigoureuſement un de ſes eſclaves. D'abord elle entra dans ſa peine; puis elle le calma; enfin elle lui fit entendre ce qui pouvoit excuſer ce malheureux; & ſans faire ſentir au Roi qu'il s'étoit trop emporté, elle lui inſpira des ſentimens de juſtice & de compaſſion. Thetis, quand elle flate le vieux Nerée, n'appaiſe pas avec plus de douceur les flots irritez. Ainſi Antiope, ſans prendre aucune autorité & ſans ſe prévaloir de ſes charmes, maniera un jour le cœur de ſon époux, comme elle touche maintenant ſa lyre, quand elle en veut tirer les plus tendres accords. Encore une fois, Telemaque, vôtre amour pour elle eſt juſte; les Dieux vous la deſtinent; vous l'aimez d'un amour raiſonnable; il faut attendre qu'Ulyſſe vous la donne. Je vous louë de n'avoir pas voulu lui découvrir vos ſentimens; mais ſachez que ſi vous euſſiez pris quelques détours pour lui apprendre vos deſſeins, elle les auroit rejettez, & auroit ceſſé de vous eſtimer; elle ne ſe promettra jamais à perſonne; elle ſe laiſſera donner par ſon Pere; elle ne prendra jamais pour époux, qu'un homme qui craigne les Dieux, & qui rempliſſe toutes les bienſéances. Avez-vous obſervé comme moi, qu'elle

(6) *A peine l'avons-nous entenduë parler.* Tout ce portrait convient à Marie Thereſe d'Autriche, Infante d'Eſpagne, deſtinée à être l'Epouſe de Loüis XIV. C'eſt ainſi qu'en parla le Maréchal de Gramont au retour de ſon Ambaſſade, pour la demander au nom du Roi; & il dit, entre autres choſes, qu'à peine l'avoit il entenduë parler. La ſuite a juſtifié ce caractere. La Reine étoit une Princeſſe très bonne & très vertueuſe.

ſe montre encore moins, & qu'elle baiſſe plus les yeux depuis vôtre retour ? Elle ſçait tout ce qui vous eſt arrivé d'heureux dans la guerre. Elle n'ignore ni vôtre naiſſance, ni vos avantures, ni tout ce que les Dieux ont mis en vous. C'eſt ce qui la rend ſi modeſte & ſi réſervée. Allons, Telemaque, allons vers Ithaque. Il ne me reſte plus qu'à vous faire trouver vôtre Pere, & qu'à vous mettre en état d'obtenir une épouſe digne de l'Age d'or. Fût-elle Bergere dans la froide Algide, au lieu qu'elle eſt fille d'un Roi de Salente, vous ſerez trop heureux de la poſſeder.

Fin du vingt-deuxiéme Livre.

LES AVANTURES DE TELEMAQUE, FILS D'ULYSSE.

LIVRE VINGT-TROISIEME.

SOMMAIRE.

IDOMENEE, craignant le départ de ses deux hôtes, propose à Mentor plusieurs affaires embarrassantes, l'assurant qu'il ne les pourra regler sans son secours. Mentor lui explique comment il doit se comporter, & tient ferme pour remmener Telemaque. Idomenée essaye encore de les retenir en excitant la passion de ce dernier pour Antiope. Il les engage dans une partie de chasse, où il veut que sa fille se trouve. Elle y seroit déchirée par un sanglier sans Telemaque, qui la sauve. Il sent ensuite beaucoup de répugnance à la quiter & à prendre congé du Roi son pere. Mais étant encouragé par Mentor, il surmonte sa peine & s'embarque pour sa patrie.

Telemaque delivre Antiope d'un Sanglier.

IDOMENEE, qui craignoit le départ de Telemaque & de Mentor, ne songeoit qu'à le retarder. Il representa à Mentor qu'il ne pouvoit regler sans lui un different, qui s'étoit élevé entre Diophanes Prêtre de Jupiter Conservateur, & Heliodore Prêtre d'Apollon, sur les présages qu'on tire du vol des oiseaux & des entrailles des victimes. Pourquoi, lui dit Mentor, (1) vous mêleriez-vous des choses sacrées? Laissez-en la décision aux Etruriens, qui ont la Tradition des plus anciens Oracles, & qui sont inspirez pour être les Interpretes des Dieux. Employez seulement vôtre autorité à étouffer ces disputes dès leur naissance. Ne montrez ni partialité, ni prévention. Contentez-vous d'appuyer la décision, quand elle sera faite. Souvenez-vous qu'un Roi doit être soûmis à la Religion, & qu'il ne doit jamais entreprendre de la regler. La Religion vient des Dieux. Elle est au dessus des Rois. (2) Si les Rois se mêlent de la Religion, au lieu de la proteger ils la mettront en servitude. Les Rois sont si puissans, & les autres hommes sont si foibles, que (3) tout sera en péril d'être alteré au gré des Rois, si on les fait entrer dans les

(1) *Pourquoi vous mêleriez-vous des choses sacrées?* Voici ce qui confirme ce qu'on a dit ci-devant, qu'Idomenée est la figure de Charles I & de Jaques II, Rois d'Angleterre. L'affaire de la Liturgie & de l'Episcopat, dont le premier voulut être l'arbitre; & les changemens que le second vouloit introduire dans la Religion & dans le Gouvernement, furent ce qui les renversa du Trône.

(2) *Si les Rois se mêlent de la Religion, au lieu de la proteger ils la metront en servitude.* C'est ce qui est arrivé en France. La Religion Reformée y a été mise en servitude par une autorité usurpée injustement, jusqu'à ce qu'elle ait été bannie ensuite par une proscription encore plus injuste.

(3) *Tout sera en péril, &c.* C'est ce, qui a mis l'Angleterre en trouble, & ce qui a commencé de brouiller la France dès le tems de Mr. de Fenelon, tant à l'occasion de son Livre des *Maximes des Saints*, qu'à l'occasion des V Propositions.

que-

questions, qui regardent les choses sacrées. Laissez donc en pleine liberté la décision aux amis des Dieux, & bornez-vous à réprimer ceux, qui n'obéïront pas à leur jugement, quand il aura été prononcé.

Ensuite Idomenée se plaignit de l'embarras, où il étoit sur un grand nombre de procez entre divers Particuliers, qu'on le pressoit de juger. Décidez, lui répondit Mentor, toutes les questions nouvelles qui vont à établir des maximes generales de Jurisprudence & à interpreter les Loix: mais ne vous chargez jamais de juger les causes particulieres; elles viendroient toutes en foule vous assiéger. Vous seriez l'unique Juge de tout vôtre peuple. Tous les autres Juges, qui sont sous vous, deviendroient inutiles. Vous seriez accablé; & ces petites affaires vous déroberoient aux grandes, sans que vous pussiez suffire à regler le détail des petites. Gardez-vous donc bien de vous jetter dans cet embarras. Renvoyez les affaires des Particuliers aux Juges ordinaires. Ne faites que ce que nul autre ne peut faire pour vous soulager. Vous ferez alors les veritables fonctions de Roi.

On me presse encore, disoit Idomenée, de faire certains mariages. Les personnes d'une naissance distinguée, qui m'ont suivi dans toutes les guerres, & qui ont perdu de très-grands biens en me servant, voudroient trouver une espece de récompense, (4) en épousant certaines filles riches; je n'ai qu'un mot à dire pour leur procurer ces établissemens. Il est vrai, répondit Mentor, qu'il ne vous en coûteroit qu'un mot; mais ce mot lui-même vous couteroit trop cher. Voudriez-vous ôter aux peres & aux meres la liberté & la consolation de choisir leurs gendres, & par consequent leurs heritiers? Ce seroit mettre toutes les familles dans le plus rigoureux esclavage.

(4) *En épousant certaines filles riches, &c.* On blâme ici quantité de Mariages forcés, que le Roi a fait faire par son autorité ou pour recompenser ses officiers, ou pour placer certaines filles, qui ne lui avoient pas déplu avant leur mariage.

Vous

Vous vous rendriez reſponſable de tous les malheurs domeſtiques de vos Citoyens. Les mariages ont aſſez d'épines, ſans leur donner encore cette amertume. Si vous avez des ſerviteurs fideles à récompenſer, donnez-leur des terres incultes; ajoûtez-y des rangs & des honneurs proportionnez à leur condition & à leurs ſervices. Ajoûtez-y, s'il le faut, quelque argent pris par vos épargnes ſur les fonds deſtinez à vôtre dépenſe. Mais ne payez jamais vos dettes en ſacrifiant les filles riches, malgré leur parenté.

IDOMENEE paſſa bientôt de cette queſtion à une autre. Les Sybarites (*a*), diſoit-il, ſe plaignent de ce que nous avons uſurpé des terres (5), qui leur appartiennent, & de ce que nous les avons données, comme des champs à défricher, aux Etrangers que nous avons attirez depuis peu ici. Cederai je à ces peuples? Si je le fais, chacun croira qu'il n'a qu'à former des prétenſions ſur nous. Il n'eſt pas juſte, répondit Mentor, de croire les Sybarites dans leur propre cauſe; mais il n'eſt pas juſte auſſi de vous croire dans la vôtre. Qui croirons-nous donc? repartit Idomenée. Il ne faut croire, pourſuivit Mentor, aucune des deux Parties: mais il faut prendre pour Arbitre un peuple voiſin, qui ne ſoit ſuſpect d'aucun côté: tels ſont les Sipontins: ils n'ont aucun interêt contraire aux vôtres. Mais ſuis-je obligé, répondit Idomenée,

(*a*) *Les Sibarites étoient les peuples de l'ancienne Sibari, Ville de la grande Grece en Italie, qui étoit ſi puiſſante, qu'elle avoit ſous ſa domination vingt-cinq autres villes avec leurs dépendances. Cette Ville fut ruïnée par les Crotoniates, & l'on en voit encore les ruïnes ſous le nom de Sibari Rouinata dans la Calabre Citerieure.*

(5) *Les Sibarites ſe plaignent de ce que nous avons uſurpé des terres, qui leur apartiennent, &c.* Ceci regarde encore les réunions faites en vertu des Chambres de Briſach & de Metz, mais particulierement l'invaſion de pluſieurs places que le Roi prit aux Païs bas en 1681 en pleine paix. Les Eſpagnols s'en plaignirent: le Roi vouloit retenir Aloſt, ou avoir Luxembourg. Il prit le Roi d'Angleterre pour arbitre, & attaqua néanmoins Luxembourg peu après, Add.

menée, à croire quelque Arbitre? Ne suis-je pas Roi? Un Souverain est-il obligé à se soûmettre à des étrangers sur l'étenduë de sa domination? Mentor reprit ainsi le discours: Puisque vous voulez tenir ferme, il faut que vous jugiez que vôtre droit est bon. D'un autre côté les Sybarites ne relâchent rien; ils soûtiennent que leur droit est certain. Dans cette opposition de sentimens, il faut qu'un Arbitre choisi par les Parties vous accommode, ou que le sort des armes décide. Il n'y a point de milieu. Si vous entriez dans une République, où il n'y eût ni Magistrats ni Juges, & où chaque famille se crût en droit de se faire justice à elle-même par violence sur toutes ses prétensions contre ses voisins, vous déploreriez le malheur d'une telle Nation, & vous auriez horreur de cet affreux desordre, où toutes les familles s'armeroient les unes contre les autres. Croyez-vous que les Dieux regardent avec moins d'horreur le monde entier, qui est la République universelle, si chaque peuple, qui n'y est que comme une grande famille, se croit en plein droit de se faire par violence justice à soi-même sur toutes ses prétensions contre les autres peuples voisins? Un Particulier, qui possede un champ comme l'heritage de ses ancêtres, ne peut s'y maintenir que par l'autorité des Loix & par le jugement du Magistrat. Il seroit très-severement puni comme un seditieux, s'il vouloit conserver par la force ce que la justice lui a donné. (6) Croyez-vous que les Rois puissent employer d'abord la violence pour soûtenir leurs prétensions, sans avoir tenté toutes les voyes de douceur & d'humanité? La justice n'est-elle pas encore plus sacrée & plus inviolable pour les Rois par rapport à des païs entiers, que pour les familles par rapport à quelques champs

(6) *Croyez-vous que les Rois, &c.* Le Roi employa d'abord la violence pour soutenir les prétensions de la Reine en 1667, sur les Païs-bas. Il les envoya à la vérité déclarer à Madrid, mais ses Armées furent aussitôt en Campagne, & la plûpart des places furent conquises avant qu'on fût en état de s'y opposer.

labourez?

labourez? Sera-t-on injuste & ravisseur, quand on ne prend que quelques arpens de terre? Sera-t-on juste, sera-t-on Heros, quand on prend des Provinces? Si on se prévient, si on se flâte, si on s'aveugle dans les petits interêts des Particuliers, ne doit-on pas encore plus craindre de se flâter & de s'aveugler sur les grands interêts d'Etat? Se croira-t-on soi-même dans une matiere, où l'on a tant de raisons de se défier de soi? Ne craindra-t-on point de se tromper dans des cas, où l'erreur d'un seul homme a des consequences affreuses? L'erreur d'un Roi, qui se flate sur ses prétensions, cause souvent des ravages, des famines, des massacres, des pestes, des dépravations de mœurs, dont les effets funestes s'étendent jusques dans les siecles les plus reculez. Un Roi, qui assemble toûjours tant de flateurs autour de lui, ne craindra-t-il point d'être flaté en ces occasions? S'il convient de quelque Arbitre pour terminer le differend, il montre son équité, sa bonne foi, sa moderation. (7) Il publie les solides raisons, sur lesquelles sa cause est fondée. L'Arbitre choisi est un Mediateur amiable, & non un Juge de rigueur. On ne se soûmet pas aveuglément à ses décisions; mais on a pour lui une grande déference. Il ne prononce pas une Sentence en Juge Souverain; mais il fait des propositions; & on sacrifie quelque chose par ses conseils, pour conserver la paix. Si la guerre vient malgré tous les soins qu'un Roi prend pour conserver la paix, il a du moins alors pour lui le témoignage de sa conscience, l'estime de ses voisins, & la juste protection des Dieux. Idomenée, touché de ces discours, consentit que les Sipontins fussent médiateurs entre lui & les Sybarites.

(7) Le Roi publia les raisons, sur lesquelles ses prétensions étoient fondées, mais loin de s'en raporter à un arbitre, il les apuya du droit du Canon; & si des Avocats païez par Louvois travaillerent pour la forme à les établir, ce ne fut que pour lui donner gain de cause, sans seulement ouïr les parties.

Alors le Roi, voyant que tous les moyens de retenir les deux Etrangers lui échappoient, essaya de les arrêter par un lien plus fort. Il avoit remarqué que Telemaque aimoit Antiope, & il espéra de le prendre par cette passion. Dans cette vûë il la fit chanter plusieurs fois pendant des festins. Elle le fit pour ne desobéïr pas à son Pere, mais avec tant de modestie & de tristesse, qu'on voyoit bien la peine qu'elle souffroit en obéïssant. Idomenée alla jusqu'à vouloir qu'elle chantât la victoire remportée sur les Dauniens & sur Adraste. Mais elle ne put se résoudre à chanter les loüanges de Telemaque ; elle s'en défendit avec respect, & son Pere n'osa la contraindre. Sa voix douce & touchante pénétroit le cœur du jeune fils d'Ulysse ; il étoit tout émû. Idomenée, qui avoit les yeux attachez sur lui, jouïssoit du plaisir de remarquer son trouble. Mais Telemaque ne faisoit pas semblant d'appercevoir les desseins du Roi. Il ne pouvoit s'empêcher en ces occasions d'être fort touché. Mais la raison étoit en lui au dessus du sentiment, & ce n'étoit plus ce même Telemaque, qu'une passion tyrannique avoit autrefois captivé dans l'Ile de Calypso. Pendant qu'Antiope chantoit, il gardoit un profond silence. Dès qu'elle avoit fini, il se hâtoit de tourner la conversation sur quelqu'autre matiere.

Le Roi ne pouvant par cette voye réüssir dans son dessein prit enfin la résolution de faire une grande chasse, dont il voulut donner le plaisir à sa fille. Antiope pleura, ne voulant point y aller : mais il falut executer l'ordre de son Pere. Elle monte un cheval écumant, fougueux, & semblable à ceux que Castor domptoit pour les combats. Elle le conduit sans peine. Une troupe de jeunes filles la suit avec ardeur ; elle paroît au milieu d'elles comme Diane dans les forêts. Le Roi la voit, & il ne peut se lasser de la voir. En la voyant il oublie tous ses malheurs passez. Telemaque la voit aussi, & il est encore plus touché de la modestie d'Antiope, que de son adresse & de toutes ses graces. Les chiens pourſuivoient un Sanglier d'une grandeur énorme, & furieux comme celui de Calydon ; ſes longues ſoïes étoient dures & heriſſées comme des dards ; ſes yeux étincelans étoient pleins de ſang & de feu ; ſon ſoufle ſe faiſoit entendre de loin, comme le bruit ſourd des vents ſéditieux, quand Eole les rappelle dans ſon Antre pour appaiſer les tempêtes ; ſes défenſes longues & crochuës comme la faulx tranchante des moiſſonneurs coupoient le tronc des arbres. Tous les chiens qui oſoient approcher étoient déchirez. Les plus hardis chaſſeurs en le pourſuivant craignoient de l'atteindre. Antiope, legere à la courſe comme les vents, ne craignit point de l'attaquer de près ; elle lui lance un trait, qui le perce au deſſus de l'épaule. Le ſang de l'animal farouche ruiſſelle, & le rend plus furieux. Il ſe tourne vers celle qui l'a bleſſé. Auſſitôt le cheval d'Antiope, malgré ſa fierté, fremit & recule. Le Sanglier monſtrueux s'élance contre lui, ſemblable aux peſantes machines, qui ébranlent les murailles des plus fortes villes. Le courſier chancelle, & eſt abattu. (8) Antiope ſe voit par terre hors d'état d'éviter le coup fatal de la défenſe du ſanglier animé contre elle. Mais Telemaque, attentif au danger d'Antiope, étoit déja deſcendu de cheval plus prompt que les éclairs ; il ſe jette entre le cheval abattu, & le Sanglier, qui revient pour venger ſon ſang. Il tient dans ſes mains un long dard, & l'enfonce preſque tout entier dans le flanc de l'horrible animal, qui tombe plein de rage.

A l'inſtant Telemaque en coupe la hure, qui fait encore peur quand on la voit de près, & qui étonne tous les chaſſeurs. Il la preſente à Antiope. Elle en rougit ; elle conſulte des yeux ſon Pere, qui, après avoir été ſaiſi de frayeur, eſt tranſporté de joie de la voir hors du péril, & lui fait ſigne qu'elle doit accepter ce don. En

(8) *Antiope ſe voit par terre, &c.* Ceci regarde une partie de chaſſe, où Louïs XIV mena Madame de la Valiere en Amazone, & où elle fit une chute, dont le Roi fut fort affligé.

le prenant elle dit à Telemaque : Je reçois de vous avec reconnoissance un autre don plus grand ; car je vous dois la vie. A peine eut-elle parlé, qu'elle craignit d'avoir trop dit ; elle baissa les yeux ; & Telemaque, qui vit son embarras, n'osa lui dire que ces paroles : Heureux le fils d'Ulysse d'avoir conservé une vie si précieuse ! Mais plus heureux encore s'il pouvoit passer la sienne auprès de vous ! Antiope, sans lui repondre, rentra brusquement dans la troupe de ses jeunes compagnes, où elle remonta à cheval.

IDOMENEE auroit dès ce moment promis sa fille à Telemaque ; mais il espera d'enflamer davantage sa passion en le laissant dans l'incertitude, & crut même le retenir encore à Salente par le desir d'assurer son mariage. Idomenée raisonnoit ainsi en lui-même ; mais les Dieux se jouent de la sagesse des hommes. Ce qui devoit retenir Telemaque, fut précisément ce qui le pressa de partir. Ce qu'il commençoit à sentir, le mit dans une juste défiance de lui-même. Mentor redoubla ses soins pour lui inspirer un desir impatient de s'en retourner à Ithaque ; il pressa Idomenée de le laisser partir ; le Vaisseau étoit déja prêt. Ainsi Mentor, qui regloit tous les momens de la vie de Telemaque pour l'élever à la plus haute gloire, ne l'arrêtoit en chaque lieu, qu'autant qu'il le falloit pour exercer sa vertu, & pour lui faire acquerir de l'experience. Mentor avoit eu soin de faire préparer le Vaisseau dès l'arrivée de Telemaque ; mais Idomenée, qui avoit eu beaucoup de répugnance à le voir préparer, tomba dans une tristesse mortelle & dans une désolation à faire pitié, lorsqu'il vit que ces deux hôtes, dont il avoit tiré tant de secours, alloient l'abandonner. Il se renfermoit dans les lieux les plus secrets de sa maison ; là il soulageoit son cœur, en poussant des gémissemens, & en versant des larmes ; il oublioit le soin de se nourrir ; le sommeil n'adoucissoit plus ces cuisantes peines ; il se dessechoit, il se consumoit par ses inquietudes. Semblable à un grand arbre, qui

qui couvre la terre de ses rameaux épais, & dont un ver commence à ronger la tige dans les canaux déliez, où la séve coule pour sa nourriture. Cet arbre, que les vents n'ont jamais ébranlé, que la terre féconde se plaît à nourrir dans son sein, & que la hache du Laboureur a toûjours respecté, ne laisse pas de languir, sans qu'on puisse découvrir la cause de son mal; il se flêtrit, il se dépouille de ses feuilles, qui sont sa gloire; il ne montre plus qu'un tronc couvert d'une écorce entr'ouverte & des branches séches. Tel parut Idomenée dans sa douleur.

Telemaque attendri n'osoit lui parler. Il craignoit le jour du départ. Il cherchoit des prétextes pour le retarder, & il seroit demeuré longtems dans cette incertitude, si Mentor ne lui eût dit : Je suis bien aise de vous voir si changé. Vous étiez né dur & hautain, vôtre cœur ne se laissoit toucher que de vos commoditez & de vos interêts : mais vous êtes enfin devenu homme, & vous commencez par l'experience de vos maux à compatir à ceux des autres : sans cette compassion on n'a ni bonté, ni vertu, ni capacité pour gouverner les hommes; mais il ne faut pas la pousser trop loin, ni tomber dans une amitié foible. Je parlerois volontiers à Idomenée pour le faire consentir à vôtre départ, & je vous épargnerois l'embarras d'une conversation si fâcheuse; mais je ne veux point que la mauvaise honte & la timidité dominent vôtre cœur. Il faut que vous vous accoûtumiez à mêler le courage & la fermeté avec une amitié tendre & sensible. Il faut craindre d'affliger les hommes sans necessité; il faut entrer dans leurs peines, quand on ne peut éviter de leur en faire, & adoucir, le plus qu'on peut, le coup qu'il est impossible de leur épargner entiérement. C'est pour chercher cet adoucissement, répondit Telemaque, que j'aimerois mieux qu'Idomenée apprit nôtre départ par vous que par moi.

Mentor lui dit aussitôt: Vous vous trompez, mon cher Telemaque; vous êtes né comme les enfans des Rois nourris dans la pourpre, qui veulent que tout se faſſe à leur mode, & que toute la nature obéïſſe à leur volonté, mais qui n'ont pas la force de réſiſter à perſonne en face. Ce n'eſt pas qu'ils ſe ſoucient des hommes, ni qu'ils craignent par bonté de les affliger, mais c'eſt pour leur propre commodité; ils ne veulent point voir autour d'eux des viſages triſtes & mécontens. Les peines & les miſéres des hommes ne les touchent point, pourvû qu'elles ne ſoient pas ſous leurs yeux; s'ils en entendent parler, ce diſcours les importune & les attriſte. Pour leur plaire, il faut toûjours leur dire que tout va bien. Pendant qu'ils ſont dans leurs plaiſirs, ils ne veulent rien voir ni entendre, qui puiſſe interrompre leur joie. Faut-il reprendre, corriger, détromper quelqu'un, réſiſter aux prétenſions & aux paſſions injuſtes d'un homme importun? Ils en donneront toûjours la commiſſion à une autre perſonne, plûtôt que de parler eux-mêmes avec une douce fermeté. Dans ces occaſions, ils ſe laiſſeroient plûtôt arracher les graces les plus injuſtes; ils gâteroient les affaires les plus importantes, faute de ſavoir décider contre le ſentiment de ceux, avec qui ils ont à faire tous les jours. Cette foibleſſe qu'on ſent en eux fait que chacun ne ſonge qu'à s'en prévaloir; on les preſſe, on les importune, on les accable, & on réüſſit en les accablant. D'abord on les flate, & on les encenſe pour s'inſinuer; mais dès qu'on eſt dans leur confiance, & qu'on eſt auprès d'eux dans les emplois de quelque autorité, on les mene loin; on leur impoſe le joug. Ils en gémiſſent, ils veulent ſouvent le ſecoüer, mais ils le portent toute leur vie; (9) ils ſont jaloux de ne paroître point gouvernez, & ils le ſont toûjours; ils ne peuvent même ſe paſſer de l'être; car ils ſont ſemblables à ces foibles tiges de Vignes, qui n'ayant par elles-mêmes aucun ſoûtien

(9) *Ils ſont jaloux de ne paroître point gouvernez, & ils le ſont toûjours.* Telle fut encore la conduite de Loüis XIV. Il ne vouloit pas qu'il fût dit que ſes Miniſtres le gouvernoient; & perſonne ne fut jamais plus gouverné que lui.

rampent

rampent toûjours autour du tronc de quelque grand arbre.

Je ne souffrirai point, ô Telemaque, que vous tombiez dans ce défaut, qui rend un homme imbecile pour le gouvernement. Vous, qui êtes tendre jusqu'à n'oser parler à Idomenée, vous ne serez plus touché de ses peines, dès que vous serez sorti de Salente. Ce n'est point sa douleur, qui vous attendrit; c'est sa presence, qui vous embarasse. Allez parler vous-même à Idomenée; apprenez dans cette occasion à être tendre & ferme tout ensemble; montrez-lui vôtre douleur de le quitter; mais montrez-lui aussi d'un ton décisif la necessité de vôtre départ.

Telemaque n'osoit ni résister à Mentor, ni aller trouver Idomenée; il étoit honteux de sa crainte, & n'avoit plus le courage de la surmonter; il hesitoit, il faisoit deux pas, & revenoit incontinent pour alleguer à Mentor quelque nouvelle raison de differer: mais le seul regard de Mentor lui ôtoit la parole, & faisoit disparoître tous ses beaux prétextes. Est-ce donc là, disoit Mentor en soûriant, ce Vainqueur des Dauniens, ce Liberateur de la grande Hesperie, & ce Fils du sage Ulysse, qui doit être après lui l'Oracle de la Grece? Il n'ose dire à Idomenée, qu'il ne peut plus retarder son retour dans sa patrie pour revoir son pere. O peuple d'Ithaque! combien seriez-vous malheureux un jour, si vous aviez un Roi que la mauvaise honte domine, & qui sacrifie les plus grands interêts à ses foiblesses sur les plus petites choses. Voyez, Telemaque, quelle difference il y a entre la valeur dans les combats & le courage dans les affaires: vous n'avez point craint les armes d'Adraste, & vous craignez la tristesse d'Idomenée. Voilà ce qui deshonore les Princes, qui ont fait les plus grandes actions. Après avoir paru des Heros dans la guerre, ils se montrent les derniers des hommes dans les actions communes, où d'autres se soûtiennent avec vigueur.

TELEMAQUE sentant la verité de ces paroles, & piqué de ce reproche, partit brusquement sans s'écouter soi-même. Mais à peine commença-t-il à paroître dans le lieu où Idomenée étoit assis, les yeux baissez, languissans & abatus de tristesse, qu'ils se craignirent l'un l'autre. Ils n'osoient se regarder ; ils s'entendoient sans se rien dire, & chacun craignoit que l'autre ne rompît le silence ; ils se mirent tous deux à pleurer. Enfin Idomenée, pressé d'un excès de douleur, s'écria : A quoi sert de rechercher la vertu, si elle récompense si mal ceux qui l'aiment ? Aprés m'avoir remontré ma foiblesse, on m'abandonne. Hé bien ! je vais retomber dans tous mes malheurs ; qu'on ne me parle plus de bien gouverner ; non, je ne puis le faire ; je suis las des hommes. Où voulez-vous aller, Telemaque ? Vôtre Pere n'est plus ; vous le cherchez inutilement ; Ithaque est en proye à vos ennemis ; ils vous feront périr, si vous y retournez. Quelqu'un d'entr'eux aura épousé vôtre Mere : demeurez ici : vous serez mon gendre & mon heritier ; vous regnerez après moi. Pendant ma vie même, vous aurez ici un pouvoir absolu : ma confiance en vous sera sans bornes. Que si vous êtes insensible à tous ces avantages, du moins laissez-moi Mentor, qui est toute ma ressource. Parlez ; répondez-moi ; n'endurcissez point vôtre cœur ; ayez pitié du plus malheureux de tous les hommes. Quoi ! vous ne dites rien ? Ah ! je comprens combien les Dieux me sont cruels. Je le sens encore plus rigoureusement qu'en Crete, lorsque je perçai mon propre fils.

ENFIN Telemaque lui répondit d'une voix troublée & timide : Je ne suis point à moi ; les destinées me rappellent dans ma patrie. Mentor, qui a la sagesse des Dieux, m'ordonne en leur nom de partir. Que voulez-vous que je fasse ? Renoncerai-je à mon pere, à ma mere, à ma patrie, qui me doit être encore plus chere qu'eux ? Etant né pour être Roi, je ne suis pas destiné à une vie douce & tranquile ni à suivre mes inclinations.

Vôtre Royaume eſt plus riche & plus puiſſant que celui de mon Pere : mais je dois préferer ce que les Dieux me deſtinent, à ce que vous avez la bonté de m'offrir. Je me croirois heureux, ſi j'avois Antiope pour épouſe, ſans eſpérance de vôtre Royaume. Mais pour m'en rendre digne, il faut que j'aille où mes devoirs m'appellent, & que ce ſoit mon Pere, qui vous la demande pour moi. Ne m'avez vous pas promis de me renvoyer à Ithaque ? N'eſt-ce pas ſur cette promeſſe, que j'ai combattu pour vous contre Adraſte avec les Alliez ? Il eſt tems que je ſonge à réparer mes malheurs domeſtiques. Les Dieux, qui m'ont donné à Mentor, ont auſſi donné Mentor au fils d'Ulyſſe, pour lui faire remplir ſes deſtinées. Voulez vous que je perde Mentor, après avoir perdu tout le reſte ? Je n'ai plus ni bien, ni retraite, ni Pere, ni Mere, ni Patrie aſſurée ; il ne me reſte qu'un homme ſage & vertueux, qui eſt le plus précieux don de Jupiter. Jugez vous-même ſi je puis y renoncer, & conſentir qu'il m'abandonne ? Non, je mourrois plûtôt ; arrachez-moi la vie ; la vie n'eſt rien ; mais ne m'arrachez pas Mentor.

A meſure que Telemaque parloit, ſa voix devenoit plus forte, & ſa timidité diſparoiſſoit. Idomenée ne ſavoit que répondre, & ne pouvoit demeurer d'accord de ce que le fils d'Ulyſſe lui diſoit. Lorſqu'il ne pouvoit plus parler, du moins il tâchoit par ſes regards & par ſes geſtes de faire pitié. Dans ce moment il vit paroître Mentor, qui lui dit ces graves paroles : Ne vous affligez point, nous vous quittons, mais la Sageſſe, qui préſide aux Conſeils des Dieux, demeurera ſur vous ; croyez ſeulement, que vous êtes trop heureux que Jupiter nous ait envoyez ici, pour ſauver vôtre Royaume & pour vous ramener de vos égaremens. Philocles, que nous vous avons rendu, vous ſervira fidelement. La crainte des Dieux, le goût de la vertu, l'amour des peuples, la compaſſion pour les miſerables, ſeront toûjours dans ſon cœur. Ecoutez-le ; ſervez-vous de lui avec confiance & ſans jalouſie. Le plus grand ſervice que vous puiſſiez en

tirer,

tirer, eſt de l'obliger à vous dire tous vos défauts ſans adouciſſement. Voilà en quoi conſiſte le plus grand courage d'un bon Roi, que de chercher de vrais amis, qui lui faſſent remarquer ſes fautes. Pourvû que vous ayez ce courage, nôtre abſence ne vous nuira point, & vous vivrez heureux. Mais ſi la flaterie, qui ſe gliſſe comme un ſerpent, retrouve un chemin juſqu'à vôtre cœur, pour vous mettre en défiance contre les conſeils deſintereſſez, vous êtes perdu. Ne vous laiſſez point abatre à la douleur; mais efforcez-vous de ſuivre la vertu. J'ai dit à Philocles tout ce qu'il doit faire pour vous ſoulager & pour n'abuſer jamais de vôtre confiance; je puis vous répondre de lui; les Dieux vous l'ont donné, comme ils m'ont donné à Telemaque. Chacun doit ſuivre courageuſement ſa deſtinée; il eſt inutile de s'affliger. Si jamais vous avez beſoin de mon ſecours, après que j'aurai rendu Telemaque à ſon Pere & à ſon païs, je reviendrai vous voir. Que pourrois-je faire, qui me donnât un plaiſir plus ſenſible? Je ne cherche ni biens, ni autorité ſur la terre. Je ne veux qu'aider ceux, qui cherchent la juſtice & la vertu. Pourrois-je jamais oublier la confiance & l'amitié, que vous m'avez témoignée?

A ces mots Idomenée fut tout-à-coup changé; il ſentit ſon cœur appaiſé, comme Neptune de ſon trident appaiſe les flots en courroux & les plus noires tempêtes. Il reſtoit ſeulement en lui une douleur douce & paiſible; c'étoit plûtôt une triſteſſe & un ſentiment tendre qu'une vive douleur. Le courage, la confiance, la vertu, l'eſpérance du ſecours des Dieux commencérent à renaître au dedans de lui.

He bien, dit-il, mon cher Mentor, il faut donc tout perdre, & ne ſe point décourager! Du moins ſouvenez-vous d'Idomenée, quand vous ſerez arrivé à Ithaque, où vôtre ſageſſe vous comblera de proſperité. N'oubliez pas que Salente fut vôtre ouvrage, & que vous y avez laiſſé un Roi malheureux, qui n'eſpere qu'en vous. Allez, digne fils

fils d'Ulysse, je ne vous retiens plus; je n'ai garde de résister aux Dieux, qui m'avoient prêté un si grand trésor. Allez aussi, Mentor, le plus grand & le plus sage de tous les hommes, (si toutefois l'Humanité peut faire ce que j'ai vû en vous, & si vous n'êtes point une Divinité sous une forme empruntée, pour instruire les hommes foibles & ignorans;) allez, conduisez le fils d'Ulysse, plus heureux de vous avoir que d'être le vainqueur d'Adraste. Allez tous deux; je n'ose plus parler; pardonnez mes soûpirs. Allez, vivez, soyez heureux ensemble; il ne me reste plus rien au monde que le souvenir de vous avoir possedez ici. O beaux jours, trop heureux jours, jours, dont je n'ai pas connu assez le prix! Jours trop rapidement écoulez, vous ne reviendrez jamais! Jamais mes yeux ne reverront ce qu'ils voyent!

MENTOR prit ce moment pour le départ. Il embrassa Philocles, qui l'arrosa de ses larmes, sans pouvoir parler. Telemaque voulut prendre Mentor par la main pour se retirer de celles d'Idomenée; mais Idomenée, prenant le chemin du Port, se mit entre Mentor & Telemaque; il les regardoit, il gémissoit, il commençoit des paroles entrecoupées, & n'en pouvoit achever aucune.

CEPENDANT on entend des cris confus sur le rivage couvert de matelots; on tend les cordages; on leve les voiles; le vent favorable se leve. Telemaque & Mentor les larmes aux yeux prennent congé du Roi, qui les tient longtems serrez entre ses bras, & qui les suit des yeux aussi loin qu'il le peut.

Fin du vingt-troisiéme Livre.

LES

LES AVANTURES DE TELEMAQUE, FILS D'ULYSSE.

LIVRE VINGT-QUATRIEME.

SOMMAIRE.

PENDANT leur navigation, Telemaque se fait expliquer par Mentor plusieurs difficultez sur la maniere de bien gouverner les peuples; entre autres celle de connoitre les hommes, pour n'employer que les bons, & n'être point trompé par les mauvais. Sur la fin de leur entretien, le calme de la mer les oblige à relâcher dans une Ile, où Ulysse venoit d'aborder. Telemaque l'y voit & lui parle sans le reconnoitre. Mais après l'avoir vû embarquer, il sent un trouble secret, dont il ne peut concevoir la cause. Mentor la lui explique, le console, l'assure qu'il rejoindra bientôt son Pere, & éprouve sa piété

&

Telemaque retrouve Ulisse.

& sa patience, en retardant son départ pour faire un sacrifice à Minerve. Enfin la Déesse Minerve, cachée sous la figure de Mentor, reprend sa forme & se fait connoitre. Elle donne à Telemaque ses dernieres instructions, & disparoit. Après quoi, Telemaque arrive à Ithaque, & retrouve Ulysse son pere chez le fidele Eumée.

EJA les voiles s'enflent, on leve les ancres, la terre semble s'enfuir, & le Pilote experimenté apperçoit de loin les montagnes de Leucate (*a*), dont la tête se cache dans un tourbillon de frimats glacez, & les Monts Acrocerauniens (*b*), qui montrent encore un front orgueilleux au Ciel, après avoir été si souvent écrasez par la foudre.

PENDANT cette navigation, Telemaque disoit à Mentor: Je crois maintenant concevoir les maximes du Gouvernment, que vous m'avez expliquées; d'abord elles me paroissoient comme un songe, mais peu à peu elles se démêlent dans mon esprit & s'y presentent clairement, comme tous les objets paroissent sombres le matin aux premieres lueurs de l'Aurore, mais ensuite ils semblent sortir comme d'un cahos, quand la lumiere, qui croît insensiblement, les distingue, & leur rend, pour ainsi dire, leurs figures & leurs couleurs naturelles. Je suis très-persuadé que le point essentiel du Gouvernement est de discerner les differens caracteres d'esprit, pour les choisir & les appliquer selon leurs talens. Mais il me reste à savoir comment on peut se connoître en hommes.

ALORS Mentor lui répondit: Il faut étudier les hommes pour les connoître; & pour les connoître, il

(a) Leucate est un Promontoire de l'Epire.

(b) Les Monts Acrocerauniens sont ceux de la Chimere, dont on a déja parlé, aussi dans l'Epire.

en

en faut voir & traiter avec eux. Les Rois doivent converser avec leurs Sujets, les faire parler, les consulter, les éprouver par de petits emplois, dont ils leur fassent rendre compte, pour voir s'ils sont capables des plus hautes fonctions. Comment est-ce, mon cher Telemaque, que vous avez appris à Ithaque à vous connoître en chevaux? C'est à force d'en voir & de remarquer leurs défauts & leurs perfections avec des gens experimentez. Tout de même, parlez souvent des bonnes & des mauvaises qualitez des hommes avec d'autres hommes sages & vertueux, qui ayent longtems étudié leurs caracteres. Vous apprendrez insensiblement comment ils sont faits, & ce qu'il est permis d'en attendre. Qui est-ce, qui vous a appris à connoître les bons & les mauvais Poëtes? C'est la frequente lecture, & la reflexion avec des gens, qui avoient le goût de la Poësie. Qui est-ce, qui vous a acquis le discernement sur la Musique? C'est la même application à observer les bons Musiciens. Comment peut-on esperer de bien gouverner les hommes, si on ne les connoît pas? Et comment les connoîtra-t-on, si on ne vit jamais avec eux? Ce n'est pas vivre avec eux que de les voir en public, où l'on ne dit de part & d'autre que des choses indifferentes & préparées avec art. Il est question de les voir en particulier, de tirer du fond de leur cœur toutes les ressources secretes, qui y sont, de les tâter de tous côtez, de les sonder pour découvrir leurs maximes. Mais pour bien juger des hommes, il faut commencer par savoir ce qu'ils devoient être; il faut savoir ce que c'est que le vrai & solide merite, pour discerner ceux qui en ont, d'avec ceux qui n'en ont pas. On ne cesse de parler de vertu & de merite, sans savoir ce que c'est précisément que le merite & la vertu. Ce ne sont que de beaux noms, que des termes vagues pour la plûpart des hommes, qui se font honneur d'en parler à toute heure. Il faut avoir des principes certains de justice, de raison, & de vertu, pour connoître ceux qui sont raisonnables &

vertueux.

vertueux. Il faut ſavoir les maximes d'un bon & ſage Gouvernement, pour connoître les hommes qui les ont, & ceux qui s'en éloignent par une fauſſe ſubtilité. En un mot, pour meſurer pluſieurs corps, il faut avoir une meſure fixe. Pour juger, il faut avoir, tout de même, des principes conſtans, auxquels tous nos jugemens ſe réduiſent. Il faut ſavoir préciſément, quel eſt le but de la vie humaine, & quelle fin on doit ſe propoſer en gouvernant les hommes. Ce but unique & eſſentiel eſt de ne vouloir jamais l'autorité & la grandeur pour ſoi; car cette recherche ambitieuſe n'iroit qu'à ſatisfaire un orgueil tyrannique; mais on doit ſe ſacrifier dans les peines infinies du Gouvernement, pour rendre les hommes bons & heureux. Autrement on marche à tâtons & au hazard pendant toute la vie. On va comme un Navire en pleine mer, qui n'a point de Pilote, qui ne conſulte point les Aſtres, & à qui toutes les côtes voiſines ſont inconnuës: il ne peut que faire naufrage.

Souvent les Princes, faute de ſavoir en quoi conſiſte la vraye vertu, ne ſavent point ce qu'ils doivent chercher dans les hommes. La vraye vertu a pour eux quelque choſe d'âpre; elle leur paroît trop auſtere & indépendante; elle les effraye & les aigrit; ils ſe tournent vers la flâterie: dès-lors ils ne peuvent plus trouver ni de ſincerité ni de vertu. Dès-lors ils courent après un vain phantôme de fauſſe gloire, qui les rend indignes de la veritable. Ils s'accoûtument bientôt à croire qu'il n'y a point de vraye vertu ſur la terre; car les bons connoiſſent bien les méchans; mais les méchans ne connoiſſent point les bons, & ne peuvent pas croire qu'il y en ait. De tels Princes ne ſavent que ſe défier de tout le monde également; ils ſe cachent, ils ſe renferment, ils ſont jaloux ſur les moindres choſes, ils craignent les hommes, & ſe font craindre d'eux. Ils fuyent la lumiere, ils n'oſent paroître dans leur naturel; quoiqu'ils ne veuillent pas être connus, ils ne laiſſent pas de l'être; car la curioſité maligne de leurs Sujets pénétre & devine tout; mais ils ne connoissent personne. Les gens interessez, qui les obsedent, sont ravis de les voir inaccessibles. (1) Un Roi inaccessible aux hommes, l'est aussi à la verité. On noircit par d'infames rapports, & on écarte de lui tout ce qui pourroit lui ouvrir les yeux. Ces sortes de Rois passent leur vie dans une grandeur sauvage & farouche, où craignans sans cesse d'être trompez ils le sont toûjours inévitablement, & méritent de l'être. Dès qu'on ne parle qu'à un petit nombre de gens, on s'engage à recevoir toutes leurs passions, & tous leurs préjugez. Les bons même ont leurs défauts & leurs préventions. De plus on est à la merci des rapporteurs, nation basse & maligne, qui se nourrit de venin, qui empoisonne les choses innocentes, qui grossit les petites, qui invente le mal plûtôt que de cesser de nuire, qui se jouë pour son interêt de la défiance & de l'indigne curiosité d'un Prince foible & ombrageux (2).

Connoissez donc, ô mon cher Telemaque, connoissez les hommes. Examinez-les; faites-les parler les uns sur les autres; éprouvez-les peu à peu; ne vous livrez à aucun; profitez de vos experiences, lorsque vous aurez été trompé dans vos jugemens; car vous serez trompé quelquefois: apprenez par-là à ne juger promptement de personne, ni en bien, ni en mal. Les méchans sont trop profonds pour ne surprendre pas les bons par leurs déguisemens; mais vos erreurs passées

(1) *Un Roi inaccessible aux hommes, l'est aussi à la vérité.* Louïs XIV se communiquoit très peu. Toutes les fois qu'il donnoit des audiences, tout y étoit concerté. Le tems, où on le voïoit le plus, c'étoit à son lever; mais on ne l'entretenoit que de ce qui pouvoit lui plaire. Il étoit serieux même dans le particulier, ce qui empêchoit les Courtisans de prendre en sa présence aucune liberté.

(2) Le Roi étoit fort ombrageux, ce qui faisoit qu'il ne se laissoit approcher que de très peu de personnes. Il n'eut jamais de favoris: mais il se laissoit aisément prévenir. Il étoit superstitieux; & cette foiblesse fit qu'on abusa souvent de sa credulité.

vous

vous inſtruiront très-utilement. Quand vous aurez trouvé des talens & de la vertu dans un homme, ſervez-vous-en avec confiance; car les honnêtes gens veulent qu'on ſente leur droiture; ils aiment mieux de l'eſtime & de la confiance que des treſors; mais ne les gâtez pas en leur donnant un pouvoir ſans bornes. Tel eût été toûjours vertueux, qui ne l'eſt plus, parce que ſon Maître lui a donné trop d'autorité & de richeſſes. Quiconque eſt aſſez aimé des Dieux pour trouver dans tout un Royaume (3) deux ou trois vrais amis d'une ſageſſe & d'une bonté conſtante, trouve bientôt par eux d'autres perſonnes qui leur reſſemblent, pour remplir les places inferieures. Par les bons, auxquels on ſe confie, on apprend ce qu'on ne peut pas diſcerner par ſoi-même dans les autres Sujets.

MAIS faut-il, diſoit Telemaque, ſe ſervir des méchans, quand ils ſont habiles, comme je l'ai ouï dire tant de fois? On eſt ſouvent, répondit Menaor, dans la néceſſité de s'en ſervir. Dans une nation agitée & en deſordre, on trouve ſouvent des gens injuſtes & artificieux, qui ſont déja en autorité: ils ont des emplois importans, qu'on ne peut leur ôter: ils ont acquis la confiance de certaines perſonnes puiſſantes, qu'on a beſoin de ménager: il faut les ménager eux-mêmes, ces hommes ſcelerats, parce qu'on les craint, & qu'ils peuvent tout bouleverſer. Il faut bien s'en ſervir pour un tems; mais il faut auſſi avoir en vûë de les rendre peu à peu inutiles. Pour la vraye & intime confiance, gardez-vous bien de la leur donner jamais; car ils peuvent en abuſer, & vous tenir enſuite malgré vous par vôtre ſecret; chaîne plus difficile à rompre que toutes les chaînes de fer. Servez-vous d'eux pour des negociations paſſage-

(3) Le Roi n'eut point d'amis, il avoit trop de hauteur & de reſerve: il n'eut que de lâches flateurs, qui l'empoiſonnérent dès l'enfance par leur encens. Autant qu'il étoit ſenſible à l'amour, autant l'étoit il peu à l'amitié, qui naît de la communication & de la confiance.

res,

res. Traitez-les bien, engagez-les par leurs passions mêmes à vous être fideles; car vous ne les tiendrez que par-là: mais ne les mettez point dans vos déliberations les plus secretes. Ayez toûjours un ressort prêt pour les remuer à vôtre gré; mais (4) ne leur donnez jamais la clef de vôtre cœur ni de vos affaires. Quand vôtre Etat devient paisible, reglé, conduit par des hommes sages & droits, dont vous êtes sûr, peu à peu les méchans, dont vous étiez contraint de vous servir, deviennent inutiles. Alors il ne faut pas cesser de les bien traiter; car il n'est jamais permis d'être ingrat, même pour les méchans: mais en les traitant bien, il faut tâcher de les rendre bons. Il est necessaire de tolerer en eux certains défauts, qu'on pardonne à l'humanité: il faut néanmoins relever peu à peu l'autorité, & réprimer les maux qu'ils feroient ouvertement, si on les laissoit faire. Après tout, c'est un mal que le bien se fasse par les méchans; & quoique ce mal soit souvent inévitable, il faut tendre néanmoins peu à peu à le faire cesser. Un Prince sage, qui ne voudra que le bon ordre & la justice, parviendra avec le tems à se passer des hommes corrompus & trompeurs; il en trouvera assez de bons, qui auront une habileté suffisante.

Mais ce n'est pas assez de trouver de bons sujets dans une Nation; il est necessaire d'en former de nouveaux. Ce doit être, répondit Telemaque, un grand embarras. Point du tout, reprit Mentor; l'application que vous avez à chercher les hommes habiles & vertueux, pour les élever, excite & anime tous ceux qui ont du talent & du courage; chacun fait des efforts. Combien y a-t-il d'hommes, qui languissent dans une oisiveté

(4) *Ne leur donnez jamais la clef de vôtre cœur.* C'est ce que Louïs XIV sût très bien partiquer, moins à la vérité par prudence, que par habitude à la dissimulation. Il étoit impenetrable; & comme il parloit toûjours laconiquement, on ne pouvoit guére savoir ce qu'il pensoit. Il ne s'ouvroit pas même à ses Maîtresses; il eut la gloire de n'en être pas possedé.

obscure,

obſcure, & qui deviendroient de grands hommes, ſi l'émulation & l'eſpérance du ſuccès les animoit au travail? Combien y a-t-il d'hommes, que la miſere & l'impuiſſance de s'élever par la vertu tentent de s'élever par le crime? Si donc vous attachez les récompenſes & les honneurs au génie & à la vertu, combien de ſujets ſe formeront d'eux-mêmes? Mais combien en formerez-vous, en les faiſant monter de degré en degré, depuis les derniers emplois juſqu'aux premiers? Vous exercerez leurs talens; vous éprouverez l'étenduë de leur eſprit & la ſincerité de leur vertu. Les hommes, qui parviendront aux plus hautes places, auront été nourris ſous vos yeux dans les inferieures. Vous les aurez ſuivis toute vôtre vie de degré en degré: vous jugerez d'eux, non par leurs paroles, mais par toute la ſuite de leurs actions.

PENDANT que Mentor raiſonnoit ainſi avec Telemaque, ils apperçûrent un Vaiſſeau Pheacien (*c*), qui avoit relâché dans une petite Ile deſerte & ſauvage, bordée de rochers affreux. En même tems les vents ſe tûrent; les doux Zephyrs mêmes ſemblérent retenir leur haleine; toute la mer devint unie comme une glace; les voiles abatuës ne pouvoient plus animer le Vaiſſeau; l'effort des rameurs déja fatiguez étoit inutile; il falut aborder en cette Ile, qui étoit plûtôt un écueil qu'une terre propre à être habitée par des hommes. En un autre tems moins calme, on n'auroit pû y aborder ſans un grand péril. Les Pheaciens, qui attendoient le vent, ne paroiſſoient pas moins impatiens que les Salentins de continuer leur navigation. Telemaque s'avance vers eux ſur ces rivages eſcarpez. Auſſitôt il demande au premier homme qu'il rencontre, s'il n'a point vû Ulyſſe Roi d'Ithaque dans la maiſon du Roi (*d*) Alcinoüs.

(*c*) *Pheacien, c'eſt à dire de Corcire, aujourd'hui Corfu, Ile de la Mer Ionienne ſur les Côtes de l'Epire, dont elle n'eſt ſeparée que par un Canal d'une à deux lieuës de largeur.*

(*d*) *Alcinoüs étoit Roi des Pheaciens, qui reçut Ulyſſe après ſon naufrage.*

CELUI

Celui, auquel il s'étoit adressé par hazard, n'étoit pas Pheacien; c'étoit un Etranger inconnu, qui avoit un air majestueux, mais triste & abatu: il paroissoit réveur, & à peine écouta-t il d'abord la question de Telemaque; mais enfin il lui repondit: Ulysse, vous ne vous trompez pas, a été reçu chez le Roi Alcinoüs comme en un lieu où l'on craint Jupiter, & où l'on exerce l'hospitalité: mais il n'y est plus, & vous l'y chercheriez inutilement: il est parti pour revoir Ithaque, si les Dieux appaisez souffrent enfin qu'il puisse jamais saluër ses Dieux Penates. A peine cet Etranger eut prononcé tristement ces paroles, qu'il se jetta dans un petit Bois épais sur le haut d'un rocher, d'où il regardoit attentivement la mer, fuyant les hommes qu'il voyoit, & paroissant affligé de ne pouvoir partir. Telemaque le regardoit fixement. Plus il le regardoit, plus il étoit émû & étonné. Cet Inconnu, disoit-il à Mentor, m'a répondu comme un homme qui écoute à peine ce qu'on lui dit, & qui est plein d'amertume. (5) Je plains les malheureux, depuis que je le suis, & je sens que mon cœur s'interesse pour cet homme, sans savoir pourquoi. Il m'a assez mal reçû. A peine a-t-il daigné m'écouter & me répondre. Je ne puis cesser neanmoins de souhaiter la fin de ses maux. Mentor soûriant, répondit: Voilà à quoi servent les malheurs de la vie; ils rendent les Princes moderez, & sensibles aux peines des autres. Quand ils n'ont jamais goûté que le doux poison des prosperitez, ils se croyent des Dieux; (6) ils veulent que les montagnes s'applanissent pour

(5) *Je plains les malheureux, depuis que je le suis.* Autant que Louïs XIV plaignoit peu les malheureux, parce qu'il étoit trop acoûtumé aux prosperités, autant le Duc de Bourgogne son petit-fils étoit compatissant & plein de sensibilité pour les miserables.

(6) *Ils veulent que les Montagnes s'applanissent pour les contenter, &c.* C'est ce que fit Louïs XIV; il fit couper une montagne pour conduire des eaux à Versailles. Il ne trouva rien d'impossible pour contenter sa somptuosité; & se joüa de la nature entiere, pour faire de Versailles un séjour delicieux.

les contenter; ils comptent pour rien les hommes; ils veulent ſe jouër de la nature entiere. Quand ils entendent parler des ſouffrances, ils ne ſavent ce que c'eſt; c'eſt un ſonge pour eux; ils n'ont jamais vû la diſtance du bien & du mal: l'infortune ſeule peut leur donner de l'humanité, & changer leur cœur de rocher en un cœur humain; alors ils ſentent qu'ils ſont hommes, & qu'ils doivent ménager les autres hommes, qui leur reſſemblent. Si un inconnu vous fait tant de pitié, parce qu'il eſt comme vous errant ſur ce rivage; combien devrez-vous avoir plus de compaſſion pour le peuple d'Ithaque, lorſque vous le verrez un jour ſouffrir? Ce peuple, que les Dieux vous auront confié comme on confie un troupeau à un Berger, ſera peut-être malheureux par vôtre ambition, ou par vôtre faſte, ou par vôtre imprudence; car les peuples ne ſouffrent que par les fautes des Rois, qui devroient veiller pour les empêcher de ſouffrir.

PENDANT que Mentor parloit ainſi, Telemaque étoit plongé dans la triſteſſe & dans le chagrin, & il lui répondit enfin avec un peu d'émotion: Si toutes ces choſes ſont vrayes, l'état d'un Roi eſt bien malheureux. Il eſt l'eſclave de tous ceux, auxquels il paroît commander. Il n'eſt pas tant fait pour leur commander, qu'il eſt fait pour eux; il ſe doit tout entier à eux; il eſt chargé de tous leurs beſoins; il eſt l'homme de tout le peuple & de chacun en particulier. Il faut qu'il s'accommode à leurs foibleſſes, qu'il les corrige en pere, qu'il les rende ſages & heureux. L'autorité qu'il paroît avoir n'eſt pas la ſienne; il ne peut rien faire ni pour ſa gloire, ni pour ſon plaiſir; ſon autorité eſt celle des loix; il faut qu'il leur obéïſſe, pour en donner l'exemple à ſes Sujets. A proprement parler, il n'eſt que le défenſeur des loix, pour les faire regner; il faut qu'il veille & qu'il travaille pour les maintenir. Il eſt l'homme le moins libre & le moins tranquile de ſon Royaume.

C'eſt

C'eſt un Eſclave, qui ſacrifie ſon repos & ſa liberté pour la liberté & la felicité publique.

Il eſt vrai, répondit Mentor, que le Roi n'eſt que pour avoir ſoin de ſon peuple, comme un Berger de ſon troupeau, comme un Pere de ſa famille. Mais trouvez-vous, mon cher Telemaque, qu'il ſoit malheureux d'avoir du bien à faire à tant de gens? Il corrige les méchans par des punitions; il encourage les bons par des récompenſes; il repreſente les Dieux en conduiſant ainſi à la vertu tout le genre humain. N'a-t-il pas aſſez de gloire à faire garder les loix? Celle de ſe mettre au deſſus des loix eſt une gloire fauſſe, qui n'inſpire que de l'horreur & du mépris. S'il eſt méchant, il ne peut être que malheureux; car il ne ſauroit trouver aucune paix dans ſes paſſions & dans ſa vanité: s'il eſt bon, il doit goûter le plus pur & le plus ſolide de tous les plaiſirs, à travailler pour la vertu, & à attendre des Dieux une éternelle récompenſe.

Telemaque, agité au dedans par une peine ſecrete, ſembloit n'avoir jamais compris ces maximes, quoiqu'il en fût rempli, & qu'il les eût lui-même enſeignées aux autres. Une humeur noire lui donnoit contre ſes veritables ſentimens un eſprit de contradiction & de ſubtilité, pour rejetter les veritez que Mentor expliquoit. Telemaque oppoſoit à ces raiſons l'ingratitude des hommes. Quoi! diſoit-il, prendre tant de peine pour ſe faire aimer des hommes, qui ne vous aimeront peut-être jamais; & pour faire du bien à des méchans, qui ſe ſerviront de vos bienfaits pour vous nuire?

Mentor lui répondit patiemment: Il faut compter ſur l'ingratitude des hommes, & ne laiſſer pas de leur faire du bien. Il faut les ſervir, moins pour l'amour d'eux que pour l'amour des Dieux, qui l'ordonnent. Le bien qu'on fait n'eſt jamais perdu. Si les hommes l'oublient, les Dieux s'en ſouviennent & le récompenſent. De plus, ſi la multitude eſt ingrate, il y a toûjours des hommes vertueux, qui ſont touchez de vôtre vertu. La multitude même, quoique changeante & capricieuſe, ne laiſſe pas de faire tôt ou tard une eſpece de juſtice à la veritable vertu. Mais voulez-vous empêcher l'ingratitude des hommes? Ne travaillez pas uniquement à les rendre puiſſans, riches, redoutables par les armes, heureux par les plaiſirs: cette gloire, cette abondance, ces délices les corrompent; ils n'en ſeront que plus méchans, & par conſequent plus ingrats. C'eſt leur faire un preſent funeſte: c'eſt leur offrir un poiſon délicieux. Mais appliquez-vous à redreſſer les mœurs, à leur inſpirer la juſtice, la ſincerité, la crainte des Dieux, l'humanité, la fidelité, la moderation, le deſintereſſement. En les rendant bons, vous les empêcherez d'être ingrats, vous leur donnerez le veritable bien, qui eſt la vertu; & la vertu, ſi elle eſt ſolide, les attachera toûjours à celui, qui la leur aura inſpirée. Ainſi en leur donnant les veritables biens, vous vous ferez du bien à vous-même, & vous n'aurez point à craindre leur ingratitude. Faut-il s'étonner que les hommes ſoient ingrats pour des Princes, qui ne les ont jamais portez qu'à l'injuſtice, qu'à l'ambition ſans bornes, qu'à la jalouſie contre leurs voiſins, qu'à l'inhumanité, qu'à la hauteur, qu'à la mauvaiſe foi? Le Prince ne doit attendre d'eux que ce qu'il leur a appris à faire. Que ſi au contraire il travailloit par ſon exemple, & par ſon autorité à les rendre bons, il trouveroit le fruit de ſon travail dans leur vertu; ou du moins il trouveroit dans la ſienne & dans l'amitié des Dieux dequoi ſe conſoler de tous les mécomptes.

A PEINE ce diſcours fut-il achevé, que Telemaque s'avança avec empreſſement vers les Pheaciens, dont le Vaiſſeau étoit arrêté ſur le rivage. Il s'adreſſa à un Vieillard d'entre eux, pour lui demander d'où ils venoient, où ils alloient, & s'ils n'avoient point vû Ulyſſe. Le Vieillard répondit: Nous venons de nôtre Ile, qui eſt celle des Pheaciens; nous allons chercher des merchandiſes vers l'Epire. Ulyſſe, comme on vous l'a déja dit, a paſſé dans notre Patrie, mais il en eſt parti. Quel eſt, ajoûta auſſitôt Telemaque, cet homme ſi triſte qui cherche les lieux les plus deſerts, en attendant que vôtre Vaiſſeau parte? C'eſt, répondit le Vieillard, un Etranger qui nous eſt inconnu: mais on dit qu'il ſe nomme Cleomenes; qu'il eſt né en Phrygie; qu'un Oracle avoit prédit à ſa Mere avant ſa naiſſance qu'il ſeroit Roi, pourvû qu'il ne demeurât point dans ſa Patrie; & que s'il y demeuroit, la colere des Dieux ſe feroit ſentir aux Phrygiens par une cruelle peſte. Dès qu'il fut né, ſes parens le donnérent à des Matelots, qui le portérent dans l'Ile de Lesbos (*e*). Il y fut nourri en ſecret aux dépens de ſa Patrie, qui avoit un ſi grand interêt de le tenir éloigné. Bientôt il devint grand, robuſte, agréable, & adroit à tous les exercices du corps. Il s'appliqua même avec beaucoup de goût & de génie aux Sciences & aux beaux Arts: mais on ne peut le ſouffrir dans aucun païs. La prédiction faite ſur lui devint celebre: on le reconnut bientôt par tout où il alla. Par tout les Rois craignoient qu'il ne leur enlevât leurs diadêmes: ainſi il eſt errant depuis ſa jeuneſſe, & il ne peut trouver aucun lieu du monde où il lui ſoit libre de s'arrêter; il a ſouvent paſſé chez des peuples fort éloignez du ſien. Mais à peine eſt-il arrivé dans une Ville, qu'on y découvre ſa naiſſance & l'Oracle qui le regarde. Il a beau ſe cacher & choiſir en chaque lieu quelque genre de vie obſcure. Ses talens éclattent, dit-on, toûjours malgré lui, & pour la guerre, & pour les Lettres, & pour les affaires les plus importantes: il ſe preſente toûjours en chaque païs quelque occaſion imprévûë qui l'entraîne, & qui le fait connoître au public. C'eſt ſon mérite qui fait ſon malheur; il le fait craindre, & l'exclud de tous les païs où il veut habiter. Sa deſtinée eſt d'être eſtimé, aimé, admiré par tout, mais rejetté de toutes les terres connuës: il n'eſt plus jeune; & cependant il n'a pû encore trouver aucune côte ni de l'Aſie, ni de

(*e*) *Lesbos, aujourd'hui Metelin, eſt une Ile de l'Archipel, à deux lieuës de la Côte de la Natolie, entre Smirne & le Détroit de Gallipoli.*

de la Grece, où l'on ait voulu le laisser vivre en quelque repos; il paroît sans ambition, & il ne cherche aucune fortune. Il se trouveroit trop heureux que l'Oracle ne lui eût jamais promis la Royauté: il ne lui reste aucune espérance de revoir jamais sa Patrie; car il sçait qu'il ne pourroit porter que le deuil & les larmes dans toutes les familles. La Royauté même, pour laquelle il souffre, ne lui paroît point desirable; il court malgré lui après elle par une triste fatalité de Royaume en Royaume, & elle semble fuïr devant lui pour se jouër de ce malheureux jusqu'à sa vieillesse: funeste Present des Dieux, qui trouble tous ses plus beaux jours, & qui ne lui cause que des peines dans l'âge où l'homme infirme n'a plus besoin que de repos. Il s'en va, dit il, vers la Thrace chercher quelque peuple sauvage & sans loix, qu'il puisse assembler, policer, & gouverner pendant quelques années; après quoi, l'Oracle étant accompli, on n'aura plus rien à craindre de lui dans les Royaumes les plus florissans: il compte alors de se retirer dans un village de Carie, où il s'adonnera à l'Agriculture, qu'il aime passionnément. C'est une homme sage & moderé, qui craint les Dieux, qui connoît bien les hommes, & qui sçait vivre en paix avec eux sans les estimer. Voilà ce qu'on raconte de cet Etranger, dont vous me demandez des nouvelles.

PENDANT cette conversation Telemaque tournoit souvent ses yeux vers la mer, qui commençoit à être agitée. Le vent soûlevoit les flots, qui venoient battre les rochers, les blanchissant de leur écume. Dans ce moment le Vieillard dit à Telemaque: Il faut que je parte; mes Compagnons ne peuvent m'attendre. En disant ces mots, il court au rivage; on s'embarque: on n'entend que des cris confus sur le rivage par l'ardeur des Mariniers impatiens de partir.

CET Inconnu avoit erré quelque tems au milieu de l'Ile, montant sur le sommet de tous les rochers, & considerant de là l'espace immense des mers avec une tristesse profonde. Telemaque ne l'avoit point perdu de vûë,

& il ne cessoit d'observer ses pas. Son cœur étoit attendri pour un homme vertueux, errant, malheureux, destiné aux plus grandes choses, & servant de jouët à une rigoureuse fortune loin de sa Patrie. Au moins, disoit-il en lui-même, peut-être reverrai-je Ithaque: mais ce Cleomenes ne peut jamais revoir la Phrygie. L'exemple d'un homme encore plus malheureux que lui adoucissoit la peine de Telemaque. Enfin cet homme, voyant son Vaisseau prêt, étoit descendu de ces rochers escarpez avec autant de vîtesse & d'agilité, qu'Apollon dans les forêts de Lycie, ayant noüé ses cheveux blonds, passe au travers des précipices pour aller percer de ses flêches les cerfs & les sangliers. Déja cet Inconnu est dans le Vaisseau, qui fend l'onde amere, & qui s'eloigne de la terre.

Alors une impression secrete de douleur saisit le cœur de Telemaque; il s'afflige sans savoir pourquoi; les larmes coulent de ses yeux, & rien ne lui est si doux que de pleurer. En même tems il apperçoit sur le rivage tous les Mariniers de Salente couchez sur l'herbe, & profondément endormis; ils étoient las & abatus. Le doux sommeil s'étoit insinué dans leurs membres, & tous les humides pavots de la nuit avoient été répandus sur eux en plein jour par la puissance de Minerve. Telemaque est étonné de voir cet assoupissement universel des Salentins, pendant que les Pheaciens avoient été si attentifs & si diligens à profiter du vent favorable: mais il est encore plus occupé à regarder le Vaisseau Pheacien prêt à disparoître au milieu des flots, qu'à marcher vers les Salentins pour les éveiller. Un étonnement & un trouble secret tient ses yeux attachez vers ce Vaisseau déja parti, dont il ne voit plus que les voiles, qui blanchissent un peu dans l'onde azurée; il n'écoute pas même Mentor, qui lui parle; il est tout hors de lui-même dans un transport semblable à celui des Menades (*f*),

(*f*) *Les Menades, ou Bacchantes, étoient les Pretresses de Bacchus.*

lors-

lorsqu'elles tiennent le Thyrse en main, & qu'elles font retentir de leurs cris insensez les rives de l'Hebre (*g*) & les montagnes de Rhodope & Ismare (*h*).

ENFIN il revient un peu de cette espece d'enchantement; ses larmes recommencent à couler de ses yeux; & alors Mentor lui dit: Je ne m'étonne point, mon cher Telemaque, de vous voir pleurer; la cause de vôtre douleur, qui vous est inconnuë, ne l'est pas à Mentor; c'est la nature qui parle, & qui se fait sentir: c'est elle qui attendrit vôtre cœur. L'Inconnu, qui vous a donné une si vive émotion, est le grand Ulysse. Ce qu'un Vieillard Pheacien vous a raconté de lui sous le nom de Cleomenes, n'est qu'une fiction, pour cacher plus sûrement le retour de vôtre Pere dans son Royaume. Il s'en va droit à Ithaque. Déja il est bien prêt du Port, & il revoit enfin ces lieux si long-tems desirez. Vos yeux l'ont vû, comme on vous l'avoit prédit autrefois, mais sans le connoître; bientôt vous le verrez, vous le connoîtrez, & il vous connoîtra. Mais maintenant les Dieux ne pouvoient permettre vôtre réconnoissance hors d'Ithaque. Son cœur n'a point été moins ému que le vôtre: il est trop sage pour se découvrir à un Mortel dans un lieu, où il pourroit être exposé à des trahisons & aux insultes des cruels Amans de Penelope. Ulysse vôtre Pere est le plus sage de tous les hommes: son cœur est comme un puits profond, on ne sauroit y puiser son secret: il aime la verité, & ne dit jamais rien qui la blesse; mais il ne la dit que pour le besoin; & la sagesse, comme un sceau, tient toûjours ses lévres fermées à toute parole inutile. Combien a-t-il été émû en vous parlant? Combien s'est-il fait de violence pour ne se point découvrir? Que n'a-t-il pas souffert en vous voyant? Voilà ce qui le rendoit triste & abatu.

(*g*) *L'Hebre est un fleuve de Thrace, appellé aujourd'hui Mariza.*

(*h*) *Rhodope & Ismare sont aussi dans la Thrace.*

PENDANT ce discours, Telemaque attendri & troublé ne pouvoit retenir un torrent de larmes: les sanglots l'empêchérent même long-tems de répondre; enfin il s'écria: Helas! mon cher Mentor, je sentois bien dans cet Inconnu, je ne sai quoi qui m'attiroit à lui, & qui remuoit toutes mes entrailles. Mais pourquoi ne m'avez-vous pas dit avant son départ, que c'étoit Ulysse, puisque vous le connoissiez? Pourquoi l'avez-vous laissé partir sans lui parler, & sans faire semblant de le connoître? Quel est donc ce mystere? Serai-je toûjours malheureux? Les Dieux irritez veulent-ils me tenir alteré comme Tantale, qu'une eau trompeuse amuse, s'enfuyant de ses lévres? Ulysse! Ulysse! m'avez-vous échapé pour jamais? Peut-être ne le verrai-je plus? Peut être que les Amans de Penelope le feront tomber dans les embûches qu'ils me préparoient? Au moins si je le suivois, je mourrois avec lui? O Ulysse! ô Ulysse! si la tempête ne vous rejette point encore contre quelque écueil, (car j'ai tout à craindre de la fortune ennemie,) je tremble que vous n'arrivez à Ithaque avec un sort aussi funeste qu'Agamemnon (*i*) à Mycene. Mais pourquoi, cher Mentor, m'avez-vous envié mon bonheur? Maintenant je l'embrasserois; je serois déja avec lui dans le Port d'Ithaque; nous combatrions pour vaincre tous nos ennemis.

MENTOR lui répondit en soûriant: Voyez, mon cher Telemaque, comment les hommes sont faits. Vous voilà tout désolé, parce que vous avez vû vôtre Pere sans le reconnoître. Que n'eussiez-vous pas donné hier, pour être assuré qu'il n'étoit pas mort? Aujourd'hui vous en êtes assuré par vos propres yeux; & cette assurance, qui devroit vous combler de joie, vous laisse dans l'amertume. Ainsi le cœur malade des Mortels compte

(*i*) *Agamemnon, Roi de Micenes, étant revenu de la guerre de Troie chargé de lauriers, fut tué dans sa maison par Egiste, aidé de Clitemnestre sa propre femme, qui l'avoit deshonoré pendant son absence.*

toûjours

toûjours pour rien ce qu'il a le plus desiré, dès qu'il le possede; & il est ingenieux pour se tourmenter sur ce qu'il ne possede pas encore. C'est pour exercer vôtre patience que les Dieux vous tiennent ainsi en suspens. Vous regardez ce tems comme perdu: sachez que c'est le plus utile de vôtre vie; car il vous exerce dans la plus nécessaire de toutes les vertus pour ceux qui doivent commander. Il faut être patient pour devenir maître de soi & des autres hommes: L'impatience, qui paroît une force & une vigueur de l'ame, n'est qu'une foiblesse & une impuissance de souffrir la peine. Celui qui ne sçait pas attendre & souffrir, est comme celui qui ne sçait pas se taire sur un secret: l'un & l'autre manquent de fermeté pour se retenir, comme un homme qui court dans un chariot, & qui n'a pas la main assez ferme pour arrêter, quand il faut, ses coursiers fougueux; ils n'obéïssent plus au frein, ils se précipitent; & l'homme foible, auquel ils échapent, est brisé dans sa chûte. Ainsi l'homme impatient est entraîné par ses desirs indomptez & farouches dans un abîme de malheurs: plus sa puissance est grande, plus son impatience lui est funeste; il n'attend rien, il ne se donne le tems de rien mesurer, il force toutes choses pour se contenter; il rompt les branches, pour cueillir le fruit avant qu'il soit mûr; il brise les portes, plûtôt que d'attendre qu'on les lui ouvre; il veut moissonner, quand le sage Laboureur seme. Tout ce qu'il fait à la hâte & à contre-tems, est mal fait, & ne peut avoir de durée, non plus que ses desirs volages. Tels sont les projets insensez d'un homme qui croit pouvoir tout, & qui se livre à ses desirs impatiens, pour abuser de sa puissance. C'est pour vous apprendre à être patient, mon cher Telemaque, que les Dieux exercent tant vôtre patience, & semblent se joüer de vous dans la vie errante, où ils vous tiennent toûjours incertain. Les biens que vous esperez, se montrent à vous, & s'enfuyent comme un songe leger, que le réveil fait dispa-

 roître,

roître, pour vous apprendre que les choses mêmes, qu'on croit tenir dans ses mains, échapent dans l'instant. Les plus sages leçons d'Ulysse ne vous seront pas aussi utiles que sa longue absence, & les peines que vous souffrez en le cherchant.

Ensuite Mentor voulut mettre la patience de Telemaque à une derniere épreuve encore plus forte. Dans le moment où le jeune homme alloit avec ardeur presser les Matelots pour hâter le départ, Mentor l'arrêta tout-à-coup, & l'engagea à faire sur le rivage un grand sacrifice à Minerve. Telemaque fait avec docilité ce que Mentor veut. On dresse deux autels de gazon; l'encens fume, le sang des victimes coule. Telemaque pousse des soupirs tendres vers le Ciel; il reconnoît la puissante protection de la Déesse. A peine le sacrifice est-il achevé, qu'il suit Mentor dans les routes sombres d'un petit bois voisin. Là il apperçoit tout-à-coup que le visage de son ami prend une nouvelle forme. Les rides de son front s'effacent, comme les ombres disparoissent, quand l'Aurore de ses doigts de rose ouvre les portes de l'Orient & enflâme tout l'Horizon; ses yeux creux & austeres se changent en des yeux bleux d'une couleur celeste, & pleins d'une flame divine; sa barbe grise & négligée disparoît; des traits nobles & fiers, mêlez de douceur & de grace, se montrent aux yeux de Telemaque ébloui. Il reconnoît un visage de Femme avec un tient plus uni qu'une fleur tendre & nouvellement éclose au Soleil. On y voit la blancheur des lys mêlée de roses naissantes. Sur ce visage fleurit une éternelle jeunesse avec une majesté simple & negligée; une odeur d'ambroisie se répand de ses cheveux flotans. Ses habits éclatent comme les vives couleurs, dont le Soleil en se levant peint les sombres voutes du Ciel, & les nuages qu'il vient dorer. Cette Divinité ne touche pas du pied à terre; elle coule legerement dans l'air comme un oiseau le fend de ses aîles; elle tient de sa puissante main une lance brillante, capable de faire trembler les Villes & les

Nations

Nations les plus guerrieres; Mars même en seroit effrayé. Sa voix est douce & moderée, mais forte & insinuante; toutes ses paroles sont des traits de feu, qui percent le cœur de Telemaque, & qui lui font ressentir je ne sai quelle douleur délicieuse. Sur son casque paroît l'Oiseau triste d'Athenes *(k)*, & sur sa poitrine brille la redoutable Egide. A ces marques Telemaque reconnoît Minerve.

O Déesse! dit-il, c'est donc vous-même, qui avez daigné conduire le fils d'Ulysse, pour l'amour de son Pere! Il vouloit en dire davantage, mais la voix lui manqua: ses lévres s'efforçoient en vain d'exprimer les pensées, qui sortoient avec impetuosité du fond de son cœur. La Divinité présente l'accabloit; & il étoit comme un homme, qui dans un songe est oppressé jusqu'à perdre la respiration, & qui par l'agitation pénible de ses lévres ne peut former aucune voix.

ENFIN Minerve prononça ces paroles: Fils d'Ulysse, écoutez-moi pour la derniere fois. Je n'ai instruit aucun Mortel avec autant de soin que vous; je vous ai mené par la main au travers des naufrages, des terres inconnuës, des guerres sanglantes, & de tous les maux qui peuvent éprouver le cœur de l'homme. Je vous ai montré par des experiences sensibles les vraies & les fausses maximes par lesquelles on peut regner: vos fautes ne vous ont pas été moins utiles que vos malheurs. Car quel est l'homme qui peut gouverner sagement, s'il n'a jamais souffert, & s'il n'a jamais profité des souffrances où ses fautes l'ont précipité? Vous avez rempli, comme vôtre Pere, les terres & les mers de vos tristes avantures. Allez, vous êtes maintenant digne de marcher sur ses pas; il ne vous reste plus qu'un court & facile trajet jusqu'à Ithaque, où il arrive dans ce moment; combattez avec lui, & obéïssez-lui comme le moindre de ses Sujets;

(k) L'oiseau triste d'Athenes est le Hibou, dont les Atheniens regardoient le vol comme un présage de la victoire, parce que cet oiseau étoit consacré à Minerve leur Déesse.

 donnez

donnez-en l'exemple aux autres. Il vous donnera pour épouse Antiope, & vous serez heureux avec elle, pour avoir moins cherché la beauté que la sagesse & la vertu. Lorsque vous regnerez, mettez toute vôtre gloire à renouveller l'Age d'or, écoutez tout le monde, croyez peu de gens: gardez-vous bien de vous croire trop vous même: craignez de vous tromper; mais ne craignez jamais de laisser voir aux autres que vous avez été trompé: aimez les peuples; n'oubliez rien pour en être aimé. La crainte est necessaire, quand l'amour manque: mais il la faut toûjours employer à regret, comme les remedes violens & les plus dangereux. Considerez toûjours de loin toutes les suites de ce que vous voulez entreprendre; prévoyez les plus terribles inconveniens, & sachez que le vrai courage consiste à envisager tous les périls, & à les mépriser quand ils deviennent nécessaires: celui qui ne veut pas les voir, n'a pas assez de courage pour en supporter tranquilement la vûë: celui qui les voit tous, qui évite tous ceux qu'on peut éviter, & qui tente les autres sans s'émouvoir, est le seul sage & magnanime. Fuyez la molesse, le faste, la profusion: mettez vôtre gloire dans la simplicité. Que vos vertus & vos bonnes actions soient les ornemens de vôtre personne & de vôtre Palais: qu'elles soient la Garde, qui vous environne; & que tout le monde apprenne de vous, en quoi consiste le vrai honneur. N'oubliez jamais que les Rois ne regnent point pour leur propre gloire, mais pour le bien des peuples: les biens qu'ils font, s'étendent jusques dans les siecles les plus éloignez: les maux qu'ils font, se multiplient de génération en génération jusqu'à la posterité la plus reculée. Un mauvais regne fait quelquefois la calamité de plusieurs siecles. Sur tout soiez en garde contre vôtre humeur. C'est un ennemi que vous porterez par tout avec vous jusqu'à la mort. Il entrera dans vos conseils, & vous trahira, si vous l'écoutez. L'humeur fait perdre les occasions les plus importantes: elle donne des inclinations & des aversions d'enfant, au préjudice des

plus

plus grands interêts; elle fait decider les plus grandes affaires par les plus petites raisons; elle obscurcit tous les talens, rabaisse le courage, rend un homme inégal, foible, vil & insupportable. Défiez vous de cet ennemi. Craignez les Dieux, ô Telemaque! Cette crainte est le plus grand tresor du cœur de l'homme: avec elle vous viendront la sagesse, la justice, la paix, la joie, les plaisirs purs, la vraye liberté, la douce abondance, & la gloire sans tache.

Je vous quitte, ô Fils d'Ulysse. Mais ma sagesse ne vous quittera point, pourvû que vous sentiez toûjours que vous ne pouvez rien sans elle. Il est tems que vous appreniez à marcher tout seul. Je ne me suis séparée de vous en Egypte & à Salente, que pour vous accoutumer à être privé de cette douceur, comme on sévre les enfans, lorsqu'il est tems de leur ôter le lait pour leur donner des alimens solides.

A peine la Déesse eut achevé ce discours, qu'elle s'éleva dans les airs, & s'envelopa d'un nuage d'or & d'azur, où elle disparut. Telemaque soûpirant, étonné & hors de lui-même, se prosterna à terre, levant les mains au Ciel; puis il alla éveiller ses compagnons, se hâta de partir, arriva à Ithaque, & reconnut se Pere chez le fidele Eumée (l).

(l) C'étoit l'Intendant des Troupeaux d'Ulysse, qui avoit soin de ses autres Pasteurs, & chez qui Ulysse alla d'abord à son arrivée en Ithaque.

Fin du vingt-quatriéme & dernier Livre.

ODE

ODE.

I.

MONTAGNES,* de qui l'audace
Va porter jusques aux Cieux
Un front d'éternelle glace;
Soûtien du séjour des Dieux:
Dessus vos têtes chenuës
Je cueille, au-dessus des nuës,
Toutes les fleurs du Printems.
A mes pieds, contre la terre,
J'entens gronder la tonnerre,
Et tomber mille torrens.

II.

Semblables aux Monts de Thrace,
Qu'un Geant audacieux
Sur les autres Monts entasse
Pout escalader les Cieux,
Vos sommets sont des campagnes
Qui portent d'autres montagnes,
Et s'élevant par degrez,
De leurs orgueilleuses têtes
Vont affronter les tempêtes
De tous les vents conjurez.

III.

Dès que la vermeille Aurore
De ses feux étincelans

Toutes

* Montagnes d'Auvergne, où il étoit alors.

Toutes ces montagnes dore,
Des tendres agneaux bêlans
Errent dans les pâturages ;
Bientôt les sombres bocages,
Plantez le long des ruisseaux,
Et que les Zephyrs agitent,
Bergers & troupeaux invitent
A dormir au bruit des eaux.

IV.

Mais dans ce rude païsage,
Où tout est capricieux,
Et d'une beauté sauvage,
Rien ne rappelle à mes yeux
Les bords que mon Fleuve arrose,
Fleuve où jamais le vent n'ose
Les moindres flots soulever,
Où le Ciel serein nous donne
Le Printems après l'Automne,
Sans laisser place à l'Hyver.

V.

Solitude *, où la Riviere
Ne laisse entendre autre bruit
Que celui d'une onde claire,
Qui tombe, écume, & s'enfuit ;
Où deux Iles fortunées,
De rameaux verds couronnées,
Font pour le charme des yeux
Tout ce que le cœur desire.
Que ne puis-je sur ma lyre
Te chanter du chant des Dieux !

VI. De

* Carenac, petite Abbaye sur la Dordogne, qu'il avoit alors.

VI.

De Zephyr la douce haleine,
Qui reverdit nos buiſſons,
Fait ſur le dos de la Plaine
Flotter les jaunes moiſſons,
Dont Cerès remplit nos granges.
Bacchus lui-même aux vendanges
Vient empourprer le raiſin ;
Et, du penchant des collines,
Sur les campagnes voiſines
Verſe des fleuves de vin.

VII.

Je vois au bout des campagnes
Pleines de ſillons dorez,
S'enfuir vallons & montagnes
Dans des lointains azurez,
Dont la bizarre figure
Eſt un jeu de la nature.
Sur les rives du Canal,
Comme en un miroir fidele,
L'Horizon ſe renouvelle,
Et ſe peint dans ce criſtal.

VIII.

Avec les fruits de l'Automne
Sont les parfums du Printems ;
Et la vigne ſe couronne
De mille feſtons pendans.
Ce Fleuve, aimant les prairies
Qui dans ses Iles fleuries
Ornent les canaux divers,
Par des eaux ici dormantes,
Là rapides & bruyantes,
En baigne les tapis verds.

IX. Dan-

IX.

Danſant ſur les violettes,
Le Berger mêle ſa voix
Avec le ſon des muſettes,
Des flûtes & des hautbois.
Oiſeaux ! par vôtre ramage
Tous ſoucis dans ce bocage
De tous cœurs ſont effacez.
Colombes & tourterelles,
Tendres, plaintives, fideles!
Vous ſeules y gémiſſez.

X.

Une herbe tendre & fleurie
M'offre des lits de gazon :
Une douce reverie
Tient mes ſens & ma raiſon :
A ce charme je me livre,
De ce nectar je m'enyvre,
Et les Dieux en ſont jaloux.
De la Cour flateurs menſonges,
Vous reſſemblez à mes ſonges,
Trompeurs comme eux, mais moins doux.

XI.

A l'abri des noirs orages,
Qui vont foudroyer les Grands,
Je trouve ſous ces feuillages
Un azyle en tous les tems.
Là, pour commencer à vivre,
Je puiſe ſeul & ſans Livre
La profonde verité ;
Puis la Fable avec l'Hiſtoire
Viennent peindre à ma memoire
L'ingenuë Antiquité.

XII.

Des Grecs je vois le plus ſage, *
Jouët d'un indigne ſort,
Tranquile dans ſon naufrage,
Et circonſpect dans le port ;
Vainqueur des vents en furie ;
Pour ſa ſauvage Patrie
Bravant les flots nuit & jour.
O ! combien de mon bocage
Le calme, le frais, l'ombrage,
Meritent mieux mon amour.

XIII.

Je goûte, loin des allarmes,
Des Muſes l'heureux loiſir ;
Rien n'expoſe au bruit des armes
Mon ſilence & mon plaiſir.
Mon cœur content de ma lyre
A nul autre honneur n'aſpire,
Qu'à chanter un ſi doux bien.
Loin, loin, trompeuſe fortune,
Et toi, faveur importune,
Le monde entier ne m'eſt rien.

XIV.

En quelque climat que j'erre,
Plus que tous les autres lieux
Cet heureux coin de la terre
Me plaît & rit à mes yeux :
Là, pour couronner ma vie,
La main d'une Parque amie
Filera mes plus beaux jours ;
Là repoſera ma cendre ;
Là Tyrcis † viendra, répandre
Les pleurs dûs à nos amours.

* Ulyſſe. † Mr. l'Abbé de Langeron.

TABLE DES MATIERES.

Cen-

R.

FAUTES

FAUTES à CORRIGER.

Dans L'Epitre.

	faute.	*correction.*
p. 2. lig. 6.	fait	faite.

Dans le Discours sur le Poëme Epique.

p. 2. l. 23.	*la* Poëme	*le* Poëme.
6. l. 1.	tire	tiré.
16. l. 26.	equi	qui.
l. 33.	proportionné	proportionnée.
27. la dern. l.	Critigues	Critiques.

Dans les Avantures de Telemaque.

p. 27. l. 8.	*le* tête	*la* tête.
31. l. 24.	*la* sacrifice	*le* sacrifice.
34. l. 30.	*a* tour	*la* tour.
53. l. 6.	Roi. sans	Roi, sans.
74. l. 24	comme n	comme un.
81. l. 13.	ces	ses.
88. l. 17.	font	sont.
111. l. 28.	de *le* Déesse	de *la* Déesse.
136. l. 1.	horribile	horrible.
145. l 6.	Idomenée	d'Idomenée.
196. l. 28.	n'entrepennent	n'entreprennent.
Ib.	d'usurpes	d' usurper.
223. l. 11.	ce	se
Ib. la dern. l.	apers	après.
236. l 30.	desorder	desordre.
254. l. 18.	m'amollir	à m'amollir.
259. l. 17	éclaire	éclairé.
261. l. 4.	flaters	flater.
271. l. 18.	ou	on.
278. l. 3.	du	de.
379. l. 9.	foisoit	faisoit.
418. l. 17.	corps	corps.
434. l. 35.	oubloit	oublioit:
447. l. 18.	Menaor	Mentor.

F I N.

www.ingramcontent.com/pod-product-compliance
Ingram Content Group UK Ltd.
Pitfield, Milton Keynes, MK11 3LW, UK
UKHW022051260726
13993UKWH00001B/56

9 782329 337630